禪으로 읽는 대승찬

禪으로 읽는

대승찬 大乘讚

김태완 번역 및 해설

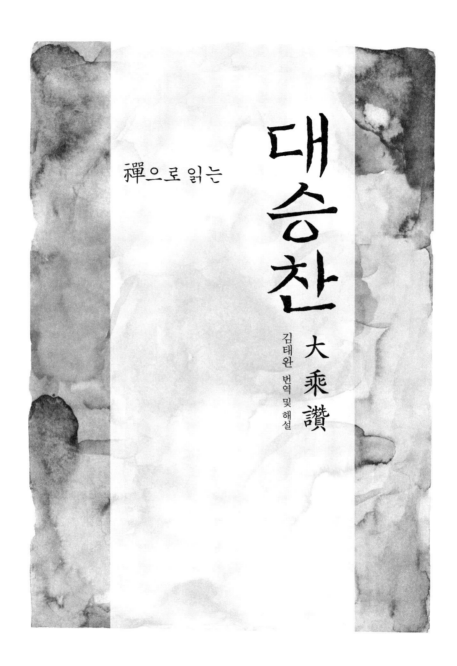

침묵의 향기

차 례

권두시
대승찬에 관하여
대승찬 97수 전문

일러두기

1. 이 책은 지공화상(誌公和尙)이 지어서 황제에게 올렸던 게송인 〈대승찬(大乘讚)〉을 교재로 하여 무심선원에서 김태완 원장이 2003년 9월~12월에 걸쳐서 행한 설법을 녹취하여 읽기에 편하도록 교정한 글이다. 녹취는 심성일이 하였고, 교정은 김태완 원장이 하였다.

2. 〈대승찬〉의 원문은 《경덕전등록》 제29권에 수록되어 있으며, 번역과 주석은 김태완 원장이 하였다. 《경덕전등록》에 의하면 〈대승찬〉은 본래 24수가 있었는데 10수로 요약하여 싣는다고 하였다. 현재 《경덕전등록》에 실린 〈대승찬〉은 10수(首) 6언(言) 194구(句)의 시(詩)이다.

3. 지공화상은 중국 위진남북조 시대의 스님인 금릉보지(金陵寶誌; 418~514)를 가리킨다. 지공화상은 금성(金城)에서 태어났고, 속성은 주(朱)씨이다. 어려서 출가하여 강소성(江蘇省) 건강(建康) 도림사(道林寺)에서 선정(禪定)을 닦았다. 502년경에 〈대승찬〉 24수를 지어 황제인 양(梁) 무제(武帝)에게 바쳤다. 고구려의 왕이 지공화상의 명성을 듣고 사신을 보내어 은으로 만든 모자를 기증했다고 한다. 양 무제 천감(天監) 13년에 97세로 입적했다. 무제가 칙령으로 광제대사(廣濟大師)라 시호(諡號)하였다. 후당(後唐) 장종(莊宗)은 묘각대사(妙覺大師)라 시호하였고, 그 뒤에도 도림진각(道林眞覺), 자응혜감(慈應慧感), 보제성사(普濟聖師), 일제진밀(一際眞密) 등의 시호가 내려졌다.

눈에 보이는 하나하나
귀에 들리는 하나하나
손에 잡히는 하나하나
생각에 일어나는 하나하나

언제나 하나뿐이니
잡을 것도 없고
버릴 것도 없고
더할 것도 없고
뺄 것도 없다.

어디서나 하나뿐이니
갈 곳도 없고
올 곳도 없고
더러운 것도 없고
깨끗한 것도 없다.

늘 분명하고
어디서나 뚜렷하니
법(法)이랄 것도 없고
도(道)랄 것도 없고
부처랄 것도 없고
깨달음이랄 것도 없다.

궁금한가?
궁금함뿐이다.
모르겠는가?
모름뿐이다.

궁금함만 뚜렷하면
온 세계가 전부 뚜렷하고
모름만 뚜렷하면
삼라만상이 빠짐없이 뚜렷하다.

궁금한 그대가 곧 부처요
모르는 그것이 곧 깨달음이다.
그렇지만
부처도 붙잡지 말고
깨달음에도 머물지 마라.

다만 물처럼 흘러가는 것이 곧 마음이니
흘러감만 오직 진실하고 뚜렷하다면
모든 것들이 다 이 속에 있어서
안팎도 없고 오고 감도 없고
언제나 또렷하고 분명하게 이 하나뿐
둘이 없으리라.

입을 열 수가 없구나.
도(道)라 하든 도가 아니라 하든
다른 일이라고는 전혀 없으니
온 천하를 뒤덮고 있는 이 하나뿐.

눈길이 가면 바로 드러나고
생각이 일어나면 이미 확인되고
입을 열면 여는 그대로
손을 움직이면 움직이는 그대로
가만히 있으면 있는 그대로
한 순간도 끊어짐이 없으니
이것을 일러 도(道)라고 한다면
참으로 부질없고 멋쩍은 일이로다.

대승찬에 관하여

    대승찬(大乘讚)은 5~6세기경에 중국에서 활동한 지공(誌公) 화상의 작품이라고 한다. 1004년에 편찬되고 중국 선종(禪宗)의 조사와 선사들의 언행을 기록한 《경덕전등록》에 따르면, 대승찬은 본래 24수가 있었는데 10수로 요약하여 싣는다고 하였다. 현재 《경덕전등록》에 실려 있는 대승찬은 10수(首) 6언(言) 194구(句)의 시(詩)이다. 가장 오래된 문헌에서 나타나는 대승찬의 구절은 961년에 편찬된 영명연수의 종경록이다. 《경덕전등록》에는 대승찬 외에도 지공의 작품으로 불이송(不二頌) 14수와 12시송 12수 등이 실려 있다.

    이들 시들은 분별해 볼 수 없는 마음을 곧장 가리켜 주려고 하는 선종의 종지(宗旨)를 잘 드러내고 있다. 그 때문에 이 시들은 선종이 융성했던 당나라 시대에 출현한 것이며 지공 스님의 작품이 아니라고 주장하는 이도 있다. 실제로 대승찬은 중국 선종의 세 번째 조사인 승찬의 신심명(信心銘)과 어깨를 나란히 하며 선종에서 가장 많이 음미된 시라고 할 수 있다.

대승찬(大乘讚)이 대승을 찬탄한다는 뜻이듯이, 대승찬의 내용은 불이중도(不二中道)인 대승불교의 가르침을 가장 간결하면서도 설득력 있게 노래하고 있다. 중국의 선종은 대승불교를 가장 접근하기 쉽게 발전시킨 것이며 가장 쉽고 빠른 깨달음의 길을 제시하고 있는데, 대승찬에도 그러한 선종의 특징이 잘 드러나 있다.

대승찬은 깨달음을 노래한 시이며, 김태완 원장의 대승찬 강의는 대승찬의 근본 정신에 쉽고 빠르게 접근하도록 이 시대의 언어로 다시 살려내고 있다. 불교와 선에 관심 있는 사람이라면 누구나 부담 없이 읽으면서 대승불교와 선의 근본 정신에 저절로 다가갈 수 있을 것이다.

대승찬 97수 전문

대승찬 97수 전문

1.

大道常在目前　큰 도(道)는 늘 눈앞에 있는데,
雖在目前難覩　눈앞에 있지만 보기는 어렵다.

2.

若欲悟道眞體　도의 참된 모습을 깨닫고자 한다면,
莫除聲色言語　소리, 색, 언어를 제거하지 마라.

3.

言語卽是大道　언어가 곧 큰 도이니,
不假斷除煩惱　번뇌를 끊어 제거할 필요가 없다.

4.

煩惱本來空寂　번뇌는 본래 텅 비고 고요하지만,
妄情遞相纏繞　허망한 생각이 번갈아 서로 얽힌다.

14

5.

一切如影如響   모든 것이 그림자 같고 메아리 같으니,
不知何惡何好   무엇을 좋아하고 무엇을 싫어하랴?

6.

有心取相爲實   마음을 가지고 모습을 취하여 진실이라고 여기면,
定知見性不了   끝내 견성(見性)하지 못함을 반드시 알아야 한다.

7.

若欲作業求佛   업(業)을 지어 부처를 찾으려 하지만,
業是生死大兆   업이 바로 삶과 죽음의 큰 조짐이다.

8.

生死業常隨身   죽음과 삶에 얽매는 업이 늘 몸을 따르니,
黑闇獄中未曉   깜깜하게 어두운 감옥 속에서 여태 깨닫지 못한다.

9.

悟理本來無異   이치를 깨달으면 본래 다름이 없으니,
覺後誰晚誰早   깨달은 뒤에 누가 늦고 누가 빠르겠는가?

10.

法界量同太虛   법계(法界)의 크기는 큰 허공(虛空)과 같거늘,
衆生智心自小   중생의 지혜가 있는 마음이 스스로 작다.

11.

但能不起吾我　단지 '나다' '나다' 하는 마음만 일으키지 않으면,

涅槃法食常飽　열반의 진리 음식으로 항상 배가 부르리.

12.

妄身臨鏡照影　허망한 몸이 거울에 영상으로 비추어지나,

影與妄身不殊　영상과 허망한 몸은 서로 다르지 않네.

13.

但欲去影留身　영상은 버리고 몸만 남기려 한다면,

不知身本同虛　몸이 본래 허공과 같음을 모르는 것이다.

14.

身本與影不異　몸은 본래 영상과 다르지 않으니,

不得一有一無　하나는 있게 하고 하나는 없게 할 수 없다.

15.

若欲存一捨一　만약 하나는 두고 하나는 버리려 한다면,

永與眞理相疎　진리와 서로 영원히 멀어질 것이다.

16.

更若愛聖憎凡　또한 성인(聖人)을 좋아하고 범부(凡夫)를 싫어한다면,

生死海裏沈浮　삶과 죽음의 바다 속에서 떠돌아다닐 것이다.

16

17.

煩惱因心有故　번뇌는 마음으로 말미암아 있으니,
無心煩惱何居　마음이 없다면 번뇌가 어디 있겠는가?

18.

不勞分別取相　애써 분별하여 모양을 취하지 않으면,
自然得道須臾　잠깐 사이에 저절로 도를 얻는다.

19.

夢時夢中造作　꿈꿀 때에는 꿈 속에서 조작하지만,
覺時覺境都無　깨어 있을 때에는 깨어난 경계가 전혀 없다.

20.

翻思覺時與夢　깨어 있을 때와 꿈꿀 때를 뒤집어 생각해 보니,
顚倒二見不殊　뒤집어진 두 견해가 다르지 않구나.

21.

改迷取覺求利　어리석음을 깨달음으로 바꾸어 이익을 구하면,
何異販賣商徒　장사하는 무리와 뭐가 다르랴.

22.

動靜兩亡常寂　움직임과 고요함이 모두 없어 늘 고요하면,
自然契合眞如　저절로 진여(眞如)에 계합하리라.

23.

若言衆生異佛　중생이 부처와 다르다고 말하면,

迢迢與佛常疎　부처와는 늘 까마득히 멀다.

24.

佛與衆生不二　부처와 중생이 둘이 아니면,

自然究竟無餘　저절로 남김없이 구경(究竟)이리라.

25.

法性本來常寂　법성은 본래 늘 고요하고,

蕩蕩無有邊畔　넓고 넓어서 끝이 없는데,

26.

安心取捨之間　편한 마음으로 취하고 버리는 사이에,

被他二境迴換　저 두 가지 경계에 휘말리는구나.

27.

斂容入定坐禪　용모를 단정히 하고 앉아 선정에 들어,

攝境安心覺觀　마음을 모아 안정시켜 깨어서 관찰하지만,

28.

機關木人修道　나무로 만든 꼭두각시가 도를 닦는 것과 같으니,

何時得達彼岸　언제 피안(彼岸)에 도달할 수 있겠는가?

29.

諸法本空無著　모든 법은 본래 텅 비어서 집착할 것이 없고,

境似浮雲會散　경계는 뜬구름 같이 모였다가 흩어진다.

30.

忽悟本性元空　본성이 원래 공(空)임을 문득 깨달으면,

恰似熱病得汗　마치 열병에 걸린 사람이 땀을 낸 것과 같다.

31.

無智人前莫說　지혜 없는 사람 앞에서는 말하지 말지니,

打爾色身星散　그의 몸뚱이를 별똥처럼 흩어 버리게 될 것이다.

32.

報爾衆生直道　그대 중생에게 바른 도(道)를 알려 주노니,

非有卽是非無　'있지 않음'이 곧 '없지 않음'이니라.

33.

非有非無不二　'있지 않음'과 '없지 않음'은 둘이 아니니,

何須對有論虛　무엇 때문에 '있음'에 대하여 '없음'을 논하랴?

34.

有無妄心立號　'있음'과 '없음'은 망령된 마음이 세운 이름이라,

一破一箇不居　한 번 부수면 하나도 남지 않는다.

35.

兩名由爾情作　두 이름은 그대의 정식(情識)으로 말미암아 생기니,
無情卽本眞如　정식이 없으면 본래 진여이다.

36.

若欲存情覓佛　만약 정식을 가지고 부처를 찾으려 한다면,
將網山上羅魚　그물을 가지고 산에서 고기를 잡으려 하는 것과 같다.

37.

徒費功夫無益　헛되이 애만 쓸 뿐 이익은 없으니,
幾許枉用工夫　얼마나 부질없는 공부인가?

38.

不解卽心卽佛　이 마음이 곧 부처임을 알지 못하면,
眞似騎驢覓驢　진실로 나귀를 타고서 나귀를 찾는 꼴이다.

39.

一切不憎不愛　그 무엇도 싫어하지도 않고 좋아하지도 않으면,
遮箇煩惱須除　이 번뇌가 틀림없이 제거될 것이다.

40.

除之則須除身　번뇌를 제거하면 자신(自身)도 제거하게 되니,
除身無佛無因　자신을 제거하면 부처도 없고 인과(因果)도 없다.

41.

無佛無因可得 　얻을 부처도 없고 얻을 인과도 없으면,
自然無法無人 　저절로 법(法)도 없고 사람도 없다.

42.

大道不由行得 　대도(大道)는 수행(修行)을 통해 얻는 것이 아니니,
說行權爲凡愚 　수행을 방편으로 말함은 범부의 어리석음 때문이다.

43.

得理返觀於行 　이치를 깨닫고 돌이켜 수행을 살펴보면,
始知枉用工夫 　공부한다고 헛되이 애쓴 줄 비로소 알리라.

44.

未悟圓通大理 　두루 통하는 큰 이치를 아직 깨닫지 못했다면,
要須言行相扶 　모름지기 말과 행동이 서로 돕게 해야 한다.

45.

不得執他知解 　알음알이에 집착해서는 안 되니,
廻光返本全無 　돌이켜 보면 근본에는 아무것도 없다.

46.

有誰解會此說 　누가 이러한 말을 이해하겠는가?
教君向己推求 　그대는 자기에게서 미루어 찾아라.

47.

自見昔時罪過　스스로 지난날의 허물을 보아서,

除却五欲瘡疣　오욕(五欲)의 부스럼을 없애야 하리.

48.

解脫逍遙自在　해탈하면 자재하게 노닐면서,

隨方賤賣風流　곳곳에서 풍류(風流)를 값싸게 판다.

49.

誰是發心買者　누가 마음을 내어 사는 사람인가?

亦得似我無憂　사게 되면 나와 같이 근심 없으리.

50.

內見外見總惡　부처의 견해와 외도의 견해가 모두 나쁘고,

佛道魔道俱錯　불도(佛道)와 마도(魔道)가 모두 잘못이네.

51.

被此二大波旬　이 두 가지 커다란 악마에게 사로잡히면,

便卽厭苦求樂　즉시 괴로움을 싫어하고 즐거움을 찾는다.

52.

生死悟本體空　삶과 죽음의 본바탕이 공(空)임을 깨달으면,

佛魔何處安著　부처와 마귀가 어느 곳에 붙겠는가?

53.

只由妄情分別　다만 허망한 정식으로 분별하므로,

前身後身孤薄　앞몸과 뒷몸이 외롭고 보잘것없으니,

54.

輪廻六道不停　여섯 길의 윤회(輪廻)를 쉬지 못하고,

結業不能除却　맺은 업(業)을 없애지 못하는구나.

55.

所以流浪生死　삶과 죽음을 떠돌아다니는 까닭은

皆由橫生經略　모두가 제멋대로 꾀를 부리기 때문이다.

56.

身本虛無不實　몸은 본래 허무하여 진실이 아니니,

返本是誰斟酌　근원으로 돌아가면 누가 헤아려 보랴?

57.

有無我自能爲　'있음'과 '없음'은 나 스스로 만든 것이니,

不勞妄心卜度　망령된 마음으로 애써 헤아리지 마라.

58.

衆生身同太虛　중생의 몸은 허공과 같으니,

煩惱何處安著　번뇌가 어느 곳에 붙겠는가?

59.

但無一切希求　다만 아무것도 바라거나 찾지 않으면,
煩惱自然消落　번뇌는 저절로 없어지리라.

60.

可笑衆生蠢蠢　우습구나, 중생들의 꿈틀거림이,
各執一般異見　제각기 다른 소견에 집착하여 있구나.

61.

但欲傍鏊欲餅　다만 지짐냄비 옆에서 빈대떡 먹기를 바랄 뿐,
不解返本觀麵　근본으로 돌이켜 밀가루 볼 줄은 모른다.

62.

麵是正邪之本　밀가루가 옳고 그름의 근본이지만,
由人造作百變　사람이 조작하여 백 가지로 달라진다.

63.

所須任意縱橫　반드시 뜻대로 자유자재하면,
不假偏耽愛戀　치우쳐 애욕을 탐내지 않는다.

64.

無著卽是解脫　집착 없음이 곧 해탈이요,
有求又遭羅羂　찾음이 있으면 다시 그물에 걸린다.

65.

慈心一切平等　자비로운 마음은 일체에 평등하니,
眞卽菩提自現　진실로 그렇다면 깨달음이 스스로 나타나리.

66.

若懷彼我二心　만약 '너'와 '나'라는 두 마음을 품으면,
對面不見佛面　부처를 마주보고도 부처를 알아보지 못할 것이다.

67.

世間幾許癡人　세간에는 얼마나 어리석은 사람이 많은가?
將道復欲求道　도(道)를 가지고 다시 도를 찾으려 하는구나.

68.

廣尋諸義紛紜　온갖 뜻을 찾아 이리저리 바쁘지만,
自救己身不了　자기 몸도 스스로 구제하지 못하네.

69.

專尋他文亂說　오로지 남의 글과 어지러운 말만을 찾아서,
自稱至理妙好　지극한 이치가 묘하고 좋다고 스스로 말하면서,

70.

徒勞一生虛過　애만 쓰고 공도 없이 일생을 헛되이 보내면서,
永劫沈淪生老　영원토록 생사의 바다에 빠져 있구나.

71.

濁愛纏心不捨　더러운 애욕에 묶인 마음 버리지 못하면,
淸淨智心自惱　깨끗한 지혜의 마음이 스스로 번뇌하니,

72.

眞如法界叢林　진여 법계의 울창한 숲이,
返生荊棘荒草　도리어 가시밭과 잡초밭 되며,

73.

但執黃葉爲金　다만 누런 낙엽을 황금이라 여겨 붙잡고서,
不悟棄金求寶　황금을 버리고 따로 보배를 찾는 줄 깨닫지 못하네.

74.

所以失念狂走　그 까닭에 망상에 떨어져 미쳐 날뛰며,
强力裝持相好　억지로 겉모습 꾸미는 데에만 힘을 쏟는다.

75.

口內誦經誦論　입 속으론 경(經)을 외우고 논(論)을 읽으나,
心裏尋常枯槁　마음 속은 언제나 바짝 말라 있구나.

76.

一朝覺本心空　본래 마음이 공(空)임을 하루아침에 깨달으면,
具足眞如不少　완전히 갖추어진 진여는 모자람이 없다.

77.

聲聞心心斷惑　성문(聲聞)은 마음 마음에 미혹을 끊지만,
能斷之心是賊　잘 끊는 그 마음이 바로 도둑놈이다.

78.

賊賊遞相除遣　도둑과 도둑이 번갈아 서로 밀어내고 쫓아내니,
何時了本語默　어느 때에 근본을 깨달아 말을 멈추려나?

79.

口內誦經千卷　입으로는 천 권의 경전을 읽고 있으나,
體上問經不識　근본 바탕에서 경전을 물어보면 알지 못한다.

80.

不解佛法圓通　두루 통하는 불법(佛法)을 알지 못하고,
徒勞尋行數墨　글 자취 찾아다니며 헛수고만 하네.

81.

頭陀阿練苦行　조용한 산 속에서 고행(苦行)을 하며,
希望後身功德　뒷세상에 올 몸의 공덕을 바라지만,

82.

希望卽是隔聖　바람이 있으면 곧 성인과 멀어져 버리니,
大道何由可得　큰 도를 어떻게 얻을 수 있겠는가?

83.

譬如夢裏度河　　비유하면 꿈 속에서 강을 건너는 것과 같으니,
船師度過河北　　뱃사공이 강 저쪽으로 건네줬으나,

84.

忽覺床上安眠　　침상에서 문득 단잠을 깨 보니,
失却度船軌則　　나룻배로 건넌 일 잃어버렸구나.

85.

船師及彼度人　　뱃사공과 저쪽으로 건너간 사람,
兩箇本不相識　　두 사람은 본래 서로 알지 못한다.

86.

衆生迷倒羈絆　　중생은 헤매다가 거꾸로 얽매이어,
往來三界疲極　　삼계(三界)에서 오고 감에 피로하기 끝이 없다.

87.

覺悟生死如夢　　삶과 죽음이 꿈과 같음을 깨닫는다면,
一切求心自息　　모든 찾는 마음 저절로 쉬어지리라.

88.

悟解卽是菩提　　깨달아 아는 것이 곧 보리(菩提)이니,
了本無有階梯　　깨달으면 본래 단계가 없다.

28

89.

堪歎凡夫傴僂　아아! 곱사등이 같은 범부들이여,

八十不能跋蹄　팔십 나이에도 마음대로 걷지도 못하는구나.

90.

徒勞一生虛過　헛수고만 하고 일생을 헛보내면서,

不覺日月遷移　세월의 흐름도 알지 못하네.

91.

向上看他師口　위로 저 스승의 입을 바라봄에,

恰似失孃孩兒　마치 어미 잃은 아이와 같으며,

92.

道俗崢嶸集聚　출가인과 재가인이 빽빽이 모여,

終日聽他死語　종일토록 죽은 말만 듣고 있구나.

93.

不觀己身無常　자기의 몸 무상(無常)한 줄 보지 못하고,

心行貪如狼虎　마음을 씀에 탐욕이 이리나 호랑이와 같네.

94.

堪嗟二乘狹劣　불쌍하구나, 좁고 못난 이승(二乘)들이여,

要須摧伏六府　육근(六根)을 억눌러 항복시키고자 하며,

95.

不食酒肉五辛　술과 고기 오신채(五辛菜)를 먹지 않으며,

邪眼看他飮咀　삿된 눈으로 남이 마시고 먹는 것을 바라보네.

96.

更有邪行猖狂　더욱이 삿된 행위로 어지럽게 날뛰며,

修氣不食鹽醋　기운(氣運)을 닦으며 소금과 식초도 먹지 않는다.

97.

若悟上乘至眞　그러나 만약 상승(上乘)의 지극한 진리를 깨달으면,

不假分別男女　남자와 여자라는 분별도 없으리.

첫 번째 법문

1.

| 大道常在目前 | 큰 도(道)는 늘 눈앞에 있는데, |
| 雖在目前難覩 | 눈앞에 있지만 보기는 어렵다. |

2.

| 若欲悟道眞體 | 도의 참된 모습을 깨닫고자 한다면, |
| 莫除聲色言語 | 소리, 색, 언어를 제거하지 마라. |

3.

| 言語卽是大道 | 언어가 곧 큰 도이니, |
| 不假斷除煩惱 | 번뇌를 끊어 제거할 필요가 없다. |

4.

煩惱本來空寂　번뇌는 본래 텅 비고 고요하지만,
妄情遞相纏繞　허망한 생각이 번갈아 서로 얽힌다.

5.

一切如影如響　모든 것이 그림자 같고 메아리 같으니,
不知何惡何好　무엇을 좋아하고 무엇을 싫어하랴?

6.

有心取相爲實　마음을 가지고 모습을 취하여 진실이라고 여기면,
定知見性不了　끝내 견성(見性)하지 못함을 반드시 알아야 한다.

1.

大道常在目前　큰 도(道)는 늘 눈앞에 있는데,

雖在目前難覩　눈앞에 있지만 보기는 어렵다.

큰 도(道)는 곧 마음입니다. 마음은 눈앞에 있습니다. 아니, 마음이 곧 눈앞입니다. 눈앞이라는 것은 우리의 육체적인 눈앞은 아닙니다. 눈을 뜨는 것이 눈앞이고, 눈을 감는 것이 눈앞이고, 보는 것이 눈앞이고, 듣는 것이 눈앞이고, 느끼는 것이 눈앞이고, 생각하는 것이 눈앞입니다. 그래서 "마음이 일어나면 온갖 것들이 일어나고, 마음이 사라지면 온갖 것들이 사라진다(心生種種法生 心滅種種法滅)"고 하는 것입니다.

또 눈앞이란 말은, "일이 목전(目前)에 닥쳤다"란 표현이 있듯이 시간적으로는 '바로 지금 이 순간'이란 뜻이고, 공간적으로는 내가 직접 보고 있는 '바로 여기'란 뜻입니다. 따라서 대도(大道)란 것은, 마음이란 것은 다른 데 있는 것이 아니라 이 순간 바로 여기, 내가 지금 깨어 있는, 내 존재가 있는 이 자리란 말입니다. 그러니까 도가 곧 내 존재이다, 내가 있는 자리에 도가 있다 이겁니다. 그래서 입처개진(入處皆眞), "내가 발을 딛고 서 있는 이 자리가 바로 진리이다"라고 말하기도 합니다.

"대도가 항상 눈앞에 있다"는 말은 결국, "대도란 지금 이 순간의 경험인 바로 이것(손가락 하나를 들어 보임)이다"란 말입니다. 대도는 언제나 이것인데, 우리의 정신이 흐트러져 있는 것이 문제입니다. 흐트러진다는 것은 무언가에 끄달리고 구속되고 머물러 있다는 말입니다. 이것을 보통 모습을 따라간다, 혹은 경계에 머문다고 말합니다. 경계를 안 따라가고 흐트러지지 않는다면 이것이 바로 확인됩니다. 도는, 마음은 둘이 없습니다. 온 우주가, 온 세상이 한결같이 이것(손가락을 들어 보임)입니다. 둘이 없이 한결같이 이것입니다.

도는 눈앞에 있어서 이 순간 직접적이고 끊어짐이 없습니다. 모습은 지속적일 수 없습니다. 변화를 하거든요. 바뀐단 말이죠. 비유를 들면, 기차를 타고 가는데 차창 밖을 보면 스쳐 지나가는 풍경은 계속 바뀝니다. 그래서 모습을 인연(因緣)이라고 합니다. 그런데 자기 발밑을 보면 항상 자기 자리에 그대로 있는 거예요. 자기 자리에 앉아서 차창 밖을 바라보고 있는 거죠. 그와 같이 아무리 변화무쌍함이 있다 하더라도, 이 마음은 자기 자리에 항상 있어서 전혀 변화가 없어요. 모습은 무상(無常)하게 변하지만 도는 전혀 변화가 없는 겁니다.

"눈앞에 있지만 보기는 어렵다"…… 이것이 문제인데, 왜 보기 어려우냐 하면 모습을 따라가기 때문입니다. 변화하는 모습을 따라가기 때문에 변함없는 도를 놓치게 되는 겁니다. 이것이 우리의 약점입니다. 변화하는 모습이란, 눈에 보이는 모습이 다 변하는 것이고, 귀에 들리는 소리가 변하는 것이고, 코의 냄새, 입의 맛, 몸의 촉감, 이런 것들이 다 변화하는 것들입니다. 그리고 느낌, 생각, 욕망 같은 것들도 자꾸 변화해 가는 것들입니다. 이런 스쳐 지나가는 모습들을 따라가면 이 변하지 않는 도(손가락을 들어 보임)를 놓치게 됩니다.

사실 우리는 앞서 기차를 타고 여행하는 비유에서처럼, 변화하지 않는 이 자리(손가락을 들어 보임)에 서서 변화하는 모습을 보고 있습니다. 한결같은 이 자리에서 변화하는 모습을 보고 있어요. 우리는 변화하는 모습에 정신이 팔려 한결같은 이 자리(손가락을 들어 보임)를 놓치고 있습니다. 변화하는 모습에 정신이 팔리더라도, 한결같이 변화하지 않는 자리인 여기(손가락을 들어 보임)에서 변화하는 모습들을 보고 있는 것이 우리 마음의 진실입니다.

모습에 끄달리는 습관 때문에 도를 보기는 어렵지만, 도는 반드시 볼 수 있습니다. 늘 한결같이 이 자리에 있기 때문에 마음만 먹으면 얼마든지 볼 수 있습니다. 지금 한번 보세요! 생각도 바뀌고 모습도 바뀌고 시간도 바뀌고 있지만, 그 바뀌는 순간은 항상 이 순간입니다. 시계의 숫자판을 분별(分別)해 보고 있으면 시계 초침이 한 칸 한 칸 지나가는 순간순간이 바뀌어 가지만, 초침 하나만 보고 있으면 한 칸 한 칸 지나가는 순간순간이 변함없는 바로 지금 이 순간입니다. 그저 바로 앞에 있는 이 순간 그대로일 뿐 변하는 것이 없어요.

시계 숫자판을 분별해 보면 초침이 한 바퀴 돌고 있지만 초침 그 자체만 보고 있으면 항상 그 자리에 있잖아요? 똑같이 이 순간 여기(손가락을 들어 보임)에 있는 겁니다. 눈앞에서 움직이는 이 순간에 있을 뿐

달라짐이 없어요. 항상 그대로예요. 초침이 움직이는 한 순간 순간을 영원히 살고 있을 뿐이에요. 다른 순간이 없어요. 그래서 한결같이 눈앞에 있을 뿐이다 이겁니다. 내 삶, 내 존재가 거기서 확인되고 있는 거죠. 초침이 한 칸 한 칸(손가락으로 초침이 가는 시늉을 보임) 움직일 때마다 "내 존재가 여기(손가락으로 초침이 가는 시늉을 보임)에 있구나!" 하고 확인이 되는 거예요. 내 존재가 바로 여기에 있지 다른 데 있는 게 아니잖아요. 그래서 매 순간 끊임이 없습니다. 계속 같은 자리에 늘 그대로 있습니다. 달라짐이 없어요. 이것이 처음에는 불명확할 수 있지만, 확실해지면 24시간 내내 이 자리에서 끊어짐이 없음을 확인할 수 있게 됩니다.

거듭 말하지만, 대도가 눈앞에 있지만 보기 어려운 것은 우리가 모습을 좇아가기 때문입니다. 지금 눈앞에서 초침이 한 칸 한 칸 움직일 때마다 살아 있는 이것(손가락을 들어 보임)이 있습니다. 초침이 한 칸 한 칸 움직일 때마다 이것에 내가 살아 있잖아요? 이것을 보지 못하고 1, 2, 3, 4…… 숫자를 보고 있으면 눈앞에 있는 것을 놓치고 맙니다.

2.

若欲悟道眞體　도의 참된 모습을 깨닫고자 하면,
莫除聲色言語　소리, 색, 언어를 제거하지 마라.

소리, 색, 언어가 뭡니까? 우리가 일상적으로 접하고 있는 것입니다. 우리가 눈을 뜨고 있으면 늘 색깔이 보이고, 귀로는 소리가 들리고, 사람들을 응대하면 말을 하게 되죠. 그런 것들이 모두 지나가는 인연인데, 마치 초침이 한 칸 한 칸 지나가듯이, 지나가는 색, 소리, 언어라는 인연들이 바로 마음이 살아 있음을 나타내는 겁니다. 그런 것들을 제거하는 것이 아닙니다. 색, 소리, 언어를 제거하면 마치 꿈도 안꾸는 깊은 잠을 자는 것처럼 아무것도 보지 못하고, 듣지 못하고, 생각하지 못하여, 도가 있지만 알 수가 없습니다. 도를 깨닫는다는 것은 깨어서 알아차리는 것입니다. 도를 알아차리려면 지금 눈앞에서 벌어지고 있는 여러 가지 흘러가는 인연을 없애려고 해서는 안 됩니다. 이것들 하나하나가 전부 도를 드러내고 있습니다. 내가 여기에 존재하고 있다는 것은 바로, 보고 듣고 생각하는 활동을 하고 있다는 것입니다. 언제나 경험하고 있는 이 보고 듣고 생각하는 활동에 마음이 드러나 있습니다. 도를 여기에서 확인하는 것이죠. 일상적으로 보고 듣고 생각하는 이것이 도이지, 이것을 떠나서 달리 도가 있는 것이 아닙니다.

그래서 흔히 거울의 비유를 들잖아요? 거울이란 것은 무엇인가 모습이 비춰지는 것이죠? 만약 거울이 아무것도 비추지 않는다면 그것은 거울로서 아무런 쓸모가 없으니 거울이라 할 수 없는 거죠. 도라고 하는 것, 마음이라고 하는 것도 마찬가지입니다. 색, 소리, 언어들이 드러나지 않는다면, 살아 있는 마음이라고 할 수 없죠. 보고 듣고 생각하고 하는 이것(손가락을 들어 보임)이 바로 도입니다.

볼 때 보이는 모습을 좇아가는 게 아니라…… 예를 들어 여기 컵이 있는데(컵을 들어 보임), 이 컵을 보면 컵만 보이는 게 아니라 뭔가 살아 움직이는 게 있습니다. 컵을 보고 있는 순간 이 컵에 뭔가 살아 움직이는 게 있을 겁니다. 컵은 고정되어 있는 하나의 사물입니다. 그런데 우리가 컵을 가만히 보고 있으면 살아 있어요. 죽어 있는 게 아니란 말이

죠. 어디에서 살아 있습니까? 그것을 잘 살펴보시기 바랍니다. 그것이
바로 마음이에요.

두두물물 삼라만상이, 바위가 설법하고, 나무가 설법하고, 동물이
설법하는 것이 바로 이것입니다. 컵은 살아 있는 겁니다. 이 세상에 죽
어 있는 것은 아무것도 없습니다. 눈길이 미치는 곳, 생각이 미치는 곳
에 있는 모든 것은 다 살아 있습니다. 도가 있으니까, 마음이 있으니까
살아 있죠. 도가 있단 말입니다. 마음이 여기(컵을 들어 보임)에 있단 말
입니다. 그러니까 온 세상이 다 살아 있는 겁니다. 온 우주가 통째로
살아 있는 것이지 죽어 있는 것은 없어요. 온 우주는 마음이기 때문입
니다.

3.
言語卽是大道　언어가 곧 큰 도이니,
不假斷除煩惱　번뇌를 끊어 제거할 필요가 없다.

언어란 망상분별입니다. 언어란 생각에서 나오는 것이고, 생각은
곧 망상분별입니다. 그러나 망상분별이 곧 마음이요 대도이니까, 망
상분별을 끊어 없앨 필요는 없어요.

석가모니가 출가하여 처음 공부한 요가의 삼매(三昧)를 석가모니는
잘못된 공부라 하여 버렸습니다. 요가의 삼매란 묵묵히 앉아 정신을
집중하여 모든 생각을 없앰으로써 망상분별을 일으키지 않는 것입니
다. 마음을 텅텅 비워서 깨끗하게 만들려고 하는 것이죠. 그것은 거울
을 놓아두고 아무것도 비추지 말라고 하는 것과 꼭 같아요. 그것은 있

을 수 없는 일입니다. 물론 그렇게 할 수도 있죠. 마음 속에 아무런 생각도 일으키지 않을 수도 있습니다. 그러나 그것은 부자연스럽게 조작된 상태잖아요? 도는 자연(自然)이에요, 자연! 도를 공부하면 생활 자체가 자연스럽고 편안해져야 하는 것인데, 도를 공부하니까 도리어 생활이 더 부자연스럽고 불편하다면 무엇 때문에 공부를 하겠습니까?

생각을 억지로 틀어막으려고 하고 억지로 고요해지려고 하는 것은 불편한 것입니다. 그러나 진정으로 도에 통하면, 지극히 시끄러운 것이 곧 지극히 고요한 것입니다. 마음껏 말을 하면서도 흔들리지 않는 자리에 있다 이겁니다. 생각이나 말 같은 경계를 끊어 없애는 일은 여법(如法)하지 않습니다. 생각도 하고 싶은 대로 하고, 말도 하고 싶은 대로 하면서도 전혀 흔들림 없는 자리에 있는 겁니다. 똑같은 생각을 하고 똑같은 말을 해도, 도를 모르면 그 생각과 말이 망상분별이 되고 번뇌가 되지만, 도에 통하면 생각이 곧 도이고 말이 곧 도입니다.

앞에서 든 비유처럼, 지금 기차를 타고 가는데 자기가 좌석에 흔들림 없이 앉아 있다는 사실을 모르고 바깥 경치만 쳐다보고 있다면 끝없이 불안할 겁니다. 왜냐하면 안정되어 있는 것이 아무것도 없이 계속 바뀌면서 흘러가니까, 눈앞에 믿고 의지할 것이 아무것도 없으니 굉장히 불안한 거예요. 흔들리지 않는 곳에 자리 잡지 못하면 다가오는 인연에 전적으로 매달리게 되어 크게 흔들리게 됩니다. 그러나 흔들리지 않는 곳에 자리 잡고 있으면서 스쳐 지나가는 인연들을 맞이하고 보내 주면 아무런 문제가 없습니다. 스트레스도 받지 않죠. 그래서 "적멸(寂滅)의 자리에서 생멸법(生滅法)을 쓴다"는 말을 하는 겁니다. 온갖 변화 가운데 있지만 사실상 흔들림 없고 변함없는 한결같은 자리에 있는 겁니다.

아까 시계 초침을 예로 들었는데, 시계 초침을 보면 끊임없이 변화하고 있죠? 그런데 초침이 째깍째깍 움직이는 그 순간순간을 보면 초침은 한결같이 초침일 뿐이에요. 주위 다른 인연과의 연관 하에서 변화의 그림이 그려지는 거죠. 초침이 한 번 째깍거리는 그 순간에 내가 존재하는 것입니다. 과거, 현재, 미래라는 것이 없단 말이죠. 초침이 한번 째깍 하는 이 순간(손가락으로 초침이 가는 시늉을 보임)에 존재하고 있습니다. 내가 바로 여기(손가락으로 초침이 가는 시늉을 보임)에 있습니다. 초침이 째깍째깍 지나가는데, 초침 위에만 있으면 지나가는 것도 없고 다가오는 것도 없어요.

초침은 숫자판 위를 한 바퀴 빙 돌면서 온갖 변화를 다 겪지만, 이 순간 째깍 하는 초침(손가락을 들어 보임)은 아무 변화가 없어요. 늘 한결같은 거죠. 이 한결같이 변함없고 끊어짐이 없는 이것(손가락을 들어 보임)! 이것이 법입니다. 이것만 분명하면 번뇌라는 것을 제거하기 위해서 신경 쓸 필요가 없어요. 번뇌라는 것은 망상(妄想)이라 하듯이 사실 허깨비입니다.

4.

煩惱本來空寂　번뇌는 본래 텅 비고 고요하지만,
妄情遞相纏繞　허망한 생각이 번갈아 서로 얽힌다.

번뇌라는 것은 본래 없는 것인데, 분별하는 생각을 따라가니까 생각에 사로잡혀 괴로움을 받게 되는 겁니다. 초침은 항상 그 자리에 있는데 우리가 초침 밑에 있는 시계의 숫자를 따라가니까 10초가 지나고, 20초가 지나고, 30초가 지나가는 식으로 시간이 흘러간다는 생각이 일어나게 됩니다. 생각이 일어나면 번뇌가 되는 거죠. 그러나 다만 지금 이 순간 초침의 움직임(손가락을 들어 보임)에 있으면 아무것도 없단 말이죠. 번뇌라고 할 만한 게 없단 말입니다. 거기에는 어떤 것도 있을 수 없어요. 다만 이 법(손가락을 들어 보임) 하나가 오롯할 뿐입니다. 법에는 시간도 없고 공간도 없어요. 그냥 법(손가락을 들어 보임)일 뿐입니다.

망령된 생각이 번갈아 서로 얽히는 이것이 문제입니다. 과거, 현재, 미래가 생기고, 여기와 저기가 생기고, 옳고 그름이 생기고, 이것과 저것이 생겨서 여러 가지 복잡한 생각들이 얽혀 그 복잡하게 얽힌 생각들에 끌려가게 되면 끝없는 번뇌가 일어나는 겁니다. 번뇌란 다른 것이 아니라 생각을 따라가는 겁니다. 생각을 따라가는 것은 곧 모습을 따라가는 것입니다.

번뇌 없는 법은 바로 이것입니다. 이것(손가락을 들어 보임)! 가장 진실하고 의심할 수 없는 실재(손가락을 들어 보임)! 바로 지금 이것(손가락을 들어 보임)! 바로 지금 여기(손가락을 들어 보임)! 이 순간에 나에게 가장 진실하고 직접적인 것(손가락을 들어 보임)! 그러니까 여기로 돌아와야 해요. 바깥으로 끌려 다니던 정신이 여기(손가락을 들어 보임), 눈앞으로 와야 하는 겁니다. 그런데 우리의 정신 상태라는 것은 끊임없이 바깥으로 끄달려 나간단 말입니다. 마음공부란 그렇게 바깥으로 마구 끄달려 나가는 마음을 여기(손가락을 들어 보임)에 딱 안정시키는 겁니다. 진지한 관심만 가진다면 그렇게 어려운 것이 아닙니다.

5.

一切如影如響　모든 것이 그림자 같고 메아리 같으니,
不知何惡何好　무엇을 좋아하고 무엇을 싫어하랴?

　스쳐 지나가는 인연들이야 그림자와 같고 메아리와 같습니다. 따라
서 좋아할 것도 없고 싫어할 것도 없어요. 유일하게 흔들림 없는 여기
(손가락을 들어 보임)에 있으면 좋아할 것도 없고 싫어할 것도 없습니
다. 여기에 있지 못하니까 이리저리 끌려 다니지만, 왔다 갔다 하는 인
연들은 신경 쓸 필요가 없어요. 가장 확실한 것은 지금 눈앞에서 가장
분명하고 절대 부정할 수 없고 항상 끊어짐이 없어서 그저 이것(손가락
을 들어 보임)밖에 없는 겁니다. 이것이 가장 확실한 것이고, 우리가 혼
란스럽게 생각을 따라서 이리저리 가 버리면 그것은 전부 꿈과 같은
겁니다.

　그러나 비록 혼란스럽게 이리저리 생각을 따라간다 하더라도 결국
다른 게 없습니다. 아무리 꿈을 꾸고, 망상을 부리더라도 다른 것이 아
니라 바로 이것(손가락을 들어 보임)입니다! 꿈과 망상 그 자체가 바로
이것(손가락을 들어 보임)이지 다른 것이 아닙니다. 다른 것은 없어요.
그러니까 온 우주가 그대로 마음입니다. 온 우주가 모두 도입니다. 어
떤 경우에도, 어떻게 하더라도 결국 다른 게 없습니다. 만약 다른 게
있다면, 부처님의 도가 불이법(不二法)이라는 것은 옳지 않습니다. 불
이법만이 아니라 유일신(唯一神)이라는 것도 거짓말이 되는 겁니다.

　여기(손가락을 들어 보임)에 계합(契合)만 하면, 스쳐 지나가는 인연에
불안하게 끌려 다니지 않습니다. 다리 위에 서서 다리 아래 흘러가는

강물을 본다고 합시다. 처음에는 계속 흘러가는 물결 때문에 어지럽습니다. 그런데 한참 흘러가는 물결을 보다 보면 어느 순간에 물결이 아니라 물이 보이는 때가 와요. 끊임없이 흘러가는 물결이 늘 한결같은 물임을 보게 되면, 물결 때문에 어지럽지는 않습니다.

손전등에 비유할 수도 있습니다. 달도 없는 캄캄한 밤에 손전등을 켜고 길을 가면서 쭉 비춘다고 합시다. 손전등에서 나오는 빛에 비춰진 길의 모습은 계속 변하면서 지나가지만 손전등의 빛은 어떤 길을 지나가도 변함없이 그 자리에 밝아 있단 말이죠. 마음이란 것이 그런 것입니다. 결국 손전등 앞에 어떤 것이 나타나도 그것은 손전등의 빛일 뿐인 것입니다. 그러니까 불안하지 않은 겁니다.

거울도 마찬가지 아니에요? 만약 거울에 비춰져 있는 영상을 따라다닌다면, 거울이란 것은 앞에 나타나는 인연에 따라서 얼마든지 다양한 모습을 비추니까 어질어질합니다. 그런데 거울 그 자체가 분명해지면 아무리 다양한 영상이 지나가더라도 거울은 한결같이 그대로입니다. 흔들림이 없어요. 마음도 그와 같아요. 마음 자체가 분명하면, 눈앞에 어떤 광경이 벌어지더라도 흔들림이 없는 겁니다.

《반야심경》에 보면, 색즉시공(色卽是空)이요 공즉시색(空卽是色)이라고 합니다. 색수상행식(色受想行識)은 끊임없이 무상하게 변해 가는 생멸법(生滅法)입니다. 그러나 공(空)은 불생불멸법(不生不滅法)입니다. 그래서 생멸법이 불생불멸법임을 확실하게 확인하게 되면, 이것(손가락을 들어 보임)이 바로 마음임을 확실하게 확인하면, 늘 변하지 않고 끊임이 없이 한결같은 이것(손가락을 들어 보임)이 눈앞에 살아 있습니다. 눈앞에서 영화 화면 같이 바뀌어 가는 세상은 그야말로 꿈과 같을 뿐입니다.

　마음 하나가 분명하고, 법 하나가 분명하다면 어떤 일들이 벌어지더라도 그냥 법일 뿐이고 마음일 뿐입니다. 다른 게 없어요. 이것 하나(손가락을 들어 보임)를 체험하시면 돼요. 그림자 같고 꿈처럼 지나가는 세상사, 좋아할 것도 없고 싫어할 것도 없습니다. 집착할 게 없단 말이죠. 마음공부 하는 사람이 세속적인 인연에 연연해서는 안 됩니다. 그러면 공부를 할 수 없습니다. 마음공부는 변함없이 흔들림 없는 이 하나(손가락을 들어 보임)에 딱 안정되어 있어야 하는 겁니다. 내 공부가 확고부동하게 자리 잡히면 밖에서 불어오는 인연의 바람에 흔들림이 없어요. 인연에 응하지만 항상 자기 자리에 있는 겁니다.

6.

有心取相爲實　마음을 가지고 모습을 취하여 진실이라고 여기면,
定知見性不了　끝내 견성(見性)하지 못함을 반드시 알아야 한다.

　생각을 가지고 이리저리 모습을 따라가면 성품을 못 봅니다. 모습은 왔다 갔다 하지만, 성품은 부동이에요. 흔들림이 없습니다. 흔들림 없는 성품에 있어야지, 모습을 따라서 왔다 갔다 해서는 안 됩니다. 흔들림 없는 성품에 있으려면 흔들림 없는 성품을 깨달아야 합니다. '깨닫는다'는 것은 머리로 이해하는 것이 아니라 이것(손가락을 들어 보임)을 직접 맛보는 것입니다.

　그럼 흔들림 없는 성품을 어떻게 맛볼 수 있느냐? 견성(見性)이란, 육조 혜능 스님이 분명하게 밝히고 있듯이, 설법(說法)을 듣다가 몰록

오는 겁니다. 언하(言下)에 대오(大悟)한다고 하지요. 설법을 듣는 것은 성품에 대한 의문을 가지고 설법에 귀를 잘 기울이는 겁니다. 설법이 란 이 성품을 계속 가리켜 주는 것입니다. 그러므로 설법을 잘 듣고 있 다 보면, 어느 순간에 그것을 탁 알아차리는 겁니다. 이것이 이른바 직 지인심(直指人心), 견성성불(見性成佛)이지요.

또 화두(話頭)를 붙들고서 씨름하다가 견성의 경험이 올 수도 있습 니다. 화두라는 것은 다름 아니라 의문(疑問)입니다. "성품이란? 마음 이란? 깨달음이란?" 하는 이 의문 하나를 붙잡고서 그 의문에 대한 갑 갑함과 그 목마름으로 지내다가, 어느 순간에 문득 견성하는 사람들 도 왕왕 있습니다. 그렇지만 많은 경우는 설법을 듣다가 그런 경험이 옵니다. 그래서 《전등록》에 깨달음의 경험은 주로 언하에 대오한다, 즉 말끝에 크게 깨닫는다고 표현한 것입니다. 정신을 차리고 설법에 귀를 잘 기울이시면 깨달음을 경험할 수 있습니다.

흔들림 없는 이것 하나(손가락을 들어 보임)! 끊임이 없고 흔들림 없 는 하나! 지금 눈앞의 이것(손가락을 들어 보임)이 마음입니다. 이것 하 나만 분명하게 경험하면, 그것이 곧 공부의 관문을 통과하는 것입니 다. 이것 하나(손가락을 들어 보임)!

두 번째 법문

7.

若欲作業求佛　업(業)을 지어 부처를 찾으려 하지만,

業是生死大兆　업이 바로 삶과 죽음의 큰 조짐이다.

8.

生死業常隨身　죽음과 삶에 얽매는 업이 늘 몸을 따르니,

黑闇獄中未曉　깜깜하게 어두운 감옥 속에서 여태 깨닫지 못한다.

9.

悟理本來無異　이치를 깨달으면 본래 다름이 없으니,

覺後誰晚誰早　깨달은 뒤에 누가 늦고 누가 빠르겠는가?

10.

法界量同太虛　　법계(法界)[1]의 크기는 큰 허공(虛空)과 같거늘,
衆生智心自小　　중생의 지혜가 있는 마음이 스스로 작다.

11.

但能不起吾我　　단지 '나다' '나다' 하는 마음만 일으키지 않으면,
涅槃法食常飽　　열반의 진리 음식으로 항상 배가 부르리.

---

1) 법계(法界): 만법(萬法)의 세계. 온 우주. 전체 경험세계.

7.

若欲作業求佛　업(業)을 지어 부처를 찾으려 하지만,
業是生死大兆　업이 바로 삶과 죽음의 큰 조짐이다.

　업을 짓는다고 하는 것은 다른 말로 하면 인위적인 노력을 한다는 것입니다. 흔히 불교에서 업을 이야기할 때는 보통 신(身), 구(口), 의(意), 삼업(三業)이 있다고 이야기합니다만, 업이란 한 마디로 의도적 행위라고 할 수 있습니다. 의도적 행위를 불교에서는 유위법(有爲法)이라고 하는데, 인위적 행위란 말이지요. 몸으로 짓는 업, 입으로 짓는 업, 생각으로 짓는 업이라는 말은 의도적이고 의식적으로 행동하고 말하고 생각하는 것을 가리킵니다.

　몸을 의도적으로 어떻게 조절하여 깨닫고자 한다면, 예컨대 장좌불와(長坐不臥)라고 하여 눕지 않고 앉아만 있다든지, 가부좌하고서 호흡을 헤아린다든지, 몸을 고통스럽게 한다든지 하는 등 몸을 의도적으로 조절하는 방법에 의지하여 깨닫기를 추구한다면, 그것은 부처

즉 이것(손가락을 들어 보임)을 깨닫는 것과는 아무 상관이 없어요.

몸을 의도적으로 조절하여 깨달음을 얻고자 하는 방식이 인도에는 전통적으로 두 가지가 있습니다. 하나는 가부좌를 하고 앉아 정신을 집중하는 방법, 다른 하나는 고행이라 해서 몸을 아주 괴롭히는 방법이 있습니다. 석가모니도 처음 출가해서는 그 두 가지 방법을 다 실행해 보았지만, 깨달음과는 아무 상관이 없다는 것을 알고서 그 두 가지를 다 버렸습니다. 그것이 바로 몸으로 짓는 업으로서, 업만 지을 뿐 깨달음과는 관계가 없습니다.

또 수행자가 입으로 업을 짓는다는 것은 수행을 말로써 하는 것을 말합니다. 이치에 맞게 잘 말하는 것이 깨달음인 양 착각하여 말로 하나하나 헤아리고 따지는 것이죠. 말로 아무리 그럴 듯하고 현묘한 이치를 이야기한다 하더라도, 그것은 의식적으로 분별하고 헤아려서 말을 조리 있게 잘 하는 것일 뿐, 깨달음과는 상관이 없어요. 요새 인터넷에 보면 그런 사람들이 이런저런 글을 많이 올리는데, 그러한 글 솜씨하고 깨달음은 상관이 없습니다. 그것도 역시 업을 짓는 일일 뿐입니다.

그 다음에 생각으로 짓는 업인데, 우리가 가장 빠져 들기 쉬운 함정이 생각을 통해서 깨달음을 얻고자 하는 겁니다. 현묘한 이치와 온갖 불교 경전, 조사 스님들의 말씀과 화두를 살피고 헤아리고 생각하는 것으로 공부를 삼는다면, 결국 그 생각이 업이 되어서 우리를 묶어 버려요. 업이란 자기 스스로를 자기 스스로가 묶어서 나중에 그 대가를 치러야 하는 것이거든요.

예를 들어, 용맹정진한다고 해서 일주일간 잠을 안 자고 눕지도 않고 앉아 있으면 몸에 커다란 무리가 와서 고통을 받습니다. 몸을 괴롭혔으니 당연히 대가를 치러야죠. 말을 진실이라고 여기면, 우리는 자기 말에 스스로 묶여 버립니다. 그것은 우리가 흔히 경험하고 있습니다. 한마디 말을 잘못하면, 그로 인해 남이 뭐라 하기 이전에 벌써 스스로가 가책을 받게 됩니다. 스스로가 한 말에 대하여 스스로 대가를 치르는 겁니다. 생각도 마찬가지입니다. 생각하는 대로 이루어진다고 하잖아요? 생각을 하면 생각한 그대로 대가를 치러야 합니다. 몸으로 하든, 말로 하든, 생각으로 하든, 결국 우리는 그 모든 것에 대한 대가를 치러야 하는 겁니다. 책임을 져야 한단 말이죠. 자업자득이라 하듯이 지은 업에 대한 과보는 받아야 합니다.

이처럼 공부라는 이름 아래 의식적으로 무엇을 만들고 행한다면, 이것은 공부가 아니고 부질없이 조작하여 그 대가를 치르는 짓입니다. 업을 짓는 것을 공부라고 착각하는 경우입니다. 업을 짓는 것을 공부라고 한다면 그렇게 업 짓는 행위가 바로 생사의 큰 조짐, 우리에게 번뇌와 고통의 대가를 치르게 한다는 말입니다.

공부는 어떤 정해진 과정을 만들어 가는 것이 아니에요. 본래 마음은 정해진 모습과 형식이 없습니다. 모든 모습과 형식에서 해방될 때 비로소 본래 마음입니다. 그러므로 공부는 어떤 모습과 형식을 만들어 가는 것이 아니라, 모든 모습과 형식에서 벗어나는 것입니다. 의식적이고 의도적인 행위를 한다면 형식과 모습을 만드는 것이기 때문에, 마음공부는 의식적이고 의도적인 행위를 통해서는 할 수가 없습니다. 즉 마음공부는 유위(有爲)의 공부가 아니라 무위(無爲)의 공부가 되어야 합니다. 유위의 공부가 발명이라면, 무위의 공부는 발견입니다.

나의 본래면목(本來面目)인 불법(佛法)이라는 진리가 진실이라 믿고, 이 진리가 직접 체험되기를 간절히 바라면서, 올바른 가르침을 찾아 귀를 기울이는 것이 바로 공부입니다. 단순한 믿음, 진실한 염원, 진지한 배움의 자세, 끈기 있는 배움의 행위가 바로 공부를 이루는 요소입니다. 이 요소 외에 어떤 공부의 방식이나 요령은 없습니다. 있다고 하면, 그런 것들은 모두 유위의 행위입니다. 이러한 공부의 요소는 다만 공부하는 사람의 진실한 태도와 진지한 관심의 문제일 뿐이므로 작위적인 행위는 아닙니다. 자신에게서 자신을 확인하는 것이므로, 공부는 각각 다른 원인을 바탕으로 다른 결과를 도출하는 작위적인 행위가 아닙니다. 만약 어떤 목적을 염두에 두고 그 원인으로서 어떤 행위를 한다면, 이것은 작위적인 조작이지 공부는 아닙니다. 말하자면, 무위의 공부는 인과법이 아닙니다만, 유위의 공부는 인과법으로서 업보에 해당합니다.

그저 순수하고 간절하고 진실하게, 아직 알지는 못하지만 자기 자신에게 진리가 갖추어져 있기에 진지하고 성실하게 찾아가다 보면 언젠가는 그것이 알려질 것이라는 탐구의 자세로 하는 것입니다. 그것이 공부예요. 탐구의 자세가 바로 공부예요. 탐구하는 자세를 끝까지 놓지 않고 유지하는 겁니다. 영원히 공부의 길을 걸어가는 것입니다. 그러다 보면 어느 순간에는 깨달음이라는 감로수를 마시기도 하고, 어느 때는 잠시 목이 마르기도 하고 하는 여러 가지 과정들이 있는 겁니다. 우리가 흔히 가지기 쉬운 대박 심리…… 한 방 터뜨리면 그것으로 끝난다고 생각하는데, 공부는 그렇지 않습니다. 영원히 진실한 길을 한 발 한 발 걸어가는 것이 바로 공부입니다. 그래서 가다 보면 어느 때는 넓게 펼쳐진 공간이 나타나기도 하고, 어느 때는 좁은 길이 나타나기도 하고, 어느 때는 고갯마루에 올라서기도 하고, 어느 때는 골짜기로 내려가기도 하고…… 여러 가지 경험들이 있는 거죠. 그러나 그 진실하고 순수한 하나의 길을 놓치지 않고 꾸준하게 가다 보면, 처음부터 한결같이 이 하나뿐이라는 사실이 문득 흔들릴 수 없는 진실로 드러납니다.

초발심(初發心)을 잃지 말라는 이유가 거기에 있는 겁니다. 언제나 '이것이 바로 진리'라는 고정관념을 경계하면서 어떤 망상에도 속지 않고 한결같이 자리 없는 자리를 지켜야 합니다. 설사 망상에서 풀려나는 경험을 하더라도 "이제 내가 깨달았다, 다 끝났다!" 하는 아만심(我慢心), 아상(我相)이 생기면 도리어 공부는 다시 역행하는 것입니다. 아무리 공부를 많이 해서 여러 가지 경험을 했다 하더라도 아상이 생기는 순간 바로 어긋나 버리는 겁니다. 바로 망상(妄想)으로 떨어져 버린단 말이죠. 그러니까 욕심을 가지고 공부를 하면 조급하고 성급해져서 공부에 도움이 되기보다는 방해가 될 가능성이 많습니다.

공부하는 자세는 순간순간 망상에 속지 않고 깨어 있을 뿐, 공부의 결과는 생각하지 않는 것입니다. "내가 어떤 결과를 얻었다"라고 하는 순간 어긋납니다. 《금강경》에서 얻을 법이 하나도 없는 것이 무상정등각이라 하고, 《반야심경》에서는 얻을 것이 없기 때문에 반야바라밀에 의지한다고 하는 까닭이 여기에 있습니다. 무엇을 얻었다 하면 바로 망상입니다.

애초에 얻을 것이 없습니다. 본래 얻을 것도 가질 것도 없어요. 공수래공수거(空手來空手去)라고 하듯이, 원래 빈손입니다. 원래 얻을 것이 없지만, 자신의 본분을 모르고 있기 때문에 진실하고 성실하게 찾을 수밖에 없는 거예요. 그런 자세로 앞만 보고 가는 겁니다. 옆을 돌아보고 뒤를 돌아보는 사람은, 이제까지 제 경험에 의하면, 반드시 중도에 하차합니다. 그런 사람은 내가 이만큼 했는데 왜 이렇게 안 되는가 하고 분노하고 좌절하게 됩니다. 그러니까 공부는 업을 짓는 게 아니고, 최선을 다할 뿐 결과에 대해서는 기대하지 않는 겁니다. 어떤 결과가 오고 말고에는 신경 쓰지 마시라 이겁니다. 바라지 않을 때 결과라는 것은 주어집니다. 이것은 참 역설적인 일이지만, 이것이 사실 아주 중요합니다.

업을 지어서 부처를 구한다는 것은 결국 우리 욕심의 소치이고, 그것이 만들어 내는 것은 아상밖에 없습니다. 욕심으로 말미암아 망상을 만들어 내는 거죠. 저 자신을 돌이켜 보아도 그렇고, 공부하는 사람에게 정말 중요한 조건이고, 이 조건이 갖춰지지 않으면 공부가 안 되는 것은, "진리는 모르는 것이다"라는 사실입니다. 중도(中道)니 공(空)이니 본래면목이니 불성이니 견성이니 깨달음이니 하는 것은, 어디에도 끄달림 없이 어떤 망상에도 구속됨 없이 존재하는 것이지, 무엇을 아는 것은 아닙니다.

예컨대 공부는 줄타기와 같습니다. 처음에는 어떻게 떨어지지 않고 줄 위에 올라서느냐 하는 것이 문제가 됩니다. 좌우에 기울어지지 않고 어떻게 중심을 잡느냐를 설명하는 말도 많고 충분히 이해도 되지만, 실제 중심을 잡고 두려움 없이 줄 위에 올라서는 경험은 오로지 본인의 직접 경험이 있을 뿐입니다. 설명에 있는 대로 따라 하면 저절로 올라서게 되는 것이 아니라, 올라서는 순간은 아무 생각 없이 오로지 자신에게 본래 갖추어져 있는 설명할 수 없는 균형 감각이 살아나면서 문득 올라서게 되는 것입니다. 또한 바로 이 처음의 균형 감각에 의지하여 일평생 줄을 타는 것입니다. 만약 균형 감각을 무시하고 균형을 어떻게 잡는다는 생각에 의지하여 줄을 타려 하면 바로 균형을 잃고 흔들립니다. 비록 줄타기를 수년간 해서 아주 능숙한 사람이라고 해도 이것은 마찬가지입니다. 눈을 감고도 줄을 잘 탈 만큼 익숙해도 한 순간의 망상이 그를 줄에서 떨어지게 합니다.

마음공부가 바로 그렇습니다. 이 공부도 언제든지 망상이 옆에서 도사리고 있다가 치고 들어올 틈을 노리고 있습니다. 항상 깨어 있으라고 하는 이유가 바로 그것입니다.

8.

生死業常隨身　죽음과 삶에 얽매는 업이 늘 몸을 따르니,
黑闇獄中未曉　깜깜하게 어두운 감옥 속에서 여태 깨닫지 못한다.

생사의 업이란 다른 것이 아니라 분별심입니다. 이것과 저것을 나누어 취하고 버리고 하여, 마음에 흡족한 그림을 그리려고 하는 겁니다. 실제로 우리는 스스로 분별심에 갇혀 있다는 사실을 모르고 있습니다. 분별심만 경험해 왔고 분별심이 아주 굳은 습관이 되어 있기 때문입니다. 언제든지 우리는 이것은 이것이고 저것은 저것이고, 이것은 좋고 저것은 나쁘고, 이것은 취하고 저것은 버리는 습관화된 사고 방식에 따라 모든 것을 판단하고 있습니다.

우리가 흔들림 없고 확고부동한 자리에 있지 못하는 원인을 생사의

업이라고 하는데, 그것은 다름 아니라 우리가 지금까지 살아온 이 삶의 형태, 우리에게 너무 익숙해 있는 분별심입니다. 다시 말해, 이 자리(손가락을 들어 보임), 이 흔들릴 수 없는 본래면목의 자리에 있지 못하면 모든 것이 다 생사의 업입니다. 이 흔들릴 수 없는 본래면목(손가락을 들어 보임)에 있음으로써 생사의 업에서 풀려나는 것입니다.

마음공부라는 것은 지금까지 알고 의지해 왔던 이 마음에서 발을 들어, 의지할 곳 없는 곳에 의지함 없이 홀로 우뚝 서는 것입니다. 우리가 지금까지 의지하고 있던 마음은 뭔가 불만족스럽고, 불안하고, 믿을 수 없고, 제멋대로 날뛰고, 복잡하고, 통제되지 않는 무엇인데, 이러한 마음에서 발을 떼어 불만족도 없고, 불안도 없고, 의심도 없고, 들떠서 날뛰지도 않고, 복잡하지도 않고, 통제할 필요도 없는 곳에 발을 딛는 것입니다. 이처럼 의지할 곳 없는 곳에 발을 딛는 것이 공부의 첫 관문입니다. 그러니까 이 마음의 다른 진면목, 우리가 지금 알고 있는 이대로가 아니고, 마음을 잘 탐구해 보면 전혀 예상하지 못했던 진면목이 있습니다. 안정되고, 시끄럽지 않고, 제멋대로 날뛰지 않고, 편안한 그런 경험이 있습니다.

이처럼 의지할 것 없는 곳에 발을 디디려면 어떻게 해야 하느냐? 정해진 길이 없습니다. 마음의 숨어 있는 진면목을 찾아가는 정해진 길은 없습니다. 방법이 있다고 한다면, 이 진면목을 경험하고 싶다는 갈증 하나가 있을 뿐입니다. 이 갈증에 싸여서 선지식(善知識)을 찾아 물어보고, 설법에 귀를 잘 기울이는 것이 바로 공부입니다. 결국 스스로 찾는 것이지 남이 찾아 줄 수는 없어요. 저는 여기에서 각자가 자기 길을 찾도록 여러 가지 힌트를 계속 드리고 있습니다. 간절하게 듣고 있다 보면 어느 순간 스스로 경험할 수 있습니다.

그러면 마음이란 것이 도대체 무엇이냐? 어떻게 찾아낼 것인가? 우선 명심하실 것은, 생각을 가지고 접근해서는 안 된다는 사실입니다. 다만 간절한 갈증 하나에 매달려 이 갈증이 해소될 길을 찾아 헤매는 것입니다. 배고픈 고양이가 쥐구멍 앞에서 쥐를 기다리듯이 오직 하나를 노리는 자세를 갖추고 있어야 하는 겁니다. 쥐를 잡는 것은 자기 스스로에게서 일어나는 일입니다. 다시 말해서, 고양이가 쥐를 만들어 낼 수도 없고, 쥐를 꾀어 올 수도 없어요. 왜? 고양이가 나타나는 순간에 쥐는 도망가 버릴 테니까. 달리 능동적으로 어떻게 할 수 있는 일은 없고, 그저 쥐가 다니는 길목을 지키고 있을 수밖에 없습니다. 마음공부도 생각이나 욕심이나 의도에서 나온 어떤 행동도 함이 없이 다만 기다리며 가르침을 받는 것일 뿐, 자신이 공부를 끌어당겨 올 수는 없단 말이죠. 그러니까 그런 간절한 자세 하나만 가지고 묻고 설법을 듣고 하는 것이 바로 공부입니다. 그러다 보면 설법을 듣는 도중에, 또는 언제 어디서든 자기도 모르게 문득 경험되는 것입니다. 첫 관문을 통과한 것이죠.

자, 그러면 그 마음이란 게 무엇이냐? 마음이라고 하는 것은 바로 지금 우리 스스로가 가장 실제적으로 경험하고 있는 이것입니다. 부정할 수 없는 경험이에요. 예를 들어, (컵을 들어 보이며) 여기 컵이 보이죠? 그 다음에는 컵 대신에 (컵을 내려놓고 탁상시계를 들어 보이며) 시계. 한 번은 컵이 보였고, 한 번은 시계가 보였습니다. 보이는 대상은 달라졌습니다. 그렇지만 컵을 볼 때 컵이라는 인식보다도 더 실재(實在)이고 직접적인 무엇인가가 여기에 있습니다. 시계로 바뀌었을 때도 인식되는 대상은 바뀌었지만 실재이고 부정할 수 없고 바뀌지 않는 것이 그대로 여기에 있습니다. 바라보는 대상은 바뀌었는데 바뀌지 않는 것이 있죠. 부정할 수 없는 한결같음이 있습니다. 그러나 우리는 대상에 의식을 빼앗기기 때문에 하나의 대상도 없이 한결같이 텅 비어 있는 이 여여(如如)한 본성에서 깨어 있지 못합니다.

여여한 본성에서 깨어 있다는 것은 대상에 끄달림 없이 한결같은 자리에 있다는 말입니다. 하나의 예를 들겠습니다. 친구와 버스 정류소에서 버스를 기다리고 있는데, 그 옆의 건물에서 갑자기 불이 났다고 합시다. 사람들이 뛰어나오고 검은 연기와 함께 불길이 치솟고 주위는 우왕좌왕 아수라장이 되고 이윽고 불자동차가 출동하고 소방수들이 불을 끄는 모습을 사람들은 넋을 잃고 구경하고 있습니다. 그런데 갑자기 친구가 등을 치면서 "야, 버스 왔어!"라고 하거든요? 그럴 때, 불구경에 넋을 빼앗기고 있을 때에는 내가 있다는 사실조차 잊어버리고 있습니다. 그런데 뒤에서 탁 치는 순간 제정신을 찾게 됩니다. 비록 한동안은 내가 있다는 사실을 잊어버리고 구경거리만 쳐다보고 정신이 없었지만, 그 동안에도 실제로는 내가 없었던 것이 아니거든요. 보고 있는 그것 자체가 나였거든요. 내가 거기 있었던 겁니다. 대상에 정신이 팔려 있을 때는 내가 있는지 없는지 몰랐지만, 탁 치는 순간에 정신이 번쩍 든 겁니다.

그런데 엄밀하게는 이렇게 정신이 들었다는 것은 내 육체 밖의 다른 사물에 의식이 팔려 있다가, 이제 내 육체를 의식하게 되었다는 것을 뜻합니다. 마음공부에서 자기의 본성으로 깨어난다고 하는 것은 여기에서 한 발 더 나아가는 것입니다. 몸 바깥의 사물이나 자기 몸이나 느낌이나 감정이나 생각이나 사유(思惟) 등의 것들은 모양에 따라 분별된다는 점에서 공통점을 가지고 있습니다. 그리고 모양에 따라 분별되는 것들은 끊임없이 생멸변화하며 스쳐 지나간다는 공통점이 있습니다. 중생들은 언제나 어디서나 이렇게 모양으로 분별되어 허망하게 변화하는 것들에 정신을 빼앗기고 있습니다. 그러나 자기의 본성은 이렇게 생멸하며 스쳐 지나가는 분별된 모습을 가지고 있지 않습니다. 변화하는 분별된 모습이 아니므로 공(空) 혹은 진여(眞如) 혹은 여여부동(如如不動)이라고 합니다. 육체나 느낌이나 감정이나 생각과 같은 분별되는 모습들에 정신이 팔려 있다가, 문득 한결같은 이 텅 빈 본성으로 돌아와 어떤 대상에도 끄달림이 없는 것이 곧 본성에 깨어나는 것입니다.

그러므로 깨어남은 언제나 지금 이 순간 여기에서 즉각 일어나는 일이고, 밝은 불이 켜져 있듯이 늘 있는 일입니다. 텅 비고 모양 없는 이 실재에 깨어나면 되는 것입니다. 텅 비고 모양 없는 이 실재에 깨어 있다고 하여 의식이 없는 것은 아닙니다. 여섯 가지 지각 기관(육근: 눈, 귀, 코, 혀, 몸, 의식)이 활동하는 동안은 반드시 이들로 말미암은 의식이 나타납니다. 그럼에도 불구하고 이러한 여섯 가지 의식에 오염되지 않는 허공처럼 텅 비어 있으면서도 실재하여 모든 작용을 담당하고 있는 것이 있습니다. 이것을 일러 본래면목이니 본성이니 도니 마음이니 하고 여러 가지로 부릅니다. 여기에 깨어 있으면 모양에 끄달림이 없기 때문에 아무런 방해도 받지 않고 존재하고 있습니다. 존재 그 자체라고나 할까요? 그 무엇에도 의지함이 없이 스스로 자족합니다. 그러므로 해탈자재(解脫自在)라고 합니다.

이 본성이 바로 이것입니다. 이렇게(손가락을 들어 보임) 있잖아요? 부정할 수 없지 않습니까? 언제나 한결같이 이렇게(손가락을 들어 보임) 있습니다. 모양에 끄달려 가지 않으면 늘 이렇게 있는 겁니다. 모양에 끄달려 가든 끄달려 가지 않든 존재하는 것에 다른 것은 없습니다. 다만 모양에 속아서 존재를 잊어버리는 것이지요. 생각하지 말고 존재하십시오. 그러면 항상 이것(손가락을 들어 보임)뿐입니다. 이것(손가락을 들어 보임)을 일러 마음이라고 하는 것입니다.

모양과 생각에는 상관하지 마십시오. 모양이나 생각과는 상관없이 항상 이렇게 있잖아요? 기분이 좋아도 이것(손가락을 들어 보임)이고, 나빠도 이것(손가락을 들어 보임)입니다. 한결같이 이것(손가락을 들어 보임)뿐입니다.

이것 하나가 분명하면, 그래서 "이것은 절대 부정하거나 없어질 수 없는 것이구나!", "이것 하나 가지고 살고 있구나!", "이것 외에 더 이상 찾을 것이 없구나!"라고 확신이 된다면 더 이상 할 일이 없는 겁니다. 이것은 내가 육체를 가지고 이 세상에 태어난 이후에 한 번도 바뀐 적이 없어요. 늘 그대로입니다. 몸도 바뀌고 생각도 바뀌고 온갖 것이 다 바뀌지만, 몸이니 생각이니 하는 것들은 내 본래면목이 입고 있는 옷과 같은 겁니다. 옷은 얼마든지 갈아입을 수 있습니다. 그러나 옷을 갈아입는 장본인은 태어난 이후에 지금까지 전혀 변함이 없는 겁니다. 이것(손가락을 들어 보임) 하나입니다. 이것 하나! 모든 옷을 갈아입는, 색수상행식(色受相行識)의 옷을 인연 따라서 자유자재하게 갈아입는 이것(손가락을 들어 보임) 자체는 변함이 없어요. 이것이 바로 진짜 나입니다. 누가 뭐라고 해도 절대 부정할 수 없는 나입니다. 이것은 나 자신조차도 손댈 수 없는 것이기에 영원한 것입니다.

　이것(손가락을 들어 보임) 하나를 확실하게 아는 것이 공부입니다. 이 것을 알면 어떤 인연에 따라서 흔들리거나 하는 일이 없이 확고부동 하게 되는 겁니다. 이것(손가락을 들어 보임)뿐이에요.

9.

悟理本來無異　이치를 깨달으면 본래 다름이 없으니,
覺後誰晩誰早　깨달은 뒤에 누가 늦고 누가 빠르겠는가?

　다른 게 없습니다. 다만 이것(손가락을 들어 보임)밖에 없습니다.

　"깨달은 뒤에 누가 늦고 누가 빠르겠는가?"…… 그러니까 10년을 공부해서 깨달으나 10일을 공부해서 깨달으나 깨달으면 전혀 차이가 없습니다. 그러므로 자기에게 빨리 이러한 깨달음이 오지 않는다고 해서 걱정할 건 없어요. 언제든지 깨달음을 체험하면 됩니다.

　언제나 이 본래면목(손가락을 들어 보임) 하나뿐입니다. 모든 경우에 이것(손가락을 들어 보임) 하나가 있을 뿐, 생멸변화하며 흘러가는 모습 들은 허망합니다. 그래서 삼계(三界)는 유심(唯心)이라 하는 겁니다. 안 목을 갖추면 언제나 한결같이 이것 하나가 있을 뿐이고, 모든 활동이 이것 하나일 뿐입니다.

　허망하게 무상하게 스쳐 지나가고 있는 온갖 인연들, 눈에 보이고, 귀에 들리고, 생각으로 느껴지고, 욕망되는 온갖 인연들은 순간순간 지나가는 것이지만, 지금 스쳐 지나가는 인연들을 가만히 보면 고정 된 사물이 있는 것이 아니고 그저 끊임없이 움직이고 있는 가운데 변화 없는 한결같음이 있습니다. 움직이는 가운데 변함없는 한결같음이 바로 마음입니다.

우리는 보통 어떤 이름이 있으면 거기에 해당하는 대상이 있다고 생각합니다. 예를 들어, 컵이라고 하면 그 이름에 해당하는 이런(컵을 들어 보이며) 구체적인 사물이 있다고 여기고, 사랑, 행복이라고 하면 거기에도 나름대로 그 이름에 해당하는 무엇이 있다고 여깁니다. 그런데 마음이란 이름에는 그렇지 않습니다. 그래서 도가도비상도(道可道非常道)라고 한 겁니다. 도라는 것을 도라고 이름 붙이면 그것은 영원한 도가 아니다 이겁니다. 도라는 이름에 해당하는 그런 것은 없다 이거예요. 부처를 부처라고 하면 거짓말입니다. 그런 물건은 없어요. 《금강경》에서도 무상정등각이란 이름 붙일 한 법도 없는 것이라고 합니다. 얻을 수 있는 한 법도 없다고도 합니다.

모양을 가지고 있는 것들은 그 모양에 해당하는 이름을 붙여 구별함으로써 일상적으로 생활하는 데 지장이 없지만, 이 도라고 하는 것, 이 마음이라고 하는 이놈은 만법의 근원으로 도니 마음이니 하고 이름은 붙이지만 그 이름에 해당하는 대상은 없어요.

지금 여기(컵을 들어 보이며) 컵이 있는데, 이 '컵'과 컵을 잡고 있는 '손'은 구별되잖아요? 그래서 컵과 손은 다르죠? 그런데 컵을 보아도 마음이 확인되고 손을 보아도 마음이 확인되는 겁니다. 무슨 말인지 알겠습니까? 모양을 따라가면 컵과 손이 다르지만, 모양에 속지 않으면 마음뿐인 것입니다. 예를 들어, '컵'이라고 하면 '컵은 물을 담아서 마시는 물건'이라든지, '손' 하면 '손등과 손바닥으로 이루어진 신체의 일부'라는 식으로 대상들은 나름대로 이야기할 수 있는 내용들을 가지고 있습니다. 그러나 마음이니 도니 하는 것은 이야기할 수 있는 내용이 없습니다. 그래서 "불가사의하다", "공(空)이다", "무(無)다"라고 하는 겁니다.

그러면 마음은 어떻게 나타내느냐? "마음이 뭡니까?"라고 물으니까 "뜰 앞의 잣나무다!", "부처가 뭡니까?"라고 물으니까 "마른 똥막대기다!"라고 대답합니다. 이것이 아주 정확한 대답입니다. 그렇지 않고 "부처란 깨달은 사람이다", 이런 식으로 대답하면 그것은 거짓말이 되는 겁니다. 이 이야기를 정확하게 이해하셔야 해요. "부처는 깨달은 사람이다"라고 하면 부처란 것이 컵이랑 달라지잖아요? 그런데 "부처는 마른 똥막대기다", 이렇게 되면, "부처는 컵이다" 하여도 아무런 달라짐이 없잖아요. 무슨 말인지 아시겠습니까?

"부처는 깨달은 사람이다"라고 하면 "부처는 컵이다" 하고는 전혀 다른 겁니다. 그렇게 되면 부처란 것이 따로 있게 됩니다. 그런데 어떤 사람에게 "부처가 뭡니까?" 하고 물으니까 "컵이요", 또 다른 사람에게 "부처가 뭡니까?" 하고 물으니까 "형광등이요", 또 어떤 경우에는 "부처가 뭡니까?" 하니까 말없이 손가락만 들었고, 또 다른 경우에는 "부처가 뭡니까?" 하니까 말없이 차만 마셨다. 이것이 부처에 대한 정확한 답이 된단 말이에요. 그렇지 않다면 부처라는 것을 따로 세우게 되는 겁니다. 상(相)을 만들게 되는 겁니다. 그렇게 되면 아상(我相), 인상(人相), 중생상(衆生相), 수자상(壽者相)이 쫙 생겨서 자기 스스로가 속는 겁니다.

부처란 막힘없이 자유자재한 것입니다. 그래서 "부처가 뭡니까?" 하면 손가락을 세우고, 또 "부처가 뭡니까?" 하니까 기침을 에헴 하고, 또 "부처가 뭡니까?" 하니까 "방바닥이 더러우니까 청소 좀 해라"…… 막힘이 없습니다. 모든 경우에 이것(손가락을 들어 보임) 아닌 게 없거든요. 그런데 우리는 그 말을 따라가고 끌려가니까 그것이 우리가 속는 지점입니다. 거기서 속는 겁니다. 안 속으면 다른 게 없다 이겁니다. 부처 아닌 게 없어요. 이치를 깨달으면 본래 다른 것이 없다고 하잖아요. 그러니까 깨달은 뒤에 빠르다 늦다 할 것이 없는 겁니다. 다만 이것(손가락을 들어 보임) 하나밖에 없습니다.

10.

法界量同太虛　법계(法界)의 크기는 큰 허공(虛空)과 같거늘,
衆生智心自小　중생의 지혜가 있는 마음이 스스로 작다.

　법계란 온 우주이고 마음이고 도입니다. 도, 마음, 우주를 이름과 모양에 눈길을 두면 한계가 있고 끝이 있습니다. 그러나 이름과 모양에 눈길을 두지 않으면 마음은 끝이 없어서 허공과 같죠. 그런데 이 허공이 어디에 있느냐 하면, 바로 지금 여기에 있습니다.
　석가모니는 새벽에 샛별을 보고 깨달았다고 합니다. 깨닫지 못했을 때에는 저 하늘 위에서 샛별이 반짝반짝하였습니다. 그런데 깨닫고 보니 샛별이 반짝반짝하는 것이 바로 나 자신이요, 내 존재인 것입니다. 샛별이 서쪽 하늘 위에 있는 것이 아니고 바로 여기(손가락을 들어 보임)에 있는 거예요. 깨닫지 못했을 때에는 샛별이 서쪽 하늘에 나와 상관없이 있었는데, 어느 날 아침 문득 샛별이 바로 나 자신인 겁니다.
　(컵을 들어 보이며) 컵과 여러분이 떨어져 있습니까? 석가모니는 그

렇게 깨달았던 겁니다. 여기에 특별한 것은 없습니다. 이것은 아무것
도 아닙니다. 너무나 당연한 진실입니다. 다만 우리가 생각과 모습에
눈길을 두고 있으면, 이 진실은 나타나지 않는 것입니다.

"중생의 지혜가 있는 마음이 스스로 작다"…… 법계는 허공과 같이
한계가 없고 끝이 없지만, 우리가 생각으로 법계를 파악하게 되면 법
계는 생각이라는 좁은 화면 속으로 들어와 버립니다. 중생의 마음이
란 곧 생각이고 의식입니다. 모양을 따라 하나하나 분별하여 파악하
는 세계지요. 이러한 분별을 중생은 지혜라고 하지만, 마음에 관한 한
이것은 지혜가 아니라 왜곡일 뿐입니다. 생각이라는 좁은 테두리 속
에서 허공 같은 마음이 온전히 파악될 수는 없습니다.

생각 속에서는 샛별이 저쪽에 있고 나는 여기에 있다는 식으로 되어
버리는 거예요. 샛별과 내가 분리되어 버리는 겁니다. 그리하여 샛별
을 보면 내가 없고, 나를 보면 샛별이 없게 됩니다. 모든 모양과 이름
이 제각각 분리되어, 하나가 나타나면 다른 것은 숨어 버리는 장애를
일으킵니다. 생각을 굴리게 되면 얼마나 좁아지게 되느냐? 우물 안 개
구리란 말이 있는데, 인간의 존재가 육체라는 테두리 안에 갇히게 됩
니다. 온 우주 전체가 내 것이었는데, 어느 한 순간 다 잃어버리고 겨
우 육체 하나를 나라고 알게 되는 겁니다. 비참한 일 아닙니까? 온 우
주가 실제로 내 것인데 의식이 육체 안에 국한된다 이겁니다.

11.
但能不起吾我　단지 '나다' '나다' 하는 마음만 일으키지 않으면,
涅槃法食常飽　열반의 진리 음식으로 항상 배가 부르리.

'나다' '나다' 하는 것이 결국 분별심이요, 아상입니다. 이것저것 따지고 생각 따라가는 거죠. 분별심에 묶이지 않을 수만 있다면 온 우주가 전부 다 내 것입니다. 그러면 배부른 거죠? 우주가 다 내 배 안에 들어와 있으니 당연히 배가 부릅니다.

하여튼 이것(손가락을 들어 보임) 하나밖에 없습니다. 오직 진실한 것은 이것 하나밖에 없어요. 이것 하나를 아는 것이 공부입니다. 그래서 옛 성인들이 이것 하나를 알아서 전도몽상(轉倒夢想)하지 말고 이 진실 하나를 알라고 그렇게 가르쳤던 거예요. 우리 삶 전체가 전도몽상입니다. 헛된 것을 진실하다고 보고 있으니 뒤집혀 있는 것이고 꿈을 꾸고 있는 것입니다. 이것(손가락을 들어 보임) 하나를 알게 되면 그 모든 전도몽상으로부터 벗어날 수가 있습니다.

가장 진실하고 절대 부정할 수 없는 이 하나의 진실은 우리 스스로가 그야말로 진실해져야 밝혀질 수 있는 겁니다. 그래서 진실하고 성실하고 진지한 자세로 목말라 하면 밝혀지는 겁니다. 욕심 부리지 마시고 기대하지 마십시오. 그저 자신의 최선을 다할 뿐이에요. 그러면 반드시 스스로 진실을 알 수 있게 됩니다.

세 번째 법문

12.

妄身臨鏡照影　허망한 몸이 거울에 영상²⁾으로 비추어지나,

影與妄身不殊　영상과 허망한 몸은 서로 다르지 않네.

13.

但欲去影留身　영상은 버리고 몸만 남기려 한다면,

不知身本同虛　몸이 본래 허공과 같음을 모르는 것이다.

14.

身本與影不異　몸은 본래 영상과 다르지 않으니,

不得一有一無　하나는 있게 하고 하나는 없게 할 수 없다.

15.

若欲存一捨一　만약 하나는 두고 하나는 버리려 한다면,
永與眞理相疎　진리와 서로 영원히 멀어질 것이다.

16.

更若愛聖憎凡　또한 성인(聖人)[3]을 좋아하고 범부(凡夫)를 싫어한다면,
生死海裏沈浮　삶과 죽음의 바다 속에서 떠돌아다닐 것이다.

17.

煩惱因心有故　번뇌는 마음으로 말미암아 있으니,
無心煩惱何居　마음이 없다면 번뇌가 어디 있겠는가?

2) 몸은 대상경계인 오온(五蘊)을 가리키고, 거울은 마음을 가리키며, 영상은 나타나는 의식
　(意識)을 가리킨다.
3) 성인(聖人)은 진리를 깨달은 사람, 범부(凡夫)는 진리에 어두운 어리석은 중생(衆生).

12.

妄身臨鏡照影　허망한 몸이 거울에 영상으로 비추어지나,
影與妄身不殊　영상과 허망한 몸은 서로 다르지 않네.

비추는 것은 의식이죠. 허망한 몸이란 것은 색(色) 즉 육체인데, 육체란 것은 따로 있는 무엇이 아니라 바로 우리 의식 위에 나타나는 영상입니다. 의식이란 것은 마치 거울과 같아서 육체도 비추고, 여러 가지 느낌, 관념, 욕망들도 비춥니다.

그런데 이렇게 거울이니, 허망한 몸이니, 비추니 하는 이런 식으로 나누어 보면 해결이 되지 않습니다. 비추어지는 대상이 있고, 비추는 거울이 있고, 거울 위에 나타나는 영상이 있고 이런 식으로 하면, 이것 자체가 바로 의식이 그리고 있는 복잡한 그림입니다. 이렇게 해서는 해결이 안 돼요. 우리 마음이 번뇌의 덩어리가 된 이유는 바로 이와 같이 얽히고 설켜 있는 복잡한 그림을 마음이라고 착각하고 있기 때문입니다. 마음공부는 이렇게 얽히고 설켜 있는 복잡한 그림을 깨끗이 비워 버리는 것입니다.

　그러면 어떻게 해야 비워 버리는 것이냐? 이것이 따로 있고 저것이 따로 있으면 비워지지가 않아요. 《금강경》에 보면 무수한 중생을 제도(濟度)한다는 말이 나오는데, 그 무수한 중생이 바로 우리 마음의 영상에 나타나 있는 온갖 삼라만상의 제각각의 모습들입니다. 보이는 모양, 느낌, 생각, 욕망 등 모습들은 헤아릴 수 없이 많아요. 그것을 하나하나 헤아려서 비워 버리려고 하면 끝이 없어요. 불가능하죠. 그런데 《금강경》에서는 그런 무수한 중생들을 하나도 남김없이 몽땅 제도한다고 해요. 그리고는, 다 제도해 놓고 보니 하나의 중생도 제도한 적이 없다고 말하고 있단 말이죠. 이것이 무슨 말이냐 하면, 모양과 이름을 따라서 처리한 것은 아무것도 없다는 말입니다. 그렇다면 어떻게 하느냐? 모양도 아니고 이름도 아니게 본다, 한결같은 것으로 본다 이겁니다.

　예를 들어, 우리가 땅을 고를 때 높은 데가 있고 낮은 데가 있으면 높은 곳을 깎아서 낮은 곳을 메우고 하면서 고르게 하잖아요? 그런데 마음 땅은 물결이 일어나듯이 무한한 주름이 늘 새롭게 일어나니 높은 데를 깎아서 낮은 데를 메우는 식으로는 평평하게 고를 수가 없어요. 그러면 어떻게 하느냐? 모양, 높고 낮은 모양을 보지 않고 그저 땅만 보는 겁니다. 물결을 보지 않고 물만 보는 것이지요. 땅은 높아도 땅이고 낮아도 땅이고, 이 물결도 물이고 저 물결도 물이지요. 그렇다면 손을 전혀 대지 않아도 원래부터 완전하게 평등하고 차별 없이 고른 것입니다.

　마음공부라고 하면 흔히 시끄럽게 일어나는 번뇌를 가라앉혀 고요하게 하는 것이라고 생각하기 쉽습니다. 그러나 우리 마음은 가라앉지 않습니다. 하나를 가라앉히면 둘이 일어나고, 둘을 가라앉히면 셋이 일어나는 게 마음입니다. 그것을 완전히 가라앉히는 유일한 길은 마음을 번뇌와 고요함으로 나누어 보지 않는 것입니다. 시끄러움과 고요함을 따지지 않는 겁니다. 그렇게 하려면 마음의 한결같은 본래 모습을 보아야 하는 겁니다. 땅이 높아도 땅이고 낮아도 땅이듯이, 번뇌도 마음이요, 고요함도 마음입니다. 다를 바 없이 한결같은 것을 보아야 하는 것입니다. 이것이 바로 마음공부입니다.

그러니까 영상이 어떻고, 몸이 어떻고, 거울이 어떻고 하는 식으로는 해결이 안 됩니다. 그러면 어떻게 해야 하느냐? 지금 영상이라 하든, 몸이라 하든, 비춘다고 하든 그 모양, 말과 뜻을 따라가지 않으면 한결같이 마음입니다. 한결같이 다만 이것(손가락을 들어 보임)입니다. 이 한결같음을 보아야 합니다. 한결같이 이것(손가락을 들어 보임)뿐입니다. 한결같이 이것뿐이라고 하는 이것조차도 한결같이 이것(손가락을 들어 보임)뿐인 겁니다. 그러면 걸릴 게 없습니다. 무언가 다른 것이 있다면 걸리겠지만, 다른 것이 없으니 걸릴 게 없는 거죠.

늘 한결같은 이것(손가락을 들어 보임) 하나가 어떤 때는 번뇌로 나타나기도 하고 어떤 때는 행복으로 나타나기도 합니다. 이것(손가락을 들어 보임) 하나만 알면 나타나는 모양은 신경 쓸 필요가 없습니다. 하나의 얼굴이 어떤 때는 슬픈 표정, 어떤 때는 기쁜 표정, 괴로운 표정, 행복한 표정을 짓지만, 언제나 다만 그 얼굴일 뿐인 것과 같습니다. 원래 그 얼굴인 줄 알면, 기쁠 때도 그 얼굴, 슬플 때도 그 얼굴, 괴로울 때도 그 얼굴, 행복할 때도 그 얼굴일 뿐입니다. 그러니 신경 쓸 필요가 없는 겁니다. 한결같은 거죠. 이 한결같은 것이 마음입니다. 그럼 그것이 어디에 있느냐? 지금 여기(손가락을 들어 보임)에 있습니다. 지금 이렇게 경험하고 있는 이것입니다. 이것을 단순히 말로만 이해하면 안 됩니다. 경험이란 게 있습니다. 자기도 모르게 본래 그러함이 확인됩니다.

이 한결같은 것을 이름 붙여서 도니, 부처니, 마음이니, 작용이니, 선(禪)이니 하는 겁니다. 갑자기 기분이 나빠졌을 때 "도대체 이것이 무엇이냐?" 하고 돌이켜 보면 그저 이것(손가락을 들어 보임)입니다. 반대로 기분이 좋아졌을 때도 돌이켜 보면 역시 이것(손가락을 들어 보임)입니다. 다른 마음이 없어요. 그런데 우리는 그렇게 돌이켜 볼 힘이 없어요. 불쾌하면 그 불쾌함에 힘없이 끌려가서 정신이 없습니다. 기쁜 일이 있어도 마찬가지입니다. 자기도 모르게 그렇게 끌려 다니는 겁니다. 마음공부를 하여 마음이 확인되면 끌려가지 않습니다. 그러려면 반드시 마음을 실제로 체험해야 합니다. 그래서 실제 경험을 강조하는 겁니다.

우리가 등산을 할 때 멀리서 보면 산의 오르막과 내리막이 있지만, 산의 능선을 타고 있으면 올라가든 내려가든 어쨌든 산의 능선 위에 있습니다. 항상 산 위에 있어서 벗어나지 않는 거죠. 그런 것처럼 마음도 산의 능선처럼 한결같이 한줄기로 끊어짐 없이 이어지는 게 마음입니다. 산의 전체 모양으로 보면 굴곡이 있지만, 실제로는 한결같이 산등성이를 걸어가고 있을 뿐이에요. 다만 우리가 기억을 통해서 조금 전의 산길과 지금의 산길을 비교해 보면 높아진 것이 있고 낮아진 것이 있어서 다르죠. 그러나 그런 식으로 기억을 따라가지 않고 현재이 순간만 쳐다볼 수 있다면 높음과 낮음이 전혀 차이가 없습니다. 앞과 뒤를 돌아보지 않고 바로 자기 발밑만 보고 간다면 항상 한결같이 산 위를 걷고 있는 겁니다.

그래서 조고각하(照顧脚下) 즉 "발밑을 보시오"라고 하는 겁니다. 앞도 보지 말고 뒤도 보지 말고 지금 자기가 서 있는 자리만 보란 말입니다. 《금강경》에서도 과거심불가득 현재심불가득 미래심불가득(過去心不可得 現在心不可得 未來心不可得)이라고 하지요? 과거, 현재, 미래를 보지 말라 이겁니다. 망상이니까! 분별하지 말고 지금 이 순간에 자기가 서 있는 자리만 딱 보란 말입니다. 《노자도덕경》에도 "굽은 것이 곧 곧은 것이요, 곧은 것이 곧 굽은 것이다"라는 말이 있습니다. 번뇌가 곧 보리요, 시끄러운 것이 고요한 것이란 말도 같은 말입니다. 지금 이 순간 서 있는 자리만 보면 한결같을 뿐이지요. 여기 아무런 차별이 없습니다.

언제든 이것(손가락을 들어 보임) 하나밖에 없다는 사실을 머리로 기억으로 아는 것이 아니라, 지금 이것(손가락을 들어 보임)! 지금 이것(손가락 하나를 흔들어 보임)을 체험하고 확인하는 겁니다. 이치로써 아는 것이 아니라, 정말 지금 이것(손가락을 흔들어 보임)! "지금 이것!"하는 바로 요것(손가락을 흔들어 보임)! 여기(손가락을 흔들어 보임)서, 지금 이것(손가락을 흔들어 보임)으로써 바로 확인해 버리는 겁니다. 그렇게 되면 분별이 문득 사라지면서 의식이 확 열리게 돼요. 이 경험이 있어야 합니다. 생각으로 알면 그 순간은 괜찮은 듯 하여도 자기도 모르게 끌려가 버립니다.

지금 여기(손가락을 들어 보임)의 지금 이것(손가락을 흔들어 보임)을 생각으로가 아니라, "한결같이 지금 이것밖에 없다는데, 이것을 정말 한번 확실하게 확인해 봐야겠다" 하고 그런 목마름을 가지고 탐구를 하다 보면, 언젠가는 문득 이것(손가락을 들어 보임)뿐임이 확인됩니다.

언제든지 자기 자신한테 가장 직접적으로 진실하고 확실한 것, 말과 생각 속에서 진실한 것이 아니라, 실제 있는 것으로서, 절대 거부할 수 없고, 결코 부정할 수 없는, 가장 진실한 이것(손가락을 들어 보임)입니다. 이것 하나가 분명하면, 우리는 항상 현재 이 순간 여기에 살아 있습니다. 이 순간 눈앞이 모든 시간이요, 모든 공간이요, 전체입니다. 모자람이 없고, 기다릴 대상이 없어요. 모든 허위를 버리고 가장 진실한 이것(손가락을 들어 보임) 하나뿐인 것이 바로 마음공부입니다.

13.
但欲去影留身 　영상은 버리고 몸만 남기려 한다면,
不知身本同虛 　몸이 본래 허공과 같음을 모르는 것이다.

몸도 영상도 원래 허공이에요. 실체가 없는 거지요. 몸도 이것(손가락을 들어 보임)이요, 영상도 이것입니다. "몸-", "영-상-", "도-", "번-뇌-"…… 전부 다 이것(손가락을 흔들어 보임)입니다. 이것을 활활발발(活活鱍鱍)하다고 하는데, 활발한 이것(손가락을 흔들어 보임) 하나밖에 없어요. 이 활발한 하나가 영상이니 몸이니 하는 겁니다. 이것을 일컬어 마음이라고 부르고, 부처라고 하는 거예요. 이름에 속지 말아야 합니다. 우리는 언제나 마음이니 부처니 하는 말에 속아 끌려 다니지만, 실재는 다만 이것뿐입니다.

보십시오, 진실을! 여기 손가락 하나 움직이는 여기(손가락을 들어 움직여 보임)에 온 우주가 다 있어요. 이것이 전체입니다. 이것(손가락을 들어 움직여 보임) 외에 무엇이 있습니까? 여기를 떠나서 우주가 어디에 있습니까? 아무것도 없죠. (손가락을 움직이며) 여기에 모든 것이 다 이루어져 있습니다.

14.

身本與影不異　몸은 본래 영상과 다르지 않으니,
不得一有一無　하나는 있게 하고 하나는 없게 할 수 없다.

몸이니 영상이니, 망상이니 실상이니, 마음이니 의식이니, 공(空)이니 색(色)이니 하지만, 이렇게 나누고 있는 것이 바로 마음이에요. 마음이 달리 따로 있는 게 아니고, "이것이다" "저것이다" 하는 자체가 마음입니다.

이 하나(손가락을 들어 보임)에 의해서 모두 나타납니다. 제가 자꾸 "이것", "이것" 한다고 해서, 그저 한 마디 말로만 알아들으면 안 됩니다. 실제로 이 하나에서 의식이 열리는 체험을 하셔야 해요. 열리면 이것(손가락을 들어 보임) 하나뿐임이 너무 자명합니다. 다른 것이 없습니다.

생각의 장벽이 허물어지면, 부처니 중생이니 하는 것은 다만 지금 당장 여기(손가락을 들어 보임)일 뿐입니다. 바로 지금 살아 움직이는 이것(손가락을 흔들어 보임)! 지금 바로 확인되는 이것(손가락을 흔들어 보임)! 이런 식으로 의식이 열리는 체험인데, 의식이 열려서 정말 여기

(손가락을 들어 보임)에 다른 것이 없구나 하는 사실이 경험되어야 하는 겁니다.

그래서 버리거나 취할 것은 없습니다. '버린다' '취한다'라는 생각을 하면 바로 어긋납니다. 왜냐하면 버린다고 해도 이것(손가락을 들어 보임)뿐이고, 취한다고 해도 이것(손가락을 들어 보임)뿐이기 때문입니다.

15.
若欲存一捨一   만약 하나는 두고 하나는 버리려 한다면,
永與眞理相疎   진리와 서로 영원히 멀어질 것이다.

버리는 것에도 관심을 두지 말고, 취하는 것에도 관심을 두지 말아야 합니다. 그러면 마음은 갈 곳이 없어지고, 갈 곳이 없는 마음은 그 자리에서 저절로 사라집니다. 마음이 사라지면, 이제 진실만 남습니다. 하지만 마음이 사라진다고 하여 잠이 들면 안 됩니다. 또랑또랑 깨어 있으면서도 마음이 사라지는 체험을 해야 합니다. 어떻게 해야 이러한 체험이 가능할까요? 마음을 가지고 어떻게 할 수 있는 길은 없습니다. 버리는 문제도 아니고 취하는 문제도 아니고, 다만 꽉 막혀서 뚫리지 않고 있는 이것(손가락을 들어 보임)에 매달려야 합니다. 그렇게 매달려 있다 보면, 어느 날 문득 전혀 생소하고 새로운 경험을 합니다. 마음이라고 부를 만한 대상이 있는 것이 아니라, 무한히 크고, 조금의 막힘이 없고, 잡을 수 있는 대상도 없으면서, 결코 벗어날 수도 없다는 사실이 체험으로 확인되는 겁니다.

16.

更若愛聖憎凡　또한 성인(聖人)을 좋아하고 범부(凡夫)를 싫어한다면,
生死海裏沈浮　삶과 죽음의 바다 속에서 떠돌아다닐 것이다.

　둘로 나누어 분별하면 바로 그 순간부터 어긋납니다. 이 마음(손가락을 흔들며)이 어떻게 나누어질 수 있겠습니까? 나누어질 수 없는 거예요. 나누어지는 것은 생각이죠. 마음은 나누어지는 것이 아니에요. "성-인-"이라 해도 이 마음(손가락을 들어 보임)이요, "범-부-"라 해도 이 마음(손가락을 들어 보임)입니다. 마음은 언제나 둘이 아닙니다.

　그러므로 '생사의 바다'라고 하지만, 실제는 이 하나의 마음뿐입니다. 이것이 모든 경우에 또렷이 밝은데, 이 하나의 마음에서 분별의식이 일어나 이름과 모습을 따라서 구분하고 나누니까 생겨나고 사라지는 것이 있게 되는 겁니다. 그러나 진실은 이 하나의 마음뿐입니다. 한결같이 이것(손가락을 흔들어 보임)뿐이고, 다른 것은 없어요. 문제는 생각을 따라 나누고 분별하는 것인데, 분별심에서 풀려나는 체험을 하고 보면, 생각도 분별도 따로 있는 것이 아니라 다만 이것(손가락을 들어 보임)이에요. 어떤 경우에도 한결같이 다만 이것(손가락을 들어 보임)뿐입니다. 망상을 피워도 이것이고 망상을 피우지 않아도 이것이고, 끌려가도 이것이고 끌려가지 않아도 이것이고, 아무리 해도 아무리 해도 다만 이것뿐입니다.

　지금 이 순간에 나 자신을 확인한다고 합시다. 지금 이 순간의 나 자신을 어디에서 확인할 수 있을까요? 이 순간 가장 확실하게 의심할 수 없이 확인되는 것이 무엇입니까? 이 순간에 제일 또렷하고 진실한 것

이 무엇입니까? 이 순간 한결같이 변함없는 것은 무엇입니까? 데카르트가 의심했듯이 이렇게 의심하고 또 의심해 보십시오. 의심하는 가운데 "이것이 답이구나" 하고 결론이 나올까요? 만약 그런 답변이 나온다면, 이것은 철저히 의심하지 않은 것입니다. 데카르트는 이런 결론적인 답을 정하는 바람에 깨달음의 길을 가지 못했습니다. "무엇이 진실한 나일까?" 하고 의심하는 이 의식이 "이것이 진실한 나이구나" 하고 답을 얻을 수는 없습니다. 이런 답은 바로 의심하는 그 의식이 조작해 낸 가짜입니다. "이것이다" "저것이다" 하는 어떤 답변도 거부하고 의심하고 또 의심하다 보면, 어느 순간 문득 의심하고 부정하고 거부하는 바로 여기에서 결코 의심할 수 없고 부정할 수 없고 거부할 수 없는 진실의 존재를 확인하게 됩니다.

여기에서 "이것(손가락을 들어 보임)밖에 없구나!" 하고 홀연히 확인되면, 문득 의심이 사라지면서 한없는 평화와 안정이 옵니다. 이것을 옛사람들은 통 밑이 쑥 빠진다고 하였습니다. 꽉 막혀서 통하지 않던 것이 문득 허물어지면서, 의심이 싹 사라지는 거예요.

그러니 한번 의심해 보십시오. 내가 진실로 어디에 있는지, 바로 지금 진실로 무엇이 있는지, 도대체 진실은 무엇이고 어디에 있는지.

이렇게 의심 속에 있다가, 문득 쑥 뚫리면서 마치 하수도가 뚫려 내려가듯이 홀연 모든 것이 분명해져야 합니다.

우리는 생각이라는 얇은 막에 싸여 벗어나지 못하고 있는데, 그 생각의 막이 사라지는 순간 확 통하게 되는 겁니다. 그러면 아무것도 붙잡거나 지정할 것은 없지만, 모든 것이 있는 그대로 분명해집니다.

생각은 순간순간 지나가는 거잖아요. "지금 제일 또렷하고 확실하게 확인되는 것이 뭐냐?"라고 하는 이 생각도 지금 순간순간 지나가고 있습니다. 생각의 막이란 것이 뚫릴 듯 뚫릴 듯 하면서도 참으로 잘 뚫리지 않습니다. 우리가 그만큼 생각과 언어에 심하게 오염되어 있는 겁니다. 마치 꿈 속에서 있는 힘을 다해 달리는데도 앞으로 나아가지 못하는 것과 같아요. 미칠 지경이죠. 그러나 그렇게 자꾸 하다 보면 반드시 뚫리는 때가 옵니다.

지금 가장 또렷하고 확실한 것은 이것(손가락을 들어 보임)뿐입니다. 그러나 "이것뿐이다"라는 저의 말에 머물러 있으면 안 됩니다. 저는 말을 하고 있는 것이 아니라, 이것을 함께 경험하자고 보여 주고 있는 것입니다. 그러므로 저의 말을 이해하지 말고, 제가 지금 말하는 이 순간의 이것(손가락을 들어 보임)을 함께 체험하고 맛보아야 합니다.

말이란 그야말로 허망한 겁니다. 마치 밤하늘에 레이저 쇼를 하면 공중에 허깨비 같은 것이 나타나잖아요. 말이란 게 꼭 그와 같습니다. 아무것도 없어요. 텅텅 비어 있는데 허깨비 같은 것이 나타나서 우리의 눈을 속이고 있는 겁니다. 그러나 레이저에 의하여 나타나는 허깨비의 모습은 허망하지만 레이저라는 빛은 실재하듯이, 말이 그려 내는 의미는 허망하지만 말하고 있는 이 순간 여기에 실재가 있습니다. 그러므로 말 한 마디에서 우리는 영원불변한 실재를 만나고 있는 것입니다.

우리가 말 속에, 생각 속에 갇혀 있는 것은 마치 뚫릴 듯 뚫릴 듯 하면서도 계속 안 뚫리는 그런 질긴 포대기 속에 갇혀 있는 것과 같은 느낌을 줍니다. 그런데 어느 순간 스르륵 뚫리게 되면 포대기가 어디로 가 버렸는지 없어요. 애초에 포대기 자체란 것이 없었던 거예요. 없는 것을 있다고 망상을 부리고 있었던 거지요. 그래서 전도몽상이라고 하는 겁니다. 없는 포대기에 갇혀서 거기서 헤매면서 못 벗어나고 있으니 정말 기가 막힐 노릇이죠. 포대기가 사라지고 나면, 그런 허깨비에 속아 왔다는 사실에 황당한 느낌마저 듭니다. 그러나 다른 면에서는 두렵기도 해요. 다시는 그 생각의 포대기에 갇히고 싶지가 않기 때문에, 혹시 다시 갇히지나 않을까 하는 두려움이 있어요. 감옥에서 탈출한 사람이 다시 잡혀 들어갈까 봐 두려워하듯이, 다시 이전의 그 불편한 구속으로 들어갈까 봐 두려운 것이죠.

이처럼 말을 항복시키는 것이 공부입니다. 말을 항복시킨다는 것은 결국 생각을 항복시키는 것이고, 의식을 항복시키는 것입니다. 항복시키려고 의식적으로 꾀해서는 항복시킬 수가 없어요. 오직 이 일을 반드시 해내고야 말겠다는 굳은 결심을 품고서, 이 의심이 해결될 때까지 밀고 나가는 겁니다. 그러다 보면 온 사방이 꽉 막혀서 절대 뚫리지 않을 것 같은 이 생각의 포대기, 의식의 포대기가 갑자기 어느 한 순간에 벗겨지게 됩니다. 그리고 돌아보면 포대기는 없어요. 헛것이지요. 온통 밝은 이 하나의 진실이 있을 뿐입니다. 비로소 "이제 살았구나!" 하는 안도감이 오며 한없이 평화롭게 됩니다.

17.
煩惱因心有故　번뇌는 마음으로 말미암아 있으니,
無心煩惱何居　마음이 없다면 번뇌가 어디 있겠는가?

여기서 마음이란 의식입니다. 모양 있는 마음, 따라가는 마음, 이러쿵저러쿵 따지는 것, 분별심이죠. 의식이란 결국 말과 생각입니다. 이 말과 생각을 놓아 버리면 번뇌가 어디서 생기겠느냐? 생길 데가 없어요. 말이 녹아 없어지고, 생각이 녹아 없어지면, 다만 막힘없고 걸림 없는 이 허공(손가락을 들어 보임) 하나뿐인데 무슨 번뇌가 있겠습니까?

이것(손가락을 들어 보임) 하나만 뚫어 내면 됩니다. 우리는 스스로 의식의 포대기에 싸여 있다는 것을 압니다. 거기서 벗어나고 싶은데 쉽게 뚫리지는 않죠. 저도 그랬습니다. 아무리 해도 의식의 장벽을 못 벗어나고 있는 그런 갑갑함과 답답함으로 절망적이었습니다. 그런데 어느 순간 정말 예기치 않게 그런 것이 어디로 가 버렸는지 없었어요. 그리고는 온 세상이 밝고 또렷하게 확 뚫려서 그야말로 푸른 창공이에요. 원래 다른 것이 아니라 이것뿐이었던 거예요.

이런 순간이 언제 어떻게 다가올지는 몰라요. 그냥 간절하게 매달려 출구를 찾고 있다 보면 문득 오게 돼요. 결국 이것(손가락을 들어 보임)밖에 없어요. 이 허공 하나밖에 없단 말이죠. 허공이라고 이름하지만 허공이란 바로 이것(손가락을 흔들어 보임)입니다. 또렷하고 분명하여 의심할 수 없는 이것(손가락을 흔들어 보임)! 이것(손가락을 흔들어 보임)을 체험하셔야 합니다.

네 번째 법문

18.

不勞分別取相　애써 분별하여 모양을 취하지 않으면,
自然得道須臾　잠깐 사이에 저절로 도를 얻는다.

19.

夢時夢中造作　꿈꿀 때에는 꿈 속에서 조작하지만,
覺時覺境都無　깨어 있을 때에는 깨어난 경계가 전혀 없다.

20.

翻思覺時與夢　깨어 있을 때와 꿈꿀 때를 뒤집어 생각해 보니,
顚倒二見不殊　뒤집어진 두 견해가 다르지 않구나.

21.

改迷取覺求利　어리석음을 깨달음으로 바꾸어 이익을 구하면,

何異販賣商徒　장사하는 무리와 뭐가 다르랴.

18.

不勞分別取相　애써 분별하여 모양을 취하지 않으면,
自然得道須臾　잠깐 사이에 저절로 도를 얻는다.

애써 분별한다고 되어 있는데, 사실 우리는 워낙 분별에 익숙해져서 전혀 애를 쓰지 않아도 저절로 분별 쪽으로 가게 됩니다. 그만큼 우리가 분별에 익숙한 겁니다. 그런데 왜 "애를 쓴다"고 하느냐면, 분별하는 것이 우리에게 아주 익숙해져 있지만 사실 분별하는 것은 힘든 일이기 때문입니다. 우리의 분별하는 삶은 편안하지 못한 삶입니다. 힘든 삶이죠. 그래서 공부가 되어 분별에서 벗어난 자리를 경험하게 되면 그렇게 편안할 수 없는 겁니다.

"애써 분별하여 모양을 취하지 않으면"이라고 했는데, "억지로 분별할 게 뭐 있는가? 분별하지 않는 게 편안하고 좋지"라고 말은 쉽게 할 수 있지만, 우리에게 그 일은 아주 생소한 것입니다. 한 번도 그렇게 해 본 적이 없기 때문에 분별하지 않는 것은 대단히 생소한 겁니다.

그 분별하지 않는 체험을 하는 것이 바로 공부입니다. 이 체험 외에 다른 특별한 것은 없어요. 분별만 할 줄 알았지 분별하지 않는 게 뭔지를 몰랐는데, 분별하지 않는 경험을 확실하게 하는 것이 바로 공부예요. 달리 말하면, 분별하지 않고 살아 있는 능력이랄까 힘을 얻는 것이라고 할 수 있습니다. 우리는 분별에 의지해서 살아왔고, 분별없이 살아가는 것은 경험한 적이 없습니다. 분별에 익숙해 있지 분별없는 경험은 해 본 적이 없기 때문에 어떻게 할지를 몰라요. 태어난 이후 수십 년 동안 분별하는 쪽으로만 버릇이 되어 있기 때문에 그것을 분별없는 쪽으로 바꾼다는 것은 결코 쉽지 않은 일입니다.

그렇지만 불가능한 일은 아니에요. 왜냐하면 우리의 자연스러운 본래 모습은 분별하는 것이 아니라 분별없는 것이기 때문입니다. 어째서 그러냐 하면, 편안한 것이 바로 자연스러운 모습이기 때문이죠. 분별없이 있는 것이 우리에게 편하단 말이죠. 분별이란 기본적으로 어떤 문제가 눈앞에 닥쳤을 때 그 문제를 해결하기 위하여 일어나는 것입니다. 그러므로 분별하고 있는 상황은 문제가 있는 상황이죠. 문제가 있는 상황에서 우리는 긴장하고 피곤하게 됩니다. 이러한 긴장감과 피로감을 풀어 주는 것이 곧 잠(수면)이라는 것은 우리 모두가 잘 알고 있습니다. 한숨 자고 나면 편안하고 기분이 좋아질 것이라는 말을 흔히 합니다. 잠을 잔다는 것은 곧 분별이 없는 속에 존재하는 것입니다. 이처럼 분별이 없는 것이 편안하고 자연스러운 상태입니다.

그러나 잠 속에서는 모든 의식의 활동이 중단되기 때문에 사람들은 의식이 활동하고 있는 동안에 분별이 없는 편안함을 경험하고자 합니다. 보통 사람들이 가장 쉽게 분별이 희박한 경험을 할 수 있는 것은 바로 술과 마약 혹은 그런 효과를 내는 쾌락의 종류를 통해서입니다. 이러한 것들이 비록 의식을 마비시키고 육체를 해치는 부작용이 있지만, 그 순간만은 분별에서 벗어난 자유와 편안함이 있기 때문에 사람들은 이러한 것들에 중독이 되는 것입니다. 이러한 술과 마약 혹은 쾌락들은 우리의 삶을 파멸시키는 나쁜 방식으로 분별에서 잠시 해방을 맛보는 행위들입니다. 이들은 그 속에 빠져 있는 동안에만 잠시 분별에서 해방되는 즐거움을 줄 뿐, 수면이 주는 것과 같은 새로운 삶의 활력을 주지는 못합니다. 하지만 비록 수면이 분별심에서 해방된 편안함이 있고 새로운 삶의 활력을 주기도 하지만, 우리는 항상 잠을 자고 있을 수는 없습니다. 잠에서 깨어나 활동하는 동안에는 역시 분별이 주는 피로감과 긴장감에 시달리게 됩니다.

깨달음이 곧 깨어 있다는 의미이듯이, 깨달음이 이루어지면 의식이 깨어서 활동할 때나 잠을 자고 있을 때나 한결같이 분별에 시달리지 않는 편안함이 있습니다. 본래의 자연스러움에 편안히 쉬면서 자연스레 활동을 한다고나 할까요? 그래서 그것을 본래면목이라고 합니다. 본래 우리의 모습은 분별이라는 긴장이 없는 거예요. 그러므로 이 공부는 분별하는 것이 괴롭고 힘들기 때문에 분별 안 하는 길을 찾기 위해서 하게 되는 겁니다.

그런데 공부라는 말을 들으면 대개 사람들은 뭔가 애를 써서 노력하여 하나하나 이루어 가야 한다고 생각해요. 공부를 하려면 열심히 애써서 뭔가를 해야 한다고 여깁니다. 모든 사람들이 아무런 의심 없이 이렇게 생각하는데, 이러한 생각은 너무나 당연해서 전혀 이상하게 여기지 않습니다. 오히려 공부를 하라고 하면서 애써 노력하지 말라고 하면 이것을 더욱 이상하게 여깁니다.

　그러나 분별에서 해방되고자 하는 공부는 다릅니다. 분별에서 해방되고자 한다면 우선 분별에 의지하지 않는 방향으로 나아가야 합니다. 그런데 공부라는 것을 목표로 삼고 "이렇게 하는 것이 바로 공부다"라고 하는 견해를 세워서 그런 방향으로 애써 노력한다면, 이것은 바로 분별에 의지하여 분별이 가리키는 방향으로 나아가는 것입니다. 이것은 분별에 의지한 세속의 공부 방식이지 분별에서 해방되는 공부는 아닙니다. 그러므로 분별에서 해방되려고 하는 공부는 이런 방식으로 애를 써서는 할 수가 없습니다. 불교에서 흔히 유위(有爲)의 공부로는 깨달음을 성취할 수 없다고 하는 것이 바로 이것입니다.

　그러면 분별심에 의지하지 않는 공부는 어떻게 해야 할까요? 두 가지의 요점을 말씀드리겠습니다. 첫째는, 언제나 초점을 깨달음에 두어야 합니다. 깨달음이 경험되면 모든 의문과 문제는 그곳에서 해결됩니다. 그러나 깨달음이 없다면, 아무리 많은 지식이나 경험이 있어도 결국 문밖의 사람에 불과하고 여전히 의문이나 문제는 해결되지 않을 것입니다. 깨달음만이 이 문제를 해결하는 유일한 관문입니다. 그러므로 공부하는 사람은 나침반의 N극이 언제나 어디서나 북극을 향하고 있듯이, 언제나 어떤 경우에도 깨달음에 초점을 두고 있어야 합니다. 경전이나 어록 등 안내 서적을 읽거나 선지식의 설법을 들을 때는 늘 깨달음만을 염두에 두고 있어야 합니다. 물론 깨달음은 지식으로 이해하는 것이 아니라 직접 체험이라는 것은 두말할 나위가 없습니다.

　그러므로 둘째로, 공부인은 깨달음에 늘 관심을 두어야 하지만 깨달음에 관한 어떤 견해도 가지고 있어서는 안 됩니다. 깨달음에는 오직 직접 경험만이 있을 뿐, 어떤 이치나 견해도 없습니다. 견해나 이치가 사라진 곳에서 깨달음이 나타난다고도 말할 수 있습니다. 깨달음에 모든 관심을 두고 있지만, 그것의 방향이나 위치나 모습이나 방법 등에 관해서는 언제나 알지 못할 뿐입니다. 다만, 깨달음에 대한 깊은 관심과 그 관심으로 인한 충족되지 못한 목마름이 있을 뿐이지요. 이것이 공부인이 취할 수 있는 유일한 태도입니다. 마치 캄캄한 어둠 속에서 방향도 길도 알지 못하고 그저 망연자실하여 서 있을 뿐이지만 길을 찾아서 살고자 하는 욕구만 남아 있는 경우와 같습니다. 사실 이런 막연한 상황에 처하는 것이 올바르게 공부의 길로 가는 것입니다. 분별심의 덫을 피하여 깨달음을 직접 경험하려면 이런 상황에서 직접 경험에 목말라 하는 것밖에는 길이 없습니다. 그러나 자신의 의지조차도 발동하지 않는 이런 상황에서 어떻게 스스로 공부해 나갈 수 있을까요? 이런 상황에서 혼자의 힘으로 공부해 나가기는 불가능에 가까울 만큼 어렵습니다.

그러므로 셋째, 좋은 지도자를 찾아서 스승으로 삼고 믿고 의지하는 것이 필요합니다. 좋은 지도자를 만나서 그의 가르침에 귀를 기울이는 것이 가장 빠른 길입니다. 좋은 지도자의 올바른 가르침은 공부인이 가지고 있는 온갖 그릇된 지식과 견해를 쓸어 없애고 언제나 직접 경험으로 이끌어 갑니다. 공부인은 그를 믿고 그가 이끄는 대로 따라가기만 하면 됩니다. 물론 시간은 좀 걸립니다. 변화가 그렇게 쉽게 찾아오지는 않습니다. 그러나 끈기 있게 가르침을 따르다 보면 어느 날 갑자기 예기치 못한 변화가 일어납니다. 이렇게 하여 스스로의 힘으로 갈 수 있는 공부의 길에 들어서는 것입니다. 그러면 좋은 지도자를 어떻게 만날 수 있을까요? 첫째와 둘째의 자세를 가지고 스스로 진지하게 공부에 매달리다 보면, 언젠가는 반드시 좋은 지도자를 보는 안목이 생기고, 안목이 생기면 언젠가는 좋은 지도자를 만나게 됩니다.

이처럼 공부란 생각을 따라가는 길이 아닙니다. 우리말에 '용쓴다'는 표현이 있습니다. 처리할 수도 피할 수도 없는 상황에 부닥쳐 앞으로 나아갈 수도 없고 뒤로 물러설 수도 없어서, 그 자리에서 살아나려고 발버둥치는 것을 '용쓴다'고 합니다. 이 공부를 이야기하자면, 애써 노력하는 것이라기보다는 용쓰는 것이라고 해야 합니다. 이것과 저것을 알아서 하는 것은 분별입니다. 분별 아닌 게 뭔지는 모르지만 분별하지 않는 그 길을 찾고 싶으니까 용을 쓰는 거죠. 모르지만 찾고 싶어서 발버둥치는, 그런 심정으로 공부를 해야 하는 겁니다.

모르는 것을 나름대로 판단해서 "이렇게 저렇게 하면 되겠지……"라고 해서는 도움이 되지 않습니다. 어떤 판단도 소용이 없어요. 그래서 간절한 마음으로 믿음을 가지고 설법도 듣고, 평소에는 내 본래의 마음을 찾고 싶다는 그 하나의 의문, 그 하나의 목마름을 가지고 생활하는 겁니다. 그것밖에 없습니다. 화두를 든다는 것이 바로 그런 것입니다. 화두를 드는 것은 무슨 이치를 따지는 게 아니에요. 화두는 아무도 모릅니다. 알 수가 없는 것입니다. 알 수가 없지만 거기에 길이 있습니다. 알 수 없는 거기에 바로 길이 있단 말입니다. 알 수는 없지만 거기에 길이 있기 때문에 골똘히 거기에 매달리는 겁니다. 거기에 매달려서 발버둥치다 보면 길이 나타나게 되는데, 자기 자신의 목마름이 결국 그 길이 나타나는 원동력이 되는 겁니다. 힘이 되는 거예요.

머리로 판단한 것은 절대 힘이 되지 않습니다. 머리로써 이렇다 저렇다 판단하는 것은 결코 힘이 되지 않는 겁니다. 그냥 이 상황을 빠져나가고 싶은, 이 상황에서 해결책을 찾고 싶은 마음 하나! 결국 그것이 이런 상황으로부터 벗어나게 만들어 줍니다.

이런 막연한 상황에서 할 수 있는 가장 좋은 일은 선지식의 설법에 귀를 기울이는 것입니다. 설법은 분별심이 아닌 본래면목을 계속해서 가리키는 것입니다. 그러나 "이것이 바로 분별심이 아닌 본래면목입니다" 하고 설명할 수는 없습니다. 설명하고 이해하는 순간, 바로 분별심의 길을 가고 있는 것이기 때문이죠. 그렇긴 하지만 본래면목을 가리키려면 어쩔 수 없이 말을 통해서 가리킬 수밖에 없습니다. 다시 말해, 분별심이 아닌 본래면목은 말로써 설명하는 것이 아니라 말로써 가리키는 것입니다. 설명하는 것이 아니고 가리키기 때문에 예전에는 설법을 시중(示衆) 즉 "대중들에게 보여 준다"고 하였습니다. 다시 말해 설법은 마음을 바로 가리키는 직지인심(直指人心)입니다. 말의 의미를 통하여 설명하는 듯이 보이지만, 사실은 의미를 거치지 않고 말로써 바로 가리키는 것입니다.

예컨대 제가 이 자리에서 "이것이 바로 분별심이 아닌 본래면목입니다" 혹은 "이것은 지금 눈앞에서 가장 확실하고 진실하고 결코 끊어짐이 없는 겁니다"라고 이야기를 합니다. 이 말의 의미는 쉽게 알아들을 수 있는 평범한 것입니다. 그러나 이 말의 의미를 이해하는 것과 바로 이 순간 이 말이 가리키는 것을 경험하고 있는 것은 다른 문제입니다. 의미는 추측으로 알 수 있지만, 직접 경험하고 있는 것은 아닙니다. 그러므로 진실한 공부인이라면 실제 경험에 대한 목마름이 생기는 것입니다. 그리하여 "분별심이 아닌 본래면목이 도대체 어떤 것입니까?" 하고 다시 묻게 됩니다. 그러면 저는, "바로 지금 이것입니다. 지금 여기에 의심할 수 없이 있습니다. 이것은 결코 왔다 갔다 하지 않고 한결같아서 끊어짐이 없습니다. 너무너무 생생합니다"라고 이야기합니다. 하지만 이런 말을 들을수록 더욱더 캄캄하고 아득해지죠. 그런데 바로 여기에서 "저렇게 이야기하는 것을 보니까 뭐가 있기는 있구나" 하는 믿음은 생겨야 해요. 만약 "과연 저런 게 있을까?" 하고 의심해 버리면 공부는 그것으로 끝입니다. "정말 저런 게 있긴 있구나. 그런데 난 아직 말해 줘도 뭔지 모른다" 하면서 목이 마르고 가슴이 막혀야 공부가 시작됩니다. 이렇게 하여 관심이 더욱 깊어지고, 목마름이 더 절실해져야 합니다.

그리하여 제 이야기에 더욱더 귀를 기울이게 됩니다. 그렇게 귀를 기울이고 있으면 언젠가는 실제로 경험하는 때가 오는 것입니다. 오래오래 잘 듣고 있다 보면, 자기도 모르는 사이에 점차 올바른 공부의 자세를 갖추게 되고 바른 공부의 길을 가게 됩니다. 어느 정도 시간이 흐르면 금방이라도 손에 잡힐 듯 말 듯한 느낌이 들게 되고, 그리하여 안달복달하며 갑갑하게 됩니다. 그러나 시간이 흘러도 그것이 잡히지 않게 되면, 점차 어떻게 할 수가 없게 되어서 손을 아주 놓아 버리고 절망에 빠지게 됩니다. 이것은 참으로 견디기 어려운 고비입니다만, 또한 이것은 이제 길이 멀지 않았다는 징조이기도 합니다. 포기하지 않고 참고 견디면서 이 고비를 넘겨야 합니다. 자기의 힘으로는 어떻게도 할 수 없는 절망의 상황에 빠져서도 계속하여 법문을 듣고 법회에 의지해 있다 보면, 어느 날 전혀 예기치 못한 순간에 홀연 체험이 옵니다. 아주 강렬하게 경험될 수도 있고 미약하게 경험될 수도 있습니다만, 분명한 것은 지금까지 꽉 막혀 있었던 것이 확 풀어지고 뚫려서 모든 문제가 사라져 버리는 것입니다. 아주 시원하기도 하고 마치 갑자기 앓고 있던 감기몸살이 나아서 몸이 가뿐한 것과 같은 느낌이 들기도 합니다. 그리하여 한동안은 갑자기 찾아온 이 편안함과 건강함과 기쁨을 즐기게 됩니다. 시간이 흐를수록 처음의 감동은 사라지지만, 점차 이 새로운 삶에 적응하여 살아가게 됩니다. 이것이 바로 깨달음의 삶입니다. 일상생활이 옛날과 달라진 것은 없으나, 내면의 삶은 전혀 다릅니다.

"애써 분별하여 모양을 취하지 않으면, 잠깐 사이에 저절로 도를 얻는다"라고 했지만, '도를 얻는다'고 하면 "얻을 수 있는 도라는 것이 따로 있는가?" 하고 따라가게 되는데, 그런 것은 따로 없습니다. "저절로 도를 얻음이 잠깐 사이다"…… 바로 이것(손가락을 들어 보임)이에요. 바로 이것뿐입니다. 이것 말고 도라는 것이 따로 있는 것이 아닙니다. "저절로 도를 얻음이 잠깐 사이다"…… 이 한 마디 한 마디 말이 바로 도입니다. 잠깐 사이죠. 아니, 잠깐 사이라고 할 수도 없어요. 사이가 없어요. "저절로 도를 얻음이 잠깐 사이다"…… 이것이 그대로 도지, 잠깐 사이를 두고 도를 얻는 게 아닙니다. 도에는 틈이 없습니다. 그래서 끊어짐이 없이 이어진다고 했잖아요. 끊어짐이 없습니다. 틈이 생기면 망상이에요. 털끝만큼이라도 차이가 있으면 하늘과 땅만큼 어긋난다고 하잖아요?

"지금 이 순간에 살아라"고 말하는 사람이 있는데, 그것도 벌써 많이 벗어난 것입니다. '지금 이 순간'이 여기 있고 '사는 것'이 여기 있어서, 그 둘을 하나로 만들려 하면 벌써 둘인 겁니다. "지금 이 순간" 하는 이것(손가락을 들어 보임)에 이미 우리는 살고 있거든요. "지금 이 순간" 하는 그 순간에 이미 우리는 자기 자리에 있습니다. '지금 이 순간'이라는 시간이 따로 있는 게 아니에요. 지·금·이·순·간·을·살·아·라, 전부가 지금 이 순간이잖아요? 달리 다른 자리로 벗어날 수도 없고, 벗어나 있지도 않죠. 다만 이것(손가락을 들어 보임)밖에 없습니다. 언제든지 다만 지금 이(손가락을 들어 보임) 하나의 순간일 뿐이죠.

다만 이 하나(손가락을 들어 보임)뿐이니까, 다른 것이 없으니까, 시간도 공간도 따로 없습니다. 시간도 공간도 따로 없고, 정해진 자리, 정해진 모양, 아무것도 없어요. 아무것도 없는 여기에서 시간을 정하고, 모양을 정하고, 생각을 일으키고 있습니다. 그러나 실제로는 아무것도 없습니다. 아무것도 정해져 있지 않은 여기에서 모든 일이 다 일어나고 있습니다. 이렇게(손가락을 들어 보임), 결국 이것(손가락을 들어 보임)밖에 없어요. 이렇게(손가락을 들어 보임) 해 보세요! 이렇게(손가락을 들어 보임)! 그래서 "법이란 팔을 굽혔다 펴는 곳에 있다"라고 합니다.

법이라고 하지만 사실 이름도 없고 할 말도 없어요. 왜냐하면 하늘을 쳐다봐도 이것(손가락을 들어 보임)이고, 땅을 내려다봐도 이것(손가락을 들어 보임)이고, 왼쪽을 보아도 이것(손가락을 들어 보임)이고, 오른쪽을 보아도 이것(손가락을 들어 보임)이고, 가만히 있어도 이것(손가락을 들어 보임)이에요. 어떻게 하더라도 이것(손가락을 들어 보임)뿐이에요. 이것(손가락을 들어 보임)에다 억지로 이름을 붙이고 있을 뿐이지, "이것은 무엇이다"라고 판단할 수 있는 그 무엇은 없습니다. 그래서

"본래 한 물건도 없다"고 하는 것입니다. 판단하고 생각하고 표현할 그 무엇은 없지만, 바로 이것을 경험할 수는 있습니다. 사유를 거치지 않고 바로 확인하는 것이지요. 바로 이렇게(손가락을 들어 보임)!

19.
夢時夢中造作　꿈꿀 때에는 꿈 속에서 조작하지만,
覺時覺境都無　깨어 있을 때에는 깨어난 경계가 전혀 없다.

　꿈 속이란 바로 의식으로 살아가는 세계, 생각으로 살아가는 세계, 분별로 살아가는 범부중생의 세계입니다. 아직 깨어나지 못한 범부의 삶은 분별로 헤아려 취하고 버리고 하므로 모두가 조작입니다. 조작이란 곧 분별하여 취하고 버린다는 뜻입니다. 그것은 꿈처럼 허망하게 생겨나고 사라지는 모습들을 이것과 저것으로 분별하여, 이것을 취하고 저것을 버리는 행위입니다. 버리는 것도 허망하고 취하는 것도 허망하니, 아무리 취하여 버려도 만족은 없습니다.
　깨달음이란 꿈 속에서 꿈이 깨어나는 것과도 같습니다. 여전히 눈앞에 꿈이 나타나지만, 이제는 깨어나 있는 것입니다. 눈앞에 나타나는 허망한 꿈에 속지 않는 것이지요. 그러므로 깨어났다고 하여 꿈 속과는 다른 무슨 경계가 있는 것은 아닙니다. 그러나 꿈 속의 일은 허망하고, 깨어나면 진실합니다. 이것은 엄연히 다릅니다.
　꿈 속에서 말하는 것과 깨어나서 말하는 것이 꼭 같습니다. 꿈 속에서 걸어가는 것과 깨어나서 걸어가는 것이 꼭 같습니다. 꿈 속에서 차를 마시는 일과 깨어나서 차를 마시는 일이 꼭 같습니다. 그 모습이 같다는 것이 아닙니다. 모습으로 말하면, 꿈 속의 것이거나 깨어난 것이거나 모두 허망합니다. 진실한 것으로 말하면, 꿈 속의 것이거나 깨어난 것이거나 모두 진실합니다. 그러므로 꿈과 깨어남이 다른 세상이 아닙니다. 세상은 하나입니다. 다만, 꿈 속에서 취하여 어리석게 헤매고 있느냐, 아니면 깨어나서 언제나 한결같이 다름이 없느냐 하는 것이, 꿈과 깨어남이 다르다면 다른 것이라고 할 수 있습니다. 그러므로 꿈 속에서 꿈을 깨는 것이 깨달음입니다.

　어디가 꿈 속에서 꿈을 깨는 곳일까요? 바로 여기(손가락을 들어 보임)입니다. 여기(손가락을 이리저리 흔들어 보임)에서 깨어나면, 모든 꿈은 더 이상 꿈이 아니라 깨달음의 세계가 됩니다. 여기(손가락을 이리저리 흔들어 보임)에서 지금 곧 깨어나십시오. 그러면 꿈과 깨어남이 아무 다름이 없을 것입니다. 그러나 꿈 속에 머물러 있는 사람은 꿈과 깨어남이 분명히 다르다고 분별하고 있습니다. 이러한 분별이야말로 바로 꿈임을 그들은 알지 못하지요. 꿈에서 깨어나 분별에서 해탈하면, 꿈도 없고 깨어남도 없고, 한결같이 이것(손가락을 이리저리 흔들어 보임)뿐입니다.

20.

翻思覺時與夢　깨어 있을 때와 꿈꿀 때를 뒤집어 생각해 보니,
顚倒二見不殊　뒤집어진 두 견해가 다르지 않구나.

　깨어 있을 때와 꿈꿀 때가 다름이 없고자 한다면, 이것(손가락을 들어 보임)에 통하면 됩니다. 자, 이것(손가락을 들어서 흔들어 보임)은 깨어

있는 것입니까? 꿈꾸고 있는 것입니까? 깨어 있다고 해도 분별망상(分別妄想)이요, 꿈꾸고 있다고 해도 분별망상입니다. 깨어 있는 것도 아니고, 꿈꾸고 있는 것도 아니라면, 이것(손가락을 들어서 흔들어 보임)은 무엇입니까? 하늘은 말없이 언제나 한결같은데 사람이 스스로 밝으니 어두우니 하고, 산은 말없이 언제나 그 자리에 있는데 사람이 스스로 멀다느니 가깝다느니 합니다.

21.

改迷取覺求利   어리석음을 깨달음으로 바꾸어 이익을 구하면,

何異販賣商徒   장사하는 무리와 뭐가 다르랴.

　나쁜 것을 버리고 좋은 것을 취한다는 것은 일종의 계산이죠. 장사꾼 심리란 말이에요. 나쁜 것을 버리고 좋은 것을 취하는 것은 분별로 말미암은 욕심이지 공부가 아닙니다. 공부란 나쁘니 좋으니 하는 것에는 관심도 두지 않고, 그저 "마음이란 무엇인가?" 이것 하나에만 목이 말라서 찾다가, 어느 순간 쑤욱 통하여 막히지 않는 겁니다. 공부란 이런 것이지, 무엇을 취하고 무엇을 버리는 게 아닙니다. 사실 버리고 취하고 할 만한 무엇은 없어요. 진리는 본래 둘이 아니기 때문에 버릴 것도 없고 취할 것도 없습니다. 진리는 버리거나 취하는 일과는 관계가 없고, 알거나 모르거나 하는 일과도 관계가 없고, 깨닫거나 깨닫지 못하거나 하는 일과도 관계가 없습니다. 진리에는 아무런 조건도 없고, 아무런 이유나 원인도 없고, 어떻게도 손을 댈 필요가 없습니다.

　경전에 이런 이야기가 있잖아요? 어슴푸레한 달밤에 길을 가는데

갑자기 뱀이 한 마리 나타난 거예요. 그래서 깜짝 놀랐는데 가만히 살펴보니까 뱀이 꼼짝도 하지 않아요. 그러는 동안 달이 구름에 가려 있다가 나와서 다시 살펴보니까 뱀이 아니라 새끼줄이었더라는 이야기이죠. 뱀이 새끼줄로 변한 게 아니잖아요. 본래 새끼줄이었는데 우리가 뱀으로 착각한 거죠. 마찬가지로 이 공부라고 하는 것도 착각해서 잘못 보고 있느냐, 아니면 진실을 있는 그대로 보느냐 하는 것입니다. 진리라고 하는 것, 도라고 하는 것, 마음이라고 하는 것은 사람이 아느냐 모르느냐 하는 문제와는 아무 관계가 없어요. 본래 마음이고, 본래 도이고, 본래 진리입니다. 우리 스스로가 까닭을 알 수 없는 어리석음으로 잘못 보고 있는 겁니다. 그래서 거꾸로 뒤집힌 중생(轉倒衆生)이라고 하는 겁니다.

석가모니가 이전에 없었던 뭔가 특별한 것을 6년 동안 고생해서 얻은 것이 아닙니다. 그 온갖 고생의 결과로 확인한 것은, 그 고생과는 상관없는 원래 자신의 모습이었습니다. 고생을 하든 안 하든 본래 모습에는 아무 다름이 없습니다. 어리석음과 깨달음이 따로 없습니다. 다만 하나의 진실이 있을 뿐입니다. 분별하는 견해로 말미암아 어리석음과 깨달음이 있고, 허위와 진실이 생겨납니다. 취하고 버리는 분별을 따르지 마십시오. 다만 이것(손가락을 들어 보임) 하나일 뿐입니다. 이것은 언제나 작동하고 있고, 절대로 벗어날 수 없습니다. 한결같이 끊어짐이 없고, 결코 부정하거나 거부할 수 없고, 너무나 당연한 일입니다. 매 순간순간 이것(손가락을 들어 보임)뿐입니다. 흘러가는 물처럼 한순간도 얼어붙지 않고 활발하게 살아 있습니다. 그러나 살아서 움직이고 있지만 살아서 움직인다는 견해를 세우면 바로 어긋납니다.

바로 이것에 목이 마르고 말라서 죽기 일보 직전에 이르면 감로수가 주어질 겁니다. 다른 것을 절대 기대하지 마시고, 이 하나(손가락을 들어 보임)의 확인만 하시면 됩니다. 이것(손가락을 들어 보임) 하나밖에 없다고 하는데, 늘 이것(손가락을 들어 보임) 하나만 가지고 살아가고 있다고 하는데, 항상 이(손가락을 들어 보임) 가운데 있어서 벗어나지 못한다고 하는데…… 이것(손가락을 들어 보임)에만 통하십시오.

다섯 번째 법문

22.

動靜兩亡常寂　움직임과 고요함이 모두 없어 늘 고요하면,
自然契合眞如　저절로 진여(眞如)에 계합하리라.

23.

若言衆生異佛　중생이 부처와 다르다고 말하면,
迢迢與佛常疎　늘 부처와는 까마득히 멀다.

24.

佛與衆生不二　부처와 중생이 둘이 아니면,
自然究竟無餘　저절로 남김없이 구경(究竟)[1]이리라.

25.

法性本來常寂　법성은 본래 늘 고요하고,
蕩蕩無有邊畔　넓고 넓어서 끝이 없는데,

26.

安心取捨之間　편한 마음으로 취하고 버리는 사이에,
被他二境迴換　저 두 가지 경계에 휘말리는구나.

27.

斂容入定坐禪　용모를 단정히 하고 앉아 선정에 들어,
攝境安心覺觀　마음을 모아 안정시켜 깨어서 관찰하지만,

28.

機關木人修道　나무로 만든 꼭두각시가 도를 닦는 것과 같으니,
何時得達彼岸　언제 피안(彼岸)에 도달할 수 있겠는가?

---

4) 구경(究竟): 최종적인 잘실. 진실이 완전히 드러남.

22.

動靜兩亡常寂　움직임과 고요함이 모두 없어 늘 고요하면,

自然契合眞如　저절로 진여(眞如)에 계합하리라.

　움직임과 고요함이 모두 사라지고, 있음과 없음이 모두 사라지고, 진여와 세속이 모두 사라지고…… 둘로 나누는 분별이 없어져야 해요. 둘로 나누는 일이 없어져야 합니다. 둘로 나누는 분별을 따르기 때문에 모든 문제가 발생합니다.

　이 마음을 일컬어 흔히 머묾 없고(無住), 모습 없고(無相), 생각 없는(無念) 것이라고 합니다. 이 셋을 한 마디로 요약하면 '이것이다' '저것이다' 하고 정하는 일이 없다는 말입니다. 다시 말해 '이것이다' '저것이다' 하고 분별하는 일이 없다는 말입니다. 그런데 이렇게 말한다고 하더라도 결국 '있다' '없다' 하고 분별하여 말하는 것이므로, 정확히 말한 것은 아닙니다. 사실 마음을 정확히 말할 수는 없습니다. 말이란 뜻을 가지고 그리는 그림이고 뜻이란 생각으로 그린 그림이므로, 생각이 실제가 아니라 허망한 것처럼 말도 실제가 아니라 허망한 것입니다. 마치 말로만 식탁을 차려 배불리 먹으라는 것처럼 허망한 것이고, 말로만 달나라에 가는 것처럼 허망한 것입니다.

　그러나 말이 반드시 허망한 것만은 아닙니다. '바다'라는 말이 실제 바다가 아니라 단지 허망한 말일 뿐인 것과는 달리, '마음'이라는 말은 허망할 수도 있고 허망하지 않을 수도 있습니다. '바다'라는 말은 실제 바다를 가리키는 하나의 음성 기호에 불과하지만, '마음'이라는 말은 실제 마음을 가리키는 단순한 음성 기호인 것만은 아닙니다. 만약 '마음'이라는 말을 '바다'와 마찬가지로 단순한 음성 기호로만 이해하고 그렇게 인정한다면, 이때 '마음'이라는 말은 '바다'라는 말과 마찬가지로 허망할 뿐입니다. 그러나 '바다'라고 말하든 '마음'이라고 말하든, 그 말의 뜻과는 상관없이 지금 말하고 있는 이것은 마음입니다. 그러므로 분별을 따르지 않고 모습에 머물지 않고 마음에 머문다면, '마음'이라는 말과 '바다'라는 말은 모두 허망하지 않고 진실합니다.

　이처럼 마음에 머물러서 지금 이 순간 모든 것이 허망하지 않고 진실한 것이 바로 마음공부의 결과입니다. 마음공부를 하면 이런 진실을 실제로 확인하고 이런 진실에서 벗어나지 않게 되어야 합니다. 마음공부에서는 이런 실제 효험을 반드시 보아야 합니다. 그렇지 않으면 아직 마음을 깨닫지 못한 것입니다.

　머묾 없다(無住), 모습 없다(無相), 생각 없다(無念), 마음 없다(無心)라고 말하는 것처럼 '없다'라고 말하는 이유는, 그만큼 우리가 말과 생각에 깊이 묶여 있기 때문에 거기에서 풀려나라는 뜻에서 하는 말입니다. 묶인 곳에서 풀려나면, '있다' '없다'라는 말은 더 이상 의미

104

를 가지지 않습니다. "있다" 그대로가 마음이요, "없다" 그대로가 마음입니다.

마음이 무엇이냐고 누군가가 묻는다면, 즉각 "바로 이것이다"라고 말하겠지만, 이 역시 말의 뜻을 따라간다면 헛된 소리일 뿐입니다. 요컨대 "내 말을 들어 봐!"라고 말하는 경우와 같습니다. "내 말을 들어 봐!"라는 말을 듣고서 그 말의 뜻을 이해하여, 그 말이 가리키는 대로 듣고자 한다면, 벌써 말은 끝나고 더 이상 들리지 않는 것입니다. "내 말을 들어 봐!"라는 말을 분별하기 전에 이미 그 말을 듣고 있는 것입니다. 마음이란 것이 이와 같습니다. "내 마음이 무엇인가?" 하고 생각하는 사이에 벌써 마음은 드러나 있습니다. "내 마음이 무엇인가?"라는 생각을 따라서 마음을 찾으려 하면, 이미 마음은 놓치고 분별이라는 허상만을 좇고 있는 것입니다.

마음을 가리켜 무주 · 무상 · 무념이라고 하면, 이것은 생각과 말이라는 허상 속에서 그림을 그리는 것이고, 실제 마음을 드러내는 것과는 방향이 다릅니다. 지금 무주 · 무상 · 무념이라고 말하면, 실제 마음이 드러나 있지만, 이때에는 아무 그림이 없는 생각이고 아무 뜻이 없는 말입니다. 언제나 드러나 있는 것이 지금 이 순간 드러나 있을 뿐입니다. 이것이 마음입니다. 그러므로 진실로 마음에 통달하면 언제나 명백하여 의심할 수도 없고, 부정할 수도 없고, 긍정할 수도 없습니다.

마음을 체험하여 확인하게 되면 손가락 하나 움직이는 것, 눈길 한 번 돌리는 것, 꼼짝 않고 가만히 있는 것이 모두 마음 아님이 없습니다. 움직임과 고요함 어느 쪽에도 머물지 않기 때문에 동정양망(動靜兩亡)을 말하는 것입니다. 어디에도 머물지 않으면, 어디에도 머물지 않는 여기에서 언제나 다름이 없이 한결같을 뿐입니다. 헛된 생각이나 말이나 경험되는 대상에 머물지 않으면, 바로 언제나 어디에서나 변함이 없을 뿐입니다.

그래서 이 공부는 망상(妄相)을 없애는 것이 아니고, 망상이 곧 실상(實相)임을 확인해 가는 것입니다. 망상과 실상이 따로 분별됨 없이 다만 이 하나 진실이 있을 뿐입니다. 따라서 공부가 되면 의식 속에서 분별하여 버리고 취하는 길을 따라가는 것이 아니라, 버리든 취하든 의식은 언제나 둘이 아니라 하나란 사실이 명확하게 되는 겁니다. 공부가 되기 전에는 버리고 취하고 하는 것이 둘로 나뉘어 갈등하게 되는데, 공부가 되고 나면 똑같이 버리고 취하는 마음을 내더라도 실제로는 둘이 아니라 하나가 되는 겁니다. 그렇게 되면 말 그대로 고요해집니다.

그런데 "움직임과 고요함이 모두 없어 늘 고요하면(動靜兩亡常寂)"이라는 말을 보면, 분별이 사라진 마음의 실상은 늘 고요하다고 말하고 있습니다. 여기에서 주의할 것은, '고요하다'는 말을 분별하여 '고요함'이라는 또 하나의 경계에 머물러 버리면 안 된다는 것입니다. 여기서 '고요하다'는 말은 분별없이 한결같다는 것인데, 분별없이 한결같다는 것은, 방금 말씀드렸듯이, 온갖 움직임들이 있지만 그 움직임이 시끄러운 움직임이 아니라 '움직임'이 곧 '고요함'이란 말입니다. 움직임과 고요함이 따로 있는 것이 아니고 다만 이것(손가락을 들어 보임)일 뿐입니다. 움직임이 곧 고요함이란 말입니다.

"움직임과 고요함이 모두 없어 늘 고요하면, 저절로 진여에 계합하리라(動靜兩亡常寂 自然契合眞如)"고 하였는데, 진여(眞如)라는 말은

'진실하고(眞) 변함없이 그대로(如)'란 뜻입니다. 진실하고 변함없이 그대로…… 이런 말을 듣는 지금, 분별을 따라가지 마십시오. 분별을 따라가 버리면 우리는 의식의 장난에 속습니다. 의식의 장난에 속지 않으면 진실로 이것(손가락을 들어 보임) 하나밖에 없습니다. 이 한 놈(손가락을 들어 보임)이 못하는 일이 없어요. 지금 눈앞에 펼쳐지는 모든 세계가 이 한 놈의 작품입니다. 온갖 일들이 다 일어나지만, 언제나 이것일 뿐입니다. 온갖 생멸법이 일어나지만 생멸법 그대로가 바로 적멸이요, 진여입니다. 움직여도 움직임이 아닙니다. 진여는 움직임이 없는 것이 아니고, 움직여도 움직임이 아닌 것입니다.

움직임과 고요함이든, 옳고 그름이든, 깨달음과 어리석음이든, 법과 비법이든, 뭐든지 둘로 분별하는 것은 진실하지 않습니다. 둘로 나누는 것이 바로 망상입니다. 망상이 따로 있는 것이 아니라 둘로 분별하는 이것이 바로 망상이에요. 둘로 나누는 것이 망상이고, 둘로 나누지 않는 것이 실상이에요. 둘로 나누면 의식의 허망한 도깨비놀음을 스스로 만들어 스스로 말려드는 것이고, 둘로 나누지 않으면 바로 허망함이 없습니다. 허망함이 없으니까 바로 진실하다고 하죠. 그러나 둘로 분별하지 않기 때문에 진실하다는 무엇이 따로 있는 것은 아닙니다. 그저 허망함도 진실함도 없는 실상 그대로이죠. 허망함을 떠나서 진실이라는 무엇이 따로 있는 것은 아닙니다. 건강이라는 게 따로 있는 것이 아니고, 병을 앓지 않는 게 건강인 것과 같습니다.

반야(般若)니 보리(菩提)니 하는 둘 아닌 이것은 자연스러운 것이고, 이 자연에서 분별에 속아 망상에 끌려가는 것은 부자연스럽습니다. 부자연스러우니까 불편을 느끼는 겁니다. 그러나 여기(손가락을 들어 보임)로 돌아오면 망상이 없고 자연스럽기 때문에 편안하죠. 편안하니까 여러 가지 문제들이 일어나지 않습니다. 편안한 여기(손가락을 들어 보임)에는 본래 문제가 없는 겁니다. 언제나 여기(손가락을 들어 보임)일 뿐이죠.

지금 당장 여기(손가락을 들어 보임)에 계십시오. 아무런 생각도 하지 말고, 분별도 하지 말고, 다만 여기(손가락을 들어 보임)에 계십시오. 다만 이것(손가락을 들어 보임)을 체험하십시오. 다만 이것(손가락을 들어 보임)을 확인하십시오. 지금 당장 여기(손가락을 들어 보임)에 있으면, 언제나 여기인 것은 분명하지만 분별할 것도 없고 할 일도 없습니다. 저절로 언제나 이것일 뿐이죠.

이처럼 여기를 체험하고 확인하더라도, 처음에는 여기에 아주 익숙하지는 못합니다. 처음에는 조그마한 불씨가 겨우 붙은 것처럼 캄캄한 어둠 속에서 희미한 빛이 보이는 것처럼 이런 경우도 있고, 어둠 속에 오래 있다가 갑자기 밝은 곳으로 나온 것처럼 모든 것이 뚜렷함에도 불구하고 아직 이 밝음에 어색하여 확신이 서지 않기도 하죠. 무엇보다 처음에는 어둠 속의 버릇이 그대로 나타납니다. 어둠 속에서 그동안 익혀 온 버릇은 쉽사리 변하지 않고, 참으로 오래 남아 있습니다. 그래서 긴가민가하고 힘이 없어요. 그래도 이제는 벗어났구나, 이제는 살았구나, 여기야말로 의지할 곳이로구나 하는 확신이 조금씩 듭니다. 나중에 시간이 죽 지나면서 처음엔 바늘구멍만 하던 것이 자꾸자꾸 뚫려서 주먹만 하다가 나중엔 온몸이 빠져나갈 정도로 커지게 되는 겁니다. 조그마한 불씨가 나중엔 큰 불덩이가 되듯이 시간이 지나면 그렇게 됩니다.

처음엔 시원하게 뚫리고 의심이 사라져서 가볍고 편안하면서도, 생각으로는 뭐가 어떻게 되는지 분별이 되지 않아요. 이 경험은 분별에 의지하지 않고 본성에 의지하는 경험이므로 분별이 되지 않는 것이 당연합니다. 오히려 아직도 분별로 모든 것을 판단하려는 습관이 남아서 자꾸 분별하려고 하지만, 이미 분별에서 발을 뗐으므로 분별이 되지는 않습니다. 분별이 되지 않을 뿐만 아니라, 내면 깊은 곳에서는 분별하는 것이 싫고 분별로 되돌아갈까 봐 두렵습니다. 그리하여 점차 자기도 모르는 사이에 여기에 푹 의지하게 되어 버려요. 점차 여기에 빠져서 여기에 의지하게 됩니다. 왜? 편안하고 분별로 인한 번뇌가 없으니까……. 그래서 말도 없어지고 말문도 막혀요. 왜냐하면 말로 할 수 있는 게 아니거든요. 비유적으로 이야기하면 벙어리가 꿈꾼 것과 같다고 하는데, 몸으로는 알겠는데 생각으로는 잡히지 않는 거예요. 몸이라는 게 육체라기보다는 온 존재, 나의 존재 전체로 이 사실을 알겠는데, 그것을 말로 표현하려고 하면 안 되는 겁니다. 말로 표현하면 머리 쪽으로 흘러가 버리기 때문에 말로 표현하면 안 되죠.

지금까지 어둠이 싫어서 빛을 찾아다니다가 조그마한 빛을 찾았으니까 이제 어둠은 돌아보지 않고 오로지 그 빛만을 쳐다보면서 그 빛을 향해서 가는 것이죠. 이것을 일러 보임(保任)이라고 하는 겁니다. 그 빛만을 쳐다보며 가다 보면 자꾸자꾸 그 빛이 더 커지고 더 밝아지는 겁니다. 최초에 그 빛을 보고 난 뒤에는 그 빛을 놓칠까 봐 두려움까지도 생겨요. 물론 사람에 따라서 처음 그 빛을 더 뚜렷하게 볼 수도 있고 덜 뚜렷하게 볼 수도 있지만, 처음엔 모두 바늘구멍만 하게 뚫리는 것입니다. 그래서 저것이 다시 막히지는 않을까 하는 두려움조차 느끼기도 하는데, 그러나 절대 두려워할 필요는 없습니다. 일단 한 번 뚫린 구멍은 절대 다시 닫히지는 않아요. 물론 스스로가 돌아보지 않고 다시 어둠 속으로 방향을 틀어 버리면 구멍이 뚫려 있어도 빛이 보이지 않죠. 어둠 속으로 방향을 틀지 않고 지금 뚫어 낸 빛 쪽으로만 계속 향하고 있으면 그것이 더욱 크게 열리게 됩니다. 그러면서 더욱 확고하게, 더욱 흔들림 없이 되는 겁니다.

어쨌든 처음에 바늘구멍이나 조그마한 불씨만큼이라도 잡히면 그놈을 붙잡고서 놓지 말고 끝까지 거기에 매달려야 해요. 처음엔 그 구멍이 빨리 안 뚫리니까 짜증도 나요. "왜 공부가 빨리 안 되나, 확 뚫어 더욱 익숙해지고 싶은데 빨리 빨리……." 그런데 욕심만큼 그렇게 빠르게는 안 됩니다. 시간이 지나야지, 바쁘다고 바늘허리에 실 매어 쓸 수 없는 것과 똑같아요. 시간이 지나면서 그것이 차차 커지는 것입니다. 처음부터 그것이 뚫리고 나면 온 우주가 내 손 안에 들어온 것같이 되느냐? 비록 처음 경험할 때의 느낌은 마치 이제 모든 일이 끝나고 더 이상 할 일이 없는 것처럼 느끼지만, 시간이 지나 보면 그렇지 않음을 알게 됩니다. 처음엔 바늘구멍만 해요. 그것을 놓치지 않고 계속 붙잡고 있다 보면 시간이 지나면서 그 구멍이 더 커지게 됩니다. 그래서 '위를 향한 하나의 구멍(向上一竅)'이라고 해요. 오로지 위로만 향해 가는, 더 넓어져만 가는 하나의 구멍이라고 이 자리를, 본래면목 자리를 그렇게 표현합니다. 처음에 바늘구멍만 하게 뚫리는 그 구멍 하나밖에는 구원의 자리가 없어요. 그것이 시간이 지나면서 넓어지고 깊어지고 확실해지는 겁니다. 그래서 대혜종고 스님은 이 공부를 일러 "낯익은 것에는 낯설어 가고, 낯선 것에 익숙해 가는 일이다"고 하였습니다.

처음에 바늘구멍만 하게 뚫렸을 때는 막연하게 "여기가 바로 쉬는 곳이로구나!" 하는 정도로 확인하게 되죠. 시간이 지나서 여기에 푹 쉬게 되면, 쉬는 것이 쉬는 것이 아니라 늘 활발하게 살아 움직이는 것이 곧 쉬는 것입니다. 그야말로 모든 것이 여기(손가락을 들어 보임)에 있어요. 모든 존재가 여기(손가락을 들어 보임)에 있는 겁니다.

처음부터 그렇게 되는 것은 아니고, 처음엔 다만 어느 쪽에도 머묾 없이 뚫려서 막힘이 없고 편안하게 쉬는 겁니다. 그리고 이런 판단이 서는 것이 아니라, 이런 말을 들으면 공감이 가지요. 생각은 쉬어져 있습니다. 생각이 일어나 앞장서면 안 됩니다. "여기가 쉬는 곳이로구나, 여기가 걸림 없는 곳이로구나!" 하고 생각하는 것이 아니라, 생각하기 이전에 벌써 명백합니다. 지금 말하는 이런 이야기가 저절로 공감이 되지요. 소화가 됩니다. 이 경험은 처음에 그렇습니다.

이렇게 빛을 얻었으면 어둠 속의 버릇을 바꾸는 일을 해야 하는데, 그게 바로 보임입니다. 빛을 봤다고 해서 분별의 흔적이 하루아침에 없어지고 온 우주가 빛으로 충만해 있는 게 아니에요. 분별의 흔적인 아상은 여전히 남아 있습니다. 그리하여 한 순간 한 순간 여기에 머물러 어긋나지 않는 것이 바로 보임이라는 공부입니다.

23.

若言衆生異佛   중생이 부처와 다르다고 말하면,
迢迢與佛常疎   부처와는 늘 까마득히 멀다.

24.

佛與衆生不二　부처와 중생이 둘이 아니면,
自然究竟無餘　저절로 남김없이 구경(究竟)이리라.

　　여기가 마지막으로서 더 이상 찾을 것이 없습니다. 마지막이라는
생각이 바로 여기입니다. 물론 "여기가 마지막이로구나!" 하는 생각을
통하여 여기를 확인하는 것은 아닙니다. 여기가 확인되면 모든 생각
이 바로 여기입니다. 생각을 통하여 여기를 확인하는 것이 아니라, 생
각도 여기고, 느낌도 여기고, 색깔도 여기고, 소리도 여기고, 행동도
여기고……. 그러므로 여기에는 생각이 붙지 않아요. 다만 밝을 뿐이
지, 밝다는 말은 없습니다. 다만 걸림이 없을 뿐이지, 걸림이 없다는
생각은 없어요. 이쪽에도 저쪽에도 막힘이 없고, 어디에도 머묾이 없
어요. 이것(손가락을 들어 보임)은 다른 어디에도 의지함 없이 홀로 모
든 것을 다 해내고 있어요. 여기에 이것이니 저것이니 하는 분별은 없
습니다. 이대로가 온통 진리의 바다입니다. 이 진리의 바다 속에 장애
물은 없어요. 어디든 탁 터져서 아래도 없고, 위도 없고, 옆도 없습니
다. 아무런 막힘이 없습니다.

25.

法性本來常寂　법성은 본래 늘 고요하고,
蕩蕩無有邊畔　넓고 넓어서 끝이 없는데,

　　여기가 분명하면, 여기에는 아래도 없고 위도 없고 옆도 없습니다.

걸리거나 막힐 것이 없습니다. 손댈 데가 없지요. 확인하지 않으면 이대로가 여여부동해서 아무 문제가 없고, 확인코자 하면 언제든지 이렇게(탁자를 탕! 탕! 탕! 두드림) 확인할 수 있습니다. 여기서 다 확인되는 겁니다. 이것(탁자를 탕! 탕! 탕! 두드림)은 다른 것에 의지함이 없단 말입니다. 똑! 똑! 똑! 하고 손가락이 탁자를 치는 여기에 다른 것은 없습니다. 똑! 똑! 똑! 이대로가 진리입니다. 무엇을 더 찾을 필요가 없습니다. (탁자를 탕! 탕! 탕! 두드림) 이대로가 법(法)이에요. 손가락이 탁자를 치는 게 아닙니다. (탁자를 탕! 탕! 탕! 두드림) 이대로가 법입니다. 여기에는 어떤 의지함도 없습니다. 다만 (탁자를 탕! 탕! 두드림) 이것일 뿐입니다. 어떤 무엇으로 말미암아 어떤 무엇이 생기는 것이 아닙니다. 다만 이것(탁자를 탕! 두드림)일 뿐입니다. 이것은 말미암은 원인이 없습니다. 이것은 이유가 없습니다. (탁자를 탕! 탕! 탕! 두드림) 이것일 뿐입니다. 모두가 스스로 이것일 뿐입니다. (탁자를 탕! 두드림) 이것이 스스로요, (탁자를 탕! 탕! 두드림) 이것이 모두입니다. 여기에 다른 것은 없습니다. 위에서 "나머지가 없다(無餘)"라고 했잖아요? (탁자를 탕! 두드림) 이것이 곧 마지막이요, (탁자를 탕! 두드림) 이것이 모두입니다. 나머지가 없어요.

　온통 이것일 뿐이어서 다른 미련이 전혀 없습니다. 그저 여기에 머물 뿐이고, 여기에 쉴 뿐입니다. 잡다하게 이것저것이 있으면 순수에 대한 미련이 있습니다. 하지만 여기는 이것저것이 없는 순수한 곳이에요. 티끌 하나도 없습니다. 단지 이것(손가락을 들어 보임)뿐입니다.

26.

安心取捨之間　편한 마음으로 취하고 버리는 사이에,

被他二境迴換　저 두 가지 경계에 휘말리는구나.

　공부하는 사람은 언제나 방심(放心)하지 말고 깨어 있어야 합니다. 방심하면 자기도 모르게 분별하는 습관을 따라, "법성은 항상 고요하고 끝이 없어서 호호탕탕 별 다른 게 없구나!"라고 여겨 안심하고는, 취하고 버리는 분별에 발을 들여놓게 됩니다. 그러나 진실로 공부하는 사람이 여기를 체험한다면, 방심하는 경우는 없습니다. 방심하는 버릇이 나온다고 하더라도 저절로 깨어나게 됩니다. 마치 길을 순조롭게 가고 있는 동안에는 길을 벗어나지 말아야지 하는 생각이 없다가, 길을 벗어나는 순간에 "아차, 이렇게 길을 벗어나면 안 되지" 하고 정신을 차리는 것과도 같습니다.

　이처럼 진실하게 공부하는 사람은 저절로 압니다. 자기가 지금 둘 아닌 여기에서 끄달림이 없는지, 아니면 지금 분별 속에 끄달려 있는지를 바로 압니다. 그러므로 항상 끄달림 없는 여기에서 정신을 차리고 있게 됩니다. 저절로 정신을 차리게 되는 것이지 억지로 "정신 차려야지!" 하고 분별하고 있는 것은 아닙니다. 만약 억지로 정신을 차리려고 하면 정신 차리는 거기에 또 끄달리게 됩니다. 그러므로 억지로 정신 차리려고 하지 말고, 다만 편안하고 안정된 여기에 흔들림 없이 편안히 쉬고 있으면 됩니다. 언제나 여기에 푹 젖어 있으면 됩니다. 이것이 공부입니다. 진리에 푹 빠져 있는 것, 이것이 공부입니다.

114

27.

斂容入定坐禪　용모를 단정히 하고 앉아 선정에 들어,
攝境安心覺觀　마음을 모아 안정시켜 깨어서 관찰하지만,

28.

機關木人修道　나무로 만든 꼭두각시가 도를 닦는 것과 같으니,
何時得達彼岸　언제 피안(彼岸)에 도달할 수 있겠는가?

　신문지상의 글이나 사람들의 말을 들어 보면, 참선(參禪)한다고 하면 곧 좌선(坐禪)하는 것으로 당연히 여기는 것을 알 수 있습니다. 참으로 집단적인 편견이요, 선입견입니다. 심지어 절에서 공부하는 스님들조차도 이런 선입견에 빠져 있는 것을 종종 봅니다. 여기 《대승찬》뿐만 아니라, 《신심명》, 《육조단경》, 《마조어록》, 《임제록》, 《전등록》, 《유마경》 등등 여러 곳에서 눈 밝은 선지식들이 이미 이러한 선입견을 깨뜨리고 바른 가르침을 말씀하고 계시는데도 불구하고 여전히 이런 선입견에서 벗어나지 못하고 있으니 안타까운 것입니다.
　가부좌하고 앉아서 마음을 모아 하나의 대상에 집중하여 주시하거나, 아무런 생각도 내지 않고 텅 비우고 그냥 앉아 쉬거나, 화두를 애써 쥐고서 잃어버리지 않으려고 힘을 들이거나, 흘러가는 의식에 그대로 맡겨 두고 따라가거나 하는 등등으로 이런 저런 방식의 행위를 만들어 수행이라는 이름으로 정기적으로 행합니다. 보통 수행한다고 하면 당연히 어떤 행위를 일정하게 반복하여 행해야 하는 것으로 여기고 있습니다. 그러나 이것은 보리달마와 육조 혜능이 가르친 조사

선(祖師禪)은 아닙니다. 조사선은 '한 번에 문득 벗어나 여래의 지위에 바로 들어가는(一超直入如來地)' 것이고, '마음을 곧바로 가리키면, 본성을 보아 깨닫는 것(直指人心 見性成佛)'입니다. 《육조단경》에서 분명히 천명하고 그 뒤의 선사(禪師)들도 반복하여 말하듯이, 다만 분별을 벗어나 본래의 마음을 바로 가리키고 바로 깨달을 뿐, 수행의 단계를 밟아 나아가는 것이 아닙니다.

이 공부를 구태여 분별해서 말하자면, 의문 속에 갇혀서 손을 쓸 수 없다가 문득 탁 하고 의문이 사라지면서 뚫리는 것입니다. 깨달음에 어떤 정해진 길이 있는 것도 아니고, 어떤 방법으로 손을 쓸 방법도 없습니다. 깨닫지 못하면 그저 깜깜하고 아득할 뿐이죠. 깨닫고자 하는 욕구가 있는 사람이라면 바른 가르침에 귀를 기울이기도 하고, 늘 이 깜깜하고 아득한 어둠이 끝나기만을 기다리며 속을 태우며 나름으로 찾아보는 일밖에는 할 수 있는 일이 없습니다. 만약 수행이라는 어떤 행위에 전적으로 의지하여 그 행위를 반복하는 것으로 공부를 삼는다면, 다만 그런 행위가 만들어 내는 어떤 상황 속에 들어갈 뿐이지요. 그런 행위에 의하여 만들어진 조건적 상황에 놓이는 것이죠. 말하자면 조작하여 만들어 낸 상황에 처하는 것입니다.

특히 잠을 자지 않고 억지로 앉아서 견디거나, 음식을 가려서 먹으며 몸을 청정하게 하거나, 겉으로 말을 하지 않고 속으로 생각만 하거나, 극기 훈련 같은 어려운 상황을 힘들게 견디거나 하는 일을 곧 수행이라 여기며, 그것을 견디면 공부가 되는 것처럼 여기는 것은 동쪽으로 간다고 하면서 남쪽으로 가는 사람입니다. 힘든 상황을 참고 견디면 견뎌 냈다는 성취의 즐거움은 있겠지만, 마음을 깨닫는 일과는 아무 상관이 없습니다. 마음은 욕구를 따라간다고 깨달을 수 있는 것도 아니고, 반대로 욕구를 억제한다고 깨달을 수 있는 것도 아닙니다.

《오등회원》에 보면, 인도의 조사인 제20조 사야다 존자가 제21조 바수반두 존자를 가르치는 다음의 이야기가 있습니다.

바수반두는 하루에 한 끼만을 먹고, 눕지도 않고, 하루에 여섯 번 시간에 맞추어 예불(禮佛) 의식을 꼭꼭 행하며, 깨끗하고 욕심 없이 수행자의 삶을 살았습니다. 그 바람에 많은 사람들이 바수반두에게 귀의하여 스승으로 모셨습니다. 20조 사야다 존자가 그 모습을 보고 그를 구원하고자 하여, 그를 따르는 무리들에게 물었습니다.

"너희 스승이 이렇게 두루 두타행(頭陀行)을 실천하고 범행(梵行)을 잘 닦아서 불도(佛道)를 얻을 수 있을까?"

그 무리들이 말했습니다.

"우리 스승님의 정진(精進)이 이와 같은데 무슨 까닭에 얻지 못하겠습니까?"

사야다 존자가 말했습니다.

"너희 스승은 도(道)와는 멀리 떨어져 있다. 설사 고행(苦行)을 무수한 세월 동안 행하더라도 모두가 헛됨과 망령됨의 뿌리가 될 뿐이다."

그러자 그 무리들이 화가 나서 분을 이기지 못하여 모두 얼굴색을 바꾸고서 성난 목소리로 사야다 존자에게 말했습니다.

"존자께서는 어떤 덕을 쌓았기에 우리 스승님을 나무라십니까?"

사야다 존자가 말했습니다.

"나는 도를 찾지도 않지만 또한 거꾸로 뒤집혀 있지도 않다. 나는 부처를 예경하지도 않지만 또한 업신여기지도 않는다. 나는 장좌불와(長坐不臥)하지도 않지만 또한 게으르지도 않다. 나는 하루에 한 끼 먹는 것은 아니지만 또한 이것저것 마구 먹지도 않는다. 나는 족함을 알지도 못하지만 또한 탐욕스럽지도 않다. 마음에 바라는 바가 없는 것을 일컬어 도(道)라고 한다."

바수반두는 이 말을 듣고서 문득 지혜가 깨어났습니다.

마음에는 정해진 길이 없고, 정해진 형식이 없고, 정해진 행동 양식이 없습니다. 어떠한 형식도 없으므로 어떻게도 분별할 수가 없고, 어떻게도 분별할 수가 없으므로 어떻게 조작할 수도 없습니다. 조작하는 일은 모두가 헛된 망상일 뿐입니다. 모든 의식적 행위는 불교에서 말하는 유위법(有爲法)이죠. 그럴듯하고 미묘한 그림을 마음이라는 이름으로 그려서 "이런 것이 마음이요, 여기에서 벗어나면 아니다."고 여기고 있는 것은 모두 자기를 속이는 짓입니다. 마음은 내가 어디에서 혹은 누구에게 배워서 밝혀지는 것이 아닙니다. 본래 있는 것을 문득 확인하는 것입니다. 물론 확인하기 전에도 확인하고 나서도 앞선 선지식(善知識)의 지도를 받는 것이 도움이 됩니다. 그러나 지금 여기에 실재(實在)하는 마음은 경전에 있는 것도 아니고 선지식에게 배워 오는 것도 아닙니다. 본래 있는 것을 지금 비로소 확인하는 것일 뿐입니다.

마음은 사실 아느냐 모르느냐 하는 일과는 아무 관계가 없습니다. 마음은 깨달았느냐 못 깨달았느냐와도 아무 관계가 없습니다. 깨어 있느냐 꿈꾸고 있느냐와도 아무 관계가 없습니다. 어떻게도 손을 댈

118

수가 없는 것이 마음입니다. 어떻게도 판단하거나 느끼거나 보거나 들을 수 없는 것이 마음입니다. 그러므로 마음은 본래 완전무결하다고 하는 것입니다. 문제는 우리의 분별과 의식과 경험과 판단에 있습니다. 앉아서 하면 좌선(坐禪)이고, 누워서 하면 와선(臥禪)이고, 걸어 다니면서 하면 행선(行禪)이라고 하는데, 이런 것들은 모두 우리가 분별하여 붙인 이름일 뿐입니다. 입선(入禪)이니 방선(放禪) 하는 말 역시 분별하여 붙인 말일 뿐입니다. 겉모양은 앉든 눕든 서든 걸어 다니든 아무 상관이 없습니다. 마음에는 아무런 격식이 없어요. 겉모양과 마음공부는 아무 상관이 없는 것이에요.

앉아서 좌선하는 재미에 빠져 있는 사람들을 어떻게 고쳐야 할까요? "용모를 단정히 하고 앉아 선정에 들어 마음을 모아 안정시켜 깨어서 관찰하지만, 나무로 만든 꼭두각시가 도를 닦는 것과 같으니 언제 피안에 도달할 수 있겠는가?"라고 말하고 있지 않습니까? 나무로 만든 꼭두각시라, 이 얼마나 모욕적인 말입니까? 이런 말을 보면 자신의 공부에 비추어 좀 진지하게 돌이켜 보아야 하는 것 아닐까요? '단정히 앉아서 경계를 거두어들이고 마음을 안정시켜서 관찰하는 것'은 조작이요, 형식입니다. 꼭두각시가 하는 짓이에요.

마음공부는 우리 몸이나 생각을 어떻게 한다는 형식과는 아무 상관이 없습니다. 몸으로 어떤 자세를 취하고 의식을 어떤 식으로 조작하는 것과 마음은 아무 상관이 없어요. 생각나는 대로 생각하십시오. 의식이 변화하는 대로 그냥 놔두세요. 앉고 싶으면 앉고, 눕고 싶으면 눕고, 걷고 싶으면 걸으십시오. 몸과 의식에는 상관하지 마십시오! 다만 이것(손가락을 들어 보임)을 체험하고 확인해야 합니다. 오직 이 문제에만 매달리십시오. 그것뿐입니다. 몸과 의식의 모습과는 아무 상관이 없습니다. 다만 이것(손가락을 들어 보임) 하나만 확실히 드러나면 됩니다. 이것(손가락을 들어 보임)만 경험하고 확인하면 돼요.

여섯 번째 법문

29.

諸法本空無著　모든 법은 본래 텅 비어서 집착할 것이 없고,
境似浮雲會散　경계는 뜬구름 같이 모였다가 흩어진다.

30.

忽悟本性元空　본성이 원래 공(空)임을 문득 깨달으면,
恰似熱病得汗　마치 열병에 걸린 사람이 땀을 낸 것과 같다.

31

無智人前莫說　지혜 없는 사람 앞에서는 말하지 말지니,
打爾色身星散　그의 몸뚱이를 별똥처럼 흩어 버리게 될 것이다.

29.

諸法本空無著　모든 법은 본래 텅 비어서 집착할 것이 없고,
境似浮雲會散　경계는 뜬구름 같이 모였다가 흩어진다.

"법!" 하고 말하는 이 순간, 또렷해야 합니다. 법은 관념이 아닙니다. 사물도 아니고, 이름도 아니고, 모양도 아닙니다. 지금 "법!"이라고 말하는 이 순간, 이것(손가락을 들어 보임)뿐임이 분명해야 합니다. 그 다음부터는 이것을 잘 유지하여, 생각이나 경험에 속아 여기에서 벗어나는 일이 없으면 됩니다. 처음에는 여기에 머물러 있는 힘이 약합니다만, 시간이 지날수록 차차 강해집니다.

　문득 확인하게 되면 늘 이것(손가락을 들어 보임)뿐이고, 본래 이것뿐이었습니다. 평소에 행동하고 경험하는 모든 것이 다만 이것(손가락을 들어 보임)뿐입니다. 지금까지는 없었던 다른 무엇을 얻은 것이 아니고, 언제나 있었던 이것(손가락을 들어 보임)을 확인한 것입니다. 다른 것이 없습니다. 그래서 막히거나 거리낄 일이 없습니다. 어떤 일이 다가와도 모두 이것(손가락을 들어 보임)입니다. 무엇과 만나든, 무엇을 생각하든, 어떤 행동을 하든, 어디에서도 막히는 일이 없습니다.

마음공부를 하는 사람들 가운데에는 애를 써서 어떤 바람직한 것을 만들어 내려는 경우도 있는 것 같습니다만, 진실을 확인해 보면 평소에 늘 있던 것일 뿐입니다. 관심을 두지 않고 생각하지 않고 확인하지 않아도 언제나 이것뿐이었습니다. 바로 이것(손가락을 들어 보임)이지요. 언제나 있는 이것이 언제나 확인될 뿐입니다. 언제나 있는 것인데도 바로 확인 못하는 이유는 마음의 눈길이 다른 곳을 향하고 있기 때문입니다. 우리는 태어난 이래 언제나 분별된 모습과 생각을 보고 있었던 것입니다. 스스로를 보지 않고 밖으로 다른 것만을 보고 살아온 것입니다.

평소 언제나 있는 이것(손가락을 들어 보임)입니다. 이것 외에 다른 무엇은 없습니다. 다른 무엇에 눈길을 돌리면, 눈길을 돌리는 것이 바로 이것(손가락을 들어 보임)입니다. 온 우주의 삼라만상이 모두 이것인데, 우리는 이것(손가락을 들어 보임)을 모르고, 눈앞에 드러난 모습만을 보고 모습에 속아서 이것을 모르고 있는 것입니다. 나타나고 사라지는 모습 하나하나가 그대로 이것인데, 모습만을 보고 이것을 깨닫지는 못하는 겁니다.

그림에 비유한다면 마치 물 위에 그림을 그리는 것과 같습니다. 물 위에 끊임없이 그림을 그리면, 그림은 순간 나타나고 사라집니다. 끊임없이 그림이 그려지고 있지만 고정된 그림은 없습니다. 이렇게(손가락을 들어 보임) 그리고 있을 뿐, 그려진 그림은 없습니다. 있다면 그것은 기억 속에 있는 허망한 모습입니다. 그리고는 있지만 그림은 없습니다. 물 위에 그림을 그리듯이 그리고는 있지만 그림은 없어요. 이것이 변함없는 진실입니다.

《육조단경》에 보면, 일상삼매(一相三昧)니 일행삼매(一行三昧)니 하는 말이 나옵니다. 일상삼매라고 하는 것은 말 그대로 하나의 모습만 있고 두 개의 모습은 없는 것입니다. 구별되는 두 개의 모습이 없으니 사실은 정해진 모습이 없는 것이죠. 바로 이것(손가락을 들어 보임) 하나를 가리키고 있습니다. 물론 이것 하나에는 '이것 하나'라고 할 만한 모습도 물건도 없습니다. 일행삼매는 순간순간의 행위 하나하나가 모두 이것(손가락을 들어 보임)이라는 말입니다. 손가락을 움직이는 것 하나하나가 다 이것(손가락을 들어 보임)이고, 발을 들어 걷는 동작 하나하나가 다 이것(손가락을 들어 보임)이고, 보고 듣고 생각하고 말하는 것 하나하나가 모두 이것(손가락을 들어 보임)이어서, 정해진 '이것'이라는 무엇은 없습니다. 이것(손가락을 들어 보임) 아닌 것이 없습니다. 이와 같기 때문에 일상삼매와 일행삼매를 갖추면 깨달음의 열매는 저절로 열린다고 합니다.

"모든 법은 본래 텅 비어서 집착할 것이 없고"…… '텅 비어 있다'라는 말에 속으면 안 됩니다. '텅 비어 있다'라는 뜻에 따라 그림을 그리지 마십시오. 지금 "텅 비어 있다"라는 말, 이것(손가락을 들어 보임)뿐입니다. '텅 비어 있다'는 모습을 보지 말고, 텅·비·어·있·다, 이것이 분명해야 합니다. 여기서 분별없이 한결같아야 합니다. 다만 이것뿐이어야 합니다. 똑같은 일이 벌어지는데 어떤 사람은 망상(妄相) 속에 있고, 어떤 사람은 실상(實相) 속에 있어요. 행하는 일과 드러난 경계는 동일한데, 법에 있지 못한 사람은 망상 속에 있고, 법에 있는 사람은 실상에 있습니다. 보고, 듣고, 생각하고, 행동하는 것은 동일합니다. 동일한 경험인데 습관대로 분별하고 따라가면 망상이고, 체험으로 계합한 곳에서 어디에도 발 딛지 않고 있으면 법뿐입니다. 물론 법이란 것은 이름일 뿐이고, 모양도 없고 위치도 없고 헤아릴 수도 없어요. 다만 허공같이 발 디딜 곳 없는 곳에 발 딛고 있을 뿐, 어떤 의식적인 노력이나 정해진 견해 같은 것은 없어요. 매우 자연스럽고, 매우 편안하고, 특별히 해야 할 일도 없고, 무엇이라고 이름 붙일 필요도 없고, 생각으로 헤아리거나 정리할 필요가 전혀 없어요. 그저 있는 그대로가 진실하여 망상에 휘둘리는 불안이 없지요. 법이라는 이름에 해당하는 특별한 무엇이 있는 것은 아닙니다. 법에 있으면 법을 찾거나 법을 가지거나 법을 헤아리는 등의 법으로 인한 일은 전혀 없습니다. 아무 일도 없이 있을 뿐이지요. 편안하고 행복하게 있을 뿐입니다. 만약 법과 법 아닌 것을 나누어 법을 붙잡고 있다면, 그것은 망상입니다.

이런 이야기가 있잖아요? 어느 스님한테 누가 찾아와서 "법이 무엇입니까?"라고 묻자, "밥 먹는 것이다"라고 하니까, "밥 먹는 것은 누구나 하는 일 아닙니까?"라고 다시 되묻죠. 그러자 그 스님이 말하기를, "나는 밥을 먹을 때 밥만 먹지만, 다른 사람들은 밥만 먹는 것이 아니더라"라고 말했답니다. 보통 우리는 밥을 먹으면서 머리로는 밥을 먹는다는 그림을 그리는데, 그림을 그리지 말고 손으로 다만 밥만 먹으라는 겁니다. 물론 그게 말처럼 쉽게 되는 것은 아닙니다. 어쨌든 이것(손가락을 들어 보임) 하나에 간절하다 보면 체험이 옵니다. 그렇게 되면 밥 먹는 것뿐만 아니라 온 우주에 이것(손가락을 들어 보임) 하나밖에 없어요. 다른 게 없어요. 법에 계합하면 다른 일이 없고 문제될 게

126

없어요. 다만 또다시 망상에 끌려가지만 않으면 되는 거예요. 그래서 항상 깨어 있으라, 한순간도 놓치지 말라고 하는 겁니다.

"모든 법은 본래 텅 비어서 집착할 것이 없고"…… 밥 먹는 것을 한 번 보세요. 누가 이렇게(손으로 숟가락질하는 시늉을 하며) 하는 것에 집착할 사람이 있겠습니까? 여기(손으로 숟가락질하는 시늉을 하며)에는 사실 집착할 수가 없어요. 이것(손으로 숟가락질하는 시늉을 하며)에 문득 계합하면 집착이 사라집니다. 집착하려는 습성이 사라져 버려요. 집착하지 않고 집착에서 풀려나 있는 것이 너무나 편안하기 때문에 다시는 집착하는 습성을 따라가고 싶지 않습니다. 집착이란 곧 망상을 짓는 일인데, 관심을 두고 생각이 머물러 있고 애정이 머물러 있으면 곧 집착이요, 망상입니다. 여기 실상에는 전혀 아무것도 없어요. 그야말로 허공이라고 할 만하지요. 집착이라는 게 있을 수가 없어요. 손을 들어도 여기요, 손을 내려도 여기여서 들든 놓든 아무 상관이 없습니다.

생각 속에서 뭔가 하나라도 모습을 그리고 있으면, 그 모습이 모든 정력을 다 빼앗아 가 버립니다. 거기에 사로잡혀서 자유롭지가 못해요. 그런데 아무것도 가지고 있지 않으면, 텅텅 빈 허공처럼 어디에도 걸릴 데가 없어요. 머무를 데도 없고 걸릴 데도 없습니다. 움직이면 움직이는 대로 여기(손가락을 들어 보임)이고, 움직이지 않고 가만히 있으면 가만히 있는 대로 여기(손가락을 들어 보임)에요. 움직이면 움직이는 대로 여법(如法)하고, 움직임이 없으면 움직임이 없는 그대로 여법한 겁니다. 다른 게 없습니다.

법회에선 제가 안 움직일 수가 없으니까, 움직이는 것으로써 계속

이 자리(손가락을 들어 보임)를 보여 드릴 수밖에 없어요. 그것을 옛날 스님들은 대기대용(大機大用)이라고 했어요. 큰 작용이다 이거예요. 움직이는 자리에서 이것을 보여 주는 거예요. 이렇게(손가락 하나를 천천히 아래에서 위쪽으로 들어 보이며) 하면 말이죠, 이것이 분명하고 다른 것이 없단 말입니다. 다른 게 없어요. 언제든지 이것(손가락을 들어 보임)만 쓰고 있습니다. 언제든지 쓰고 있는 이것이에요. 말을 하여 '쓴다(用)'고 하는 것이지, 사실은 '쓴다'라는 개념은 없어요. 그저 행동하는 모든 것이 이것이지, 내가 이것을 쓴다는 것이 아니에요. 그러니까 무위법(無爲法)이라고 하는 겁니다. 분별하여 취하는 것이 아니에요. 어떻게 행동하든 언제나 이것이고, 언제나 여기에 있는 거예요. 늘 이렇게 쓰고 있는 겁니다. 그래서 깨어 있다고 하는 겁니다. 깨어 있으면 한결같이 이것밖에 없지만, 깨어 있지 못하면 이것(손가락을 들어 보임)은 보지 못하고 엉뚱하게도 손가락을 보거나 다른 생각을 하게 되는 겁니다. 그래서 깨어 있으라고 하는 겁니다. 여기(손가락을 들어 보임)에서 탁 통해야 하는 겁니다.

옛날에 어떤 스님은 나무로 만든 공을 가지고 있다가 누가 법이 뭐냐고 물으면 나무로 만든 공을 또르르르 굴리는 거예요. 우리는 보통 공이 굴러가는 것이 내가 굴리니까 그 힘을 받아 관성으로 굴러간다고 생각하는데, 그것은 전부 머리로 이해하고 있는 것일 뿐입니다. 지금 또르르르 하고 구르는 이 순간, 또르르르 하는 이것이 법입니다. 여기에 다른 어떤 것이 개입될 여지가 없습니다. 또르르르 굴러가는 이대로가 법이에요. 타지 스님이란 분은 누가 법을 물으면 다만 땅을 쳤고, 구지 스님은 누가 법을 물으면 다만 손가락을 세웠을 뿐입니다. 법이라고 하여 뭔가 특별한 것이 있다고 오해를 하시면 안 됩니다. 지금까지 언제나 이것만을 써 왔고, 지금 이 순간에도 이것이 있을 뿐입니다. 그런데 '쓴다'라는 생각을 붙이면 그것은 알 수가 없습니다. '쓴다'라는 생각을 붙이지 않으면 지금 그냥 이대로가 전부 법이에요. '쓴다'라는 생각을 안 붙이면 지금 하고 있는 이것이 전부 다 법이라고요. 이 외에 다른 것은 없습니다.

"경계는 뜬구름 같이 모였다가 흩어진다"…… 경계란 무엇이냐? '이것이다'고 할 무엇이 있으면 경계입니다. 머무는 곳이 있으면 경계입니다. 불편하면 경계입니다. 두려우면 경계입니다. 구속되면 경계입니다. 헤아릴 수 있으면 경계입니다. 얻을 수도 있고 잃을 수도 있으면 경계입니다. 싫으면 경계입니다. 좋아서 놓기 싫으면 경계입니다. 불분명하고 희미하면 경계입니다. 지금 눈앞에서 또렷하지 않으면 경계입니다. 의심스러우면 경계입니다. 버리고 싶어도 버리지 못하면 경계입니다. 떠나고 싶어도 떠나지 못하면 경계입니다. 술 취한 것처럼 취해 있으면 경계입니다. 마취된 것처럼 취해 있으면 경계입니다. 무슨 일이든 일이 있으면 경계입니다. 지금 당장 분명하고 아무 일 없는 것이 아니라면 모두가 경계입니다.

경계를 일러 모습(相)이라고 합니다. 《금강경》에서 "무릇 모습으로 있는 것은 전부 허망하다(凡所有相皆是虛妄)"고 하였듯이 모습은 허망하고 경계는 허망합니다. 허망하다는 것은 끊임없이 변한다는 것입니다. 법에는 변화가 없습니다. 그래서 《금강경》에서 "모습을 취하지 않으면 한결같아서 변화가 없다(不取於相如如不動)"고 하는 겁니다. 모든 것이 다 변하는데 이놈(손가락을 들어 보임)은 안 변해요. 변할 만한 뭐가 없어요. 변할 게 없단 말이에요.

경계는 지나가는 것입니다. 아무리 그럴듯하게 다가오고, 큰 의미를 가지고 있고, 큰 영향을 끼치는 경계라고 하더라도, 경계라는 것은 어차피 변해 가는 겁니다. 한마디로 허망한 겁니다. 그렇다고 변하는 경계와 변하지 않는 법이 제각각 따로 있느냐 하면, 그렇지는 않습니다. 눈앞에서 변화하는 경계에 바로 변화 없는 법이 있습니다. 법을 체득(體得)하지 못하면 끊임없이 변하는 경계에 휘말려서 생멸의 사이를 왔다 갔다 해야 하고, 법을 체득하면 한결같이 여기에 있을 뿐입니다. 경계가 아무리 변해도 항상 여기일 뿐입니다. 특별한 것이 전혀 없어요. 변함없이 늘 그대로입니다. 시간도 없고 공간도 없어요. 항상 그대로일 뿐이고, 그래서 갈등이 없어요. 이 부동(不動)의 법을 다이아몬드(金剛)에 비유하기도 합니다. 《금강경》의 이름이 여기에서 왔어요.

30.
忽悟本性元空　본성이 원래 공(空)임을 문득 깨달으면,
恰似熱病得汗　마치 열병에 걸린 사람이 땀을 낸 것과 같다.

참으로 그럴듯한 표현입니다. 이 깨달음이 처음 찾아올 때의 경험을 표현해 보면, 캄캄한 어둠 속에서 갈 길을 찾지 못하고 헤매다가 갑자기 확 밝아지며 어둠이 사라지고 찾고자 하는 욕구도 없어지는데, 마치 오랫동안 집을 잃고 헤매다가 집으로 돌아온 사람처럼 혹은 절망 속에서 다시 살아난 사람처럼 깊은 안도의 숨을 내쉬게 됩니다. 생각으로는 왜 이렇게 되었는지 앞과 뒤가 전혀 정리되지 않지만, 한없이 안도하고 한없이 안락하여 얽히고설켜 있던 포승줄이 갑자기 사라져 버린 듯합니다. 생각으로는 아무 일도 하지 않지만, 아무 문제 없이 전체가 안정되어 버립니다. 그저 그 안도감과 안정감 속에서 푹 쉬고만 싶습니다. 너무 오래 헤매고 다녀서 그렇겠죠. 그러면서 점차 새로운 힘이 솟아납니다. 심신(心身)이 상쾌하기 그지없습니다. 막혀서 갑갑하던 모든 것이 이처럼 쑥 통해 버리면, 마치 열병에 걸린 사람이 땀을 내고 나면 열이 내리고 온몸이 상쾌한 것처럼 되는 겁니다. 이 표현이 참 그럴듯하군요.

"본성이 원래 공(空)임을 문득 깨달으면"…… 깨달음의 체험이 "모든 것이 공(空)임을 이제 알겠다!"라는 생각으로 나타나는 것은 아닙니다. 공이 어디에 있습니까? 공이란 물건은 없어요. '공'이란 이름일 뿐이죠. '공'이라고 하든 다른 무엇이라고 하든 이름은 이름일 뿐입니다. 하나하나의 이름에 대응하여 하나하나의 대상을 지정하는 것이 바로 분별망상입니다. 그러므로 공이라는 이름에 대응하여 공이라는 대상을 찾는다면 분별망상일 뿐, 진실한 공을 체험하는 것이 아닙니다.

그러면 진실한 공의 체험은 어떤 것일까요? 말하자면, 이렇게 이름과 대상을 분별하여 대응시키는 행위에서 해방되는 것입니다. 분별에 묶여 있지 않은 것이지요. 분별에 묶이지 않는 것이 공이므로, "이것이 바로 공의 체험이다" 하고 분별하지는 않습니다. 아마도 모든 분별에서 해방되어 의지하고 있는 무엇이 없으므로 억지로 분별하여 공(空)이라고 이름 붙인 것 같습니다. 그러므로 공은 분별에 의지하여 분별을 통하여 체험할 수는 절대로 없습니다. 분별에서 해방되는 체험이 분별을 통하여 이루어질 수는 없는 것입니다.

공의 체험은 분별과 집착이 앞장서 날뛰지 않고 믿음과 갈구(渴求)가 앞서 있을 때에 일어납니다. 공의 체험에 필요한 것은 분별이 아니라 믿음과 갈구입니다. 가장 필요한 것은 믿음이고, 믿음이 있으면 자연히 실현되기를 바라므로 갈구가 뒤따라옵니다. 분별은 어떤 길이 바른 길인가를 판단하여 믿음을 강화시켜 주는 역할 정도를 할 뿐이고, 분별을 통하여 직접 공을 체험할 수는 없습니다. 믿음은 공이라는 이름의 진리에 대한 믿음이기도 하지만, 현실적으로는 의지하고 있는 선지식 즉 스승에 대한 믿음입니다. 스승의 어떤 점에 대한 믿음이냐 하면, 이 스승을 통하여 진리를 체험할 수 있다고 믿는 것입니다. 믿음은 경건(敬虔)함을 만듭니다. 진리 앞에서 경건하고 진지하고 성실하지 않으면 결코 진리와 만날 수 없습니다. 경건함이란 곧 자기 자신이라는 아상을 버리는 길입니다. 자기를 버려야 진리가 실현되는 것입니다. 만약 스승에 대한 믿음과 진리를 실현하고자 하는 갈구가 충분하면, 어느 때인가는 반드시 진리를 실현하게 됩니다. 공을 체험하는 것이지요.

이리하여 비로소 공을 체험하여도 처음부터 공에 익숙하지는 않습니다. 진실로 공을 체험한다면 공에서 다시 멀어지지는 않지만, 그렇다고 처음부터 공에 익숙하지도 않습니다. 여전히 습관적인 분별과 집착에 익숙하고 공에는 낯이 섭니다. 이제부터는 낯선 공에 익숙해져 가는 것이 공부가 됩니다. 공을 체험하기 전에는 공을 찾아 헤매는 것이 공부였다면, 공을 체험하고부터는 공에 익숙해져 가는 것이 공부가 됩니다. 그리하여 상당한 세월 동안 공에 익숙해지면 분별과 집착은 더욱더 가볍게 됩니다. 이것이 깨달음의 효험입니다. 깨달음은

"이것이 깨달음이다"고 하는 어떤 이론적 도식을 세우는 것이 결코 아닙니다. 깨달음은 분별과 집착에서 벗어난 자유와 안정이라는 실제적 효험 속에 있는 것입니다. 그러므로 깨달음에 존재하는 것이지, 깨달음을 알고 있는 것은 아닙니다.

매 순간 깨달음에 존재하여 시비분별에서 벗어나게 되면, 모든 행위와 모든 경험 속에서 늘 해탈이고, 늘 자유이고, 늘 공(空)이고, 늘 깨달음이고, 늘 진실이고, 늘 이것이고, 늘 평화이고, 늘 안정이고, 늘 본성이고, 늘 부처이고, 늘 불성이고, 늘 견성입니다. 이것이 우리 존재의 본래 모습입니다. 그래서 깨달음을 본래면목(本來面目)이라고 합니다.

31.

無智人前莫說　지혜 없는 사람 앞에서는 말하지 말지니,
打爾色身星散　그의 몸뚱이를 별똥처럼 흩어 버리게 될 것이다.

지혜 없는 사람은 어떤 사람일까요? 믿음이 없는 사람입니다. 믿음이 없으면 진리 앞에 경건함도 없고, 진리를 실현하고자 하는 갈구도 없고, 오로지 분별에 의지하여 지식을 늘릴 생각만 합니다. 이런 사람은 분별에 의지하므로 시비(是非)가 끊이지 않으며, 지식을 많이 가진 것을 자랑으로 여기므로 잘난 체하는 아만(我慢)이 하늘을 찌릅니다. 이렇게 지혜가 없는 사람은 자기 나름의 지식과 분별에 근거한 판단 기준을 갖추고 있어서 그 판단 기준에 맞는 말만을 듣고, 맞지 않는 말은 배척합니다. 그러므로 자신이 만든 테두리를 벗어날 길이 없습니다.

이런 지혜 없는 사람 앞에서는 이 공(空)을, 이 법(法)을 말하기가 대단히 어렵습니다. 《노자도덕경》 17장에 보면 이런 말이 있습니다. "가장 뛰어난 사람은 도가 있는지를 알지 못하고, 그 다음으로 뛰어난 사람은 도를 좋아하면서 기리고, 그 다음 사람은 도를 두려워하고, 그 다음 사람은 도를 욕한다. 믿음이 충분하지 않으면, 있는 것도 믿지를 못한다(太上 不知有之, 其次 親而譽之, 其次 畏之, 其次 侮之 信不足焉, 有不信焉)." 이제까지 제가 해 온 이런 이야기를 지혜 없는 사람, 즉 믿음이 없는 사람에게 이야기하면, 아마 그들은 제 말의 어떤 내용을 붙잡고 옳으니 그르니 하고 시비할 것이 틀림없습니다. 실제로 그런 경우들을 여러 차례 겪었습니다. 앞뒤 말을 거두절미하고 한 구절만 쏙 끄집어내어 시비하는 사람도 있습니다.

이들은 믿음이 없으므로 오로지 자신의 판단 기준만을 고집하고, 제 말을 들으려고 하지를 않습니다. 이들에게는 끝내 시비만 들끓을 뿐, 공부는 없습니다. 배울 수 있는 자세를 갖추어야 공부할 수 있습니다. 배울 수 있는 기초적인 자세란 아직 믿음이 없더라도 진지하게 귀를 기울여 듣는 것입니다. 진지하게 귀를 기울여 들으면, 자신에게 도움 되는 것은 소화되어 남아 있고, 자신에게 해가 되는 것은 그대로 흘러 나가 버립니다. 자신의 깨달음이 아직 확고하지 못하여 공부 중에 있다면, 경건하고 진지한 자세, 하심(下心)하는 자세가 반드시 필요합니다.

사실 깨달음이라고 하는 이 체험은 일상적으로 누구나가 경험하고 있는 그런 객관적인 경험이 아닙니다. 오직 직접 체험함으로써 확인할 수 있고, 체험한 사람들끼리만 그 경험을 서로 공유할 수 있습니다.

아직 체험 없는 사람이 체험한 선지식의 말을 몇 번 들었다고 하여 그 말의 진위(眞僞)나 그 말의 참된 내용을 알아들을 수는 없습니다. 그러므로 아직 체험이 없는 사람은 우선 그 체험자의 말에 귀를 기울여야 합니다. 자신의 견해에 근거한 판단 기준에만 의지한다면 배울 수가 없습니다. 상당한 기간 동안 그 말에 귀를 기울여 진지하게 들어야만 비로소 자신이 체험한 적이 없는 사실에 대한 믿음도 생기고 바른 공부의 길로 나아가게 되는 것입니다. 그러므로 이 공부를 하려는 사람은 우선 선지식의 설법에 귀를 기울일 줄 알아야 합니다. 어떤 바라문 철학자가 형이상학적 질문을 하자, 석가모니가 그 질문에 답하는 대신 우선 1년 동안 자신의 설법에 귀를 기울일 것을 요구한 것도 이런 이유에서입니다.

선지식의 설법에 귀를 기울이려면, 자신이 아직 깨닫지 못했다는 사실을 직시하고 인정하는 것이 필요합니다. 스스로가 미흡하다는 사실을 인정해야만 배우는 자세가 나옵니다. 스스로가 미흡하다는 사실을 인정하려면, 지금까지 의지하고 있었던 지식과 견해에 더 이상 의지하지 말아야 합니다. 지식과 견해를 버리면, 오직 실제 체험만이 의지할 수 있는 유일한 것입니다. 그러므로 지식과 견해를 버리면 실제 체험을 추구하지 않을 수가 없는 것입니다. 실제 체험만을 오로지 추구할 때, 비로소 공부할 자세가 조금 갖추어졌다고 하겠습니다. 실제 체험에는 많고 적고가 없습니다. 오직 체험했느냐 안 했느냐의 두 가지가 있을 뿐입니다. 그러므로 분명한 깨달음의 체험이 없다면 언제나 초심자(初心者)일 뿐입니다. 이처럼 언제나 초심자의 자세로 공부하는 것이 공부하는 바른 자세입니다.

이 법은 눈에 보이지는 않지만 귀중하고 소중한 겁니다. 이 법이 곧 우리 자신입니다. 그래서 본래면목이니 본질이니 합니다. 본질이기 때문에 우리가 신경을 쓰지 않아도 언제나 여기에 있습니다. 그러니까 우리가 그 가치를 모르는 거예요. "이게 아무것도 아니지만 정말 중요한 것이다!"라고 그 가치를 알아내고 드러낸 분들이 석가모니니 달마니 하는 분들이에요. 알고 보면 법이 유일한 존재이므로 유일한 가치입니다. 모든 것이 여기에서 나타나고 여기에서 사라지므로 이것이 가장 위대한 것이죠.

이것은 본래부터 저절로 갖추어져 있는 것이니까 우리 대다수는 여기에 관심을 두지 않습니다. 그런데 우리가 법에 관심을 두지 않으면 법도 우리에게 관심을 두지 않습니다. 사람이 도에 관심을 가져야지 도가 사람에게 관심을 가지진 않습니다. 우리가 애정과 관심을 가져야 겨우 도의 가치를 알고 그것에 다가갈 수 있는 것입니다. 공부하는 사람들은 도의 귀중함을 알아야 합니다. "이것이야말로 가장 중요한 일이다"라는 마음가짐이 되어 있어야 하는 겁니다.

공부하는 사람들은 항상 오직 이것(손가락을 들어 보임) 하나! 이것 하나만 분명하고 확실하면, 이 자리에서 당장 쉬어 버립니다. 그렇게 성가시게 설치던 생각이란 놈이 자취를 감추어 버리는 겁니다. 그러니까 할 일이 없어지는 거예요. 사실 인생이란 생각과의 싸움입니다. 이 생각 저 생각 붙잡고 싸우다가 세월 다 보내는 게 인생이잖아요? 생각과 싸우면서 온갖 희로애락을 다 겪는 것이 인생이잖습니까? 그런데 이 자리(손가락을 들어 보임)를 만나게 되면 생각이란 놈이 어디로 가는지 자취를 감춰 버려요. 본성 하나만이 있는 거죠.

생각과 싸우지 않으면 아무 일이 없어요. 아이들을 보면 알 수 있는데, 아이들한테 주사 놓는다고 말하면, 아직 주사 바늘이 들어가지도 않았는데 공포에 질려서 울고 있어요. 사실 주사 맞는 그 순간은 그렇게 고통스럽거나 두려운 게 아닌데, 두려움은 그 전에 있는 거예요. 생각이란 놈은 그렇게 우리를 괴롭히는 겁니다. 우리는 생각 하나에 끝장이 날 수도 있습니다. 말 한 마디로 사람을 죽일 수 있습니다. 생각 하나가 우리를 죽이고 살리고 하는 겁니다.

그런데 본성을 깨달으면 생각의 속박에서 풀려납니다. 본성이 깨어 있으면 생각이 힘을 발휘하지 못해요. 그러다가 어느 순간 졸면, 언제 나타났는지 다시 생각이 나타나서는 우리를 끌고 가 버립니다. 생각에 따라가 버리면 우리는 꼼짝 못하고 생각의 노예가 되어 버리는 겁니다. 늘 법의 자리에 깨어 있으면 아무 일이 없습니다. 아무 일이 없는 게 좋은 것입니다. 일 없는 그것이 제일 좋은 거예요. 별 일 없는 게 좋은 거죠. 이 자리(손가락을 들어 보임)에 있으면 아무 일이 없어요. 생각을 따라가니까 온갖 일이 있는 겁니다. 아무튼 이것(손가락을 들어 보임)을 어서 빨리 체험하셔서 늘 여기에서 일 없이 편안하시기 바랍니다.

일곱 번째 법문

32.

報爾衆生直道　그대 중생에게 바른 도(道)를 알려 주노니,

非有卽是非無　'있지 않음'이 곧 '없지 않음'이니라.

33.

非有非無不二　'있지 않음'과 '없지 않음'은 둘이 아니니,

何須對有論虛　무엇 때문에 '있음'에 대하여 '없음'을 논하랴?

34.

有無妄心立號　'있음'과 '없음'은 망령된 마음이 세운 이름이라,

一破一箇不居　한 번 부수면 하나도 남지 않는다.

35.

兩名由爾情作　두 이름은 그대의 정식(情識)5)으로 말미암아 생기니,
無情卽本眞如　정식이 없으면 본래 진여이다.

36.

若欲存情覓佛　만약 정식을 가지고 부처를 찾으려 한다면,
將網山上羅魚　그물을 가지고 산에서 고기를 잡으려 하는 것과 같다.

5) 정식(情識): 감정과 의식을 통한 사려분별. 식정(識情).

32.

報爾衆生直道　그대 중생에게 바른 도(道)를 알려 주노니,
非有卽是非無　'있지 않음'이 곧 '없지 않음'이니라.

　"그대 중생에게 바른 도를 알려 주노니"라는 말을 언뜻 보면, 우리
는 중생이고 지공화상은 부처라서 바른 도를 주는구나, 라고 생각됩
니다만, 그렇게 생각해서는 결코 바른 도를 볼 수가 없습니다. 그럼 어
떻게 해야 할까요? "그대 중생에게 바른 도를 알려 주노니"라는 이 말
이 바로 바른 도입니다. 그래서 '그대'도 없고, '중생'도 없고, '바른
도'도 없고, '알려 줌'도 없지만, "그대 중생에게 바른 도를 알려 주노
니", 이렇게 말하는 일은 있단 말이죠. 이것이 바로 바른 도입니다. 말
을 따라가지 않으면 모든 말이 바른 도 아님이 없어요. '바른 도'라는
말을 따라가지 않으면 "바– 른– 도–"라고 말하는 이것이 바로 바른
도입니다. 말을 따라가 버리면 여기에는 말밖에 없습니다.
　《금강경》에서는 약견제상비상즉견여래(若見諸相非相卽見如來)라고

했는데, 상(相)은 명(名)으로 바꿀 수 있습니다. 약견제명비명즉견여래(若見諸名非名卽見如來)라고 할 수 있는 것입니다. 이름과 모양은 기본적으로 같은 것입니다. 생각 속에 있을 때는 모양이고, 입으로 나오면 이름이죠. 이름을 이름으로 보고, 모양을 모양으로 보고 있는 동안에는 아무리 해도 부처를 볼 수가 없어요. 이름을 따라가지 않고 생각을 따라가지 않으면 모든 분별이 사라져서 언제나 부처 아님이 없어요. 어떤 이름을 부르든 어떤 생각을 하든 다 부처입니다.

이 '부처'라는 이름도 '부처'라는 이름을 따라가면 망상입니다. 그런데 이름을 따라가지 않으면 "부ー처ー"라는 말이 그대로 부처예요. '도'라고 하는 것도 도가도비상도(道可道非常道)라고 하지 않았습니까? 도를 도라고 한다면, 즉 '도'라는 말을 따라가 버린다면 상도(常道)가 아니에요. 도니, 불법이니 하는 것은 평등하여 차별이 없습니다. 여여부동(如如不動)이라고 하지요? 불생불멸(不生不滅)이니 무생법인(無生法忍)이니 하는 말들이 모두 같은 뜻이에요. 차별이 없다는 즉 다름이 없다는 말입니다. 말을 따라가고 모양을 따라가니까 여러 가지로 달라지지만, 따라가지 않을 수 있다면 언제든 결코 달라질 것은 없어요. "같다", "둘이 아니다", "여여하다", "차별이 없다"라고 하는 것도 방편상 어쩔 수 없이 하는 말일 뿐이에요. 사실 이런 말조차도 진실이 아닌 말일 뿐입니다. 언제든 여기(손가락을 들어 보임)에 통해 버리면, 생각에 걸리지 않고 한결같을 뿐입니다.

제가 "이것(손가락을 들어 보임) 하나뿐이다"라고 하는 것도 꽉 막혀 있는 사람들을 통하도록 하기 위하여 어쩔 수 없이 사용하는 약일 뿐입니다. '이것'이라는 말이 가리키는 어떤 사물은 없어요. 이것이지, '이것'이 가리키는 대상은 없어요. 바로 이것뿐이고, '이것'이 가리키는 대상은 없어요. 그러므로 '이것'은 의미 없는 말입니다. 단지 '이것'으로 진실을 바로 드러내고 있을 뿐입니다. 예컨대 "법이 뭡니까?"라고 물을 때 (죽비를 들어 보이며) "이것입니다"라고 합니다. 그렇다고 죽비를 드는 것이 바로 법이라고 생각하면 안 됩니다. 죽비를 들면 도가 있고, 안 들면 도가 없는 것이 아니기 때문입니다. 도는 불생불멸이라고 경전에 나와 있듯이, 생겨나는 것도 아니고 사라지는 것도 아니에요.

도는 인연법이 아닙니다. 인연으로 생겨나고 인연으로 사라지는 게 아니에요. 인연은 겉으로 보기에 언제나 왔다 갔다 하므로 생멸법이라 합니다. 의식이 바로 인연법입니다. 슬픈 일이 있으면 슬픔을 느끼고, 눈앞에 손바닥이 나타나면 손바닥을 보는 게 의식입니다. 의식이 인연법이기 때문에 인연법 위에서 도를 이야기하는 것이지요. 도가 곧 인연법이지만, 인연법이 도일 때에는 생멸하는 인연법이 아닙니다. 우리의 의식이 인연법을 따라다니니까, "도가 뭡니까?" 하면 이렇게(죽비를 들어 보임) 하는 겁니다. 이(죽비를 들어 보임) 인연법은 한 치의 틈도 없이 그대로 온전히 도입니다. 전혀 다름이 없어요. 다만 이것(죽비를 들어 보임)입니다. 그러나 여기에 도라는 것이 있다고 하면 바로 분별심에 떨어진 것입니다.

"'있지 않음'이 곧 '없지 않음'이니라"······ "있지 않다(非有)"는 말은 도라는 게 따로 없다는 겁니다. 도라는 것은 이름만 도이지, "이것이 도다, 저것이 도다"라고 가리킬 물건은 없어요. 그런데 "도는 있지 않다"라고 하는데, 지금 "도는 있지 않다"라고 말하는 이것은 무엇일까요? "도는 있지 않다"라고 말하고 있으니, 무조건 아무것도 없다고 할 수는 없어요. "아무것도 없다"라고 생각하고 말하고 있는 사실은 분명하기 때문이지요. "도는 있지 않다"고 하는 그 말의 뜻을 따라가면 도가 없겠지만, 분명 "도는 있지 않다"고 생각하고 말하고 있으므로 온통 아무것도 없기만 한 것은 아닙니다. 그러므로 결국 있다느니 없다느니 하는 것은 말일 뿐이고, 실재와는 상관이 없는 것입니다. 적어도 개별적 사물이 아닌 도의 경우에는 그렇습니다. 도에 관한 모든 말은 그저 말일 뿐, 실제 도와는 아무 상관이 없는 것입니다. 예컨대 "도는 있다"라고 해도 도라고 부르는 어떤 물건을 찾을 수는 없는 것입니다. '있다' '없다' 하는 것은 단순히 말소리의 차이일 뿐이고, '있다' 하거나 '없다'고 말하고 있는 이 사실에는 아무 차이가 없습니다. 그러므로 분별심을 가지고 도를 판단할 수는 없습니다.

그래서 도를 확인하는 방법은 생각으로 판단하거나 말로 이해하는 것이 아니라, 오로지 바로 지금 여기에서 직접 체험을 통해서만 확인이 가능한 것입니다. 다른 방법이 없습니다. 그것을 견성(見性)이라고 합니다. "성품을 본다(見性)" "도를 깨닫는다(悟道)"라고 하지만, 이것 역시 말을 따라 이해하면 속습니다. 황벽 스님에게 "성품을 어떻게 봅니까?"라고 물으니까 스님이 답하기를, "보는 것이 곧 성품이니라, 견(見)이 곧 성(性)이다"라고 답했어요. 우리가 보고 있든, 듣고 있든, 생각하고 있든, 언제나 여기에 있습니다. 바로 지금 이렇게 있단 말입니다. 그런데 이것을 헤아리고 분별하면 어긋나는 것입니다. 예컨대 "보는 자는 보이는 대상을 보는 것인데, 어떻게 스스로를 보겠는가?"라는 등으로 헤아린다면, 생각만을 따라다닐 뿐 실재하는 이것을 확인하지는 못하는 것입니다.

144

체험은 지금 바로 여기(죽비를 들어 보임)입니다. 지금 여기(죽비를 들어 보임)에 있는 것이지요. 이것이 아니면 전부 망상입니다. 여기(죽비를 들어 보임)에 틈이 있어서는 안 됩니다. 생각이 개입되면 안 되는 거죠. 말하자면 이 순간에, 죽비니 뭐니 하는 모든 분별이 사라지고 다만 분별없는 여기에 밝게 깨어 있는 것입니다.

33.

非有非無不二　'있지 않음'과 '없지 않음'은 둘이 아니니,

何須對有論虛　무엇 때문에 '있음'에 대하여 '없음'을 논하랴?

　'있음'과 '없음'을 나누는 것은 이른바 분별심이라고 하는 것입니다. 우리가 보통 마음공부라고 하면 흔히 번뇌망상을 없애고 적멸한 삼매를 얻어야 한다고 합니다. 언뜻 보면 그것이 상당히 맞는 이야기 같아요. 그러나 그러한 공부는 보편성이 없습니다. 부자연스러워요. 번뇌망상이 따로 있고, 번뇌망상이 제거된 적멸의 즐거움이 따로 있다면 그것은 이법(二法)이에요. 공부가 둘이 되어서 그 둘 사이를 왔다 갔다 하는 거예요. 분별에 속는 겁니다. 이렇게 되면 법(法)이 따로 있고, 비법(非法)이 따로 있게 됩니다. 삼매에 들어 있으면 법이 되고, 삼매에서 빠져나오게 되면 비법이 돼요. 또는 삼매에 들어 있으면 법도 비법도 없고, 삼매에서 빠져나와서 보면 법과 비법이 따로 있게 되는 식이에요. 이것은 분별입니다.

　《육조단경》에서는 한마디 말을 듣고 견성하면 전쟁터에서 칼을 휘두르며 싸움을 하더라도 어긋남이 없다고 했습니다. 이렇게 되어야

하는 것입니다. 육조 혜능이 오랫동안 삼매에 들어서 그렇게 견성한 것입니까? 그렇지 않습니다. 법이란 것이 본래 그런 것입니다. 둘로 나누어 보는 망상만 하지 않으면 원래 둘이 없는 것입니다. 원래 다른 게 없는 것입니다. 사실 "이것은 법이고, 저것은 망상이다"라고 지정할 무슨 물건은 없습니다.

그러나 분별심에서 풀려나는 체험이 있기 전에는 아무리 해도 분별을 벗어나지 못합니다. 그리하여 법이 있고 비법이 있고, 삼매가 있고 번뇌가 있고, 이렇게 분별하지 않을 수가 없어요. 이럴 때에는 "분별을 따라가지 않으면 둘이 없다"고 가르치지만, "생각을 따라간다"고 말하든 "따라가지 않는다"고 말하든, 진실은 다만 지금 이것(죽비를 들어 보임)뿐입니다.

마음은 본래 둘이 없는데 분별로 인해 둘이 나오니 분별을 떠나 본래 둘이 없는 마음에 계합해야 한다는 등의 말들을 방편이라고 합니다. 방편이란 아픈 사람에게 사용하는 약과 같은 것으로서, 병이 낫고 나면 필요가 없는 것입니다. 도(道)를 가르치는 모든 말은 전부 방편입니다. '있음'을 말하고 '없음'을 말하는 것 역시 방편입니다. 방편은 분별심을 치유하기 위하여 분별심을 사용하지만, 진실에서는 방편과 진실이라는 분별이 없습니다. 모든 것이 다만 이것(죽비를 들어 보임)뿐입니다. 여기(죽비를 들어 보임)에는 방편도 진실도 없습니다. 다만 이것(죽비를 들어 보임)일 뿐이죠.

34.

有無妄心立號   '있음'과 '없음'은 망령된 마음이 세운 이름이라,

146

一破一箇不居   한 번 부수면 하나도 남지 않는다.

　망령된 마음이란 곧 분별심입니다. 분별심은 분별하는 수단으로 이름을 만들고 이름을 따라서 이것과 저것을 분별합니다. 이름을 따라서 이것저것 분별하지 않는다면, 지금 유(有), 무(無), 망(妄), 심(心)……무슨 달라짐이 있습니까? 이름을 따라가지 않는다면, 유(有), 무(無), 망(妄), 심(心)…… 여기에 어떤 다름이 있습니까? 유(有)도 이것(죽비를 들어 보임)이요, 무(無)도 이것(죽비를 들어 보임)이요, 망(妄)도 이것(죽비를 들어 보임)이요, 심(心)도 이것(죽비를 들어 보임)일 뿐입니다.

　"한 번 부수면 하나도 남지 않는다"…… 어떻게 한 번 부서져야 하나도 남지 않을까? 이것을 불교 교리로 말하면, 이른바 연기법(緣起法)입니다. 불교 교리에서는 유(有)와 무(無)라는 것이 서로 의지하여 성립된 것이니까 유가 없으면 무도 없다고 합니다. 즉, 유와 무는 서로 연기(緣起)하여 나타나는 것이므로, 연기할 때에는 동시에 있는 듯하다가, 연기를 놓아 버리고 중도(中道)로 돌아가면 유도 무도 없다고 합니다. 이때 중도로 돌아가는 것은 한 번이면 족합니다. 일단 중도에 발을 딛고 있으면 모든 분별에서 해방됩니다. 마음은 하나인데 분별의 방향으로 기울어지면 모든 것들이 분별되게 나타나고, 중도에 머물러 있으면 어디에도 분별은 없습니다.

　그러므로 한 번 부서진다는 것은 곧 분별이 부서지는 것입니다. 분별심으로 이름을 따라가는 이것만 부서지면 이것과 저것, 이것과 다른 것의 분별이 모두 부서집니다. "한 번만 부서지면 머물 곳이 한 곳도 없다"라고 번역할 수도 있겠네요. 분별심이 부서져 버리면 어디에도 머물 곳이 없습니다. 본래 따로 머물 곳이 없으니, 언제나 머무는 곳이 바로 진실인 것입니다. 지금 바로 이것(죽비를 들어 보임)이 진실입니다. 진실한 곳이 달리 없습니다.

결국 이것 하나(손가락을 들어 보임)일 뿐이에요. '하나'라는 말은 이것(손가락을 들어 보임)밖에 다른 것이 없다는 말입니다. 분별심에 속지 않으면 따로 있는 것은 없습니다. 눈길 닿는 곳마다, 발길 닿는 곳마다, 손길 닿는 곳마다 이것(손가락을 들어 보임)뿐입니다. 그래서 도를 상도(常道)라 하고, 법은 진여(眞如)라 합니다. 한결같아서 다른 것이 없다는 말입니다. 이것과 저것을 구별해서 이것을 버리고 저것을 취하는 식으로 따라다니기 시작하면, 그 순간에 바로 어긋나 버립니다.

35.
兩名由爾情作 두 이름은 그대의 정식(情識)으로 말미암아 생기니,
無情卽本眞如 정식이 없으면 본래 진여이다.

정식이란 게 무엇인가? 바로 분별심입니다. 정식이란 분별하는 의식(意識)입니다. 정(情)이라는 것은 이른바 오욕칠정(五慾七情)이지만, 오욕칠정은 모두 분별로 말미암아 나타나고, 분별로 말미암아 오욕칠정에 다시 끌려 다닙니다. 분노가 일어나면 분노에 끌려가고, 즐거움이 일어나면 즐거움에 끌려가고, 슬픔이 일어나면 슬픔에 끌려가고, 기쁨이 일어나면 기쁨에 끌려갑니다. 이 모두가 분별로 말미암아 일어나고, 분별로 말미암아 끌려 다닙니다.

정식 곧 분별로 말미암아 이것과 저것이 연기(緣起)하는 것입니다.

148

이것이 있으므로 저것이 있고, 저것이 있으므로 이것이 있고, 이것이 없으면 저것이 없고, 저것이 없으면 이것이 없다는 연기법(緣起法)이 바로 분별심(分別心)입니다. 그러므로 분별심에서는 언제나 이것과 저것이라는 둘이 성립하는 것입니다. 둘이 동시에 성립하므로 분별이라 이름하고 연기라 이름합니다. 분별에서는 언제나 마음이 이것에 머물거나 저것에 머물려고 합니다. 분별에서는 마음은 언제나 이것과 저것이라는 장애에 가로막혀 머물게 됩니다. 이것과 저것을 나누고 이것과 저것에 머무는 것이 바로 분별심입니다.

그러므로 연기법이 중도(中道)가 되려면 머묾이 없어져야 합니다. 이것에도 머물지 않고 저것에도 머물지 않으면, 마음은 갈 곳이 없어집니다. 갈 곳이 없어지면 분별은 사라지는 거죠. 어디에도 머물지 않으려면 어떻게 해야 할까요? 어떻게 하려고 하지 마십시오. 다만 이것(손가락을 들어 보임)입니다. 이것(손가락을 들어 보임)뿐입니다. 아무런 판단을 하지 마십시오. 다만 이것(손가락을 들어 보임)입니다. 이것이라고 생각하지 마십시오. 다만 이것(손가락을 들어 보임)입니다. 어떤 생각도 판단도 없이 다만 이것(손가락을 들어 보임)일 때, 어디에도 머물지 않으면서 어디에서도 이탈하지 않습니다. 머물고 머물지 않고 하는 차별이 없습니다. 이것이니 저것이니 하는 판단도 없지요. 아무런 생각도 판단도 없고, 어디에도 끄달림이 없고, 분별심이니 깨달음이니 하는 문제에서 벗어나 버립니다. 모든 문제에서 벗어나 본래 있던 그대로 있을 뿐입니다. 아무 부족함이나 문제를 느끼지 않습니다. 처음에 문제가 사라진 안도감 외에 특별한 만족의 기쁨이 있는 것도 아닙니다. 그저 아무 문제가 없어요. 일 없는 자의 한가로움이 조금 있군요.

"정식이 없으면 본래 진여이다"…… 여기서 조심해야 할 것은, "그렇다면 정식을 없애야 진여를 얻을 수 있는가 보다"라고 생각하는 것입니다. 정식을 없애 진여가 되는 것이 아닙니다. 정확히 말하면, 정식이니 진여니 하는 문제에서 벗어났을 때를 일컬어 진여라고 합니다. 정식을 버리지도 않고 진여를 붙잡지도 않을 때 비로소 진여라고 부르는 것입니다.

말을 한다는 것은 분별을 한다는 것입니다. 분별을 통하여 말이 성립되기 때문에 말은 분별을 벗어나지 못하는 한계를 가지고 있습니다. 분별을 벗어나 말로 할 수 없는 진여를 억지로 말하려다 보니, 말에서 늘 오해가 생기는 것입니다. 그렇지만 입을 다물고 있어서는 가르치고 배우는 일이 있을 수 없으므로 어쩔 수 없이 이런저런 말들을 하게 되지만, 진여는 결코 말로써 판단되는 것이 아니며 분별인 말을 벗어날 때 바로 진여 속에 있을 수 있음을 명심해야 합니다. 그렇지 않으면 공부하는 사람이 결국 분별 속에서 가장 그럴듯한 견해를 짓는 것을 진여라고 착각하게 되는 오류가 일어납니다. 손가락을 잊고 달을 보라 하고, 물을 건너면 뗏목을 버리라 하고, 물고기를 잡으면 그물을 버리라 하고, 우는 아이를 달래는 가짜 돈이라 하듯이, 말은 어쩔 수 없어서 사용하는 수단 방편일 뿐입니다. 그러므로 언제나 공부하는 사람은 말이라는 수단 방편이 진실로 가리키는 것에 관심을 가져야지 말에 매여서는 안 됩니다.

말이라는 방편은 마치 공 받기 놀이에서 던져 주는 공과 같습니다. 공이 날아오면 바로 받아야 하고, 그 순간을 놓치면 헛일이 되는 것입니다. 그와 같이 한마디 가르치는 말을 듣는 순간 온갖 분별망상을 놓아 버리고 바로 쉬어 버리면 됩니다. 그렇지 않고 그 말을 이리저리 헤아리며 곱씹어 보아야 분별망상만 더할 뿐입니다. 언제나 설법은 행해지고 있으니 언제나 기회는 옵니다. 이번 공은 놓치지 말아야지 하고 온 마음을 쏟고 있으면, 어느 순간 자기도 모르게 손이 나아가 공을 받게 됩니다. 자기도 모르게 그런 힘이 발휘되는 것입니다. 그러므로 공부하는 사람은 언제나 모든 관심과 애정을 쏟아서 설법에 귀를 기울이고 있어야 합니다. 물론 관심과 애정을 쏟는 것도 힘들여 억지로 하지 말고 자연스러워야 합니다. 힘들여 억지로 하는 것은 모두 욕심과 생각이 앞서는 것인데, 그러면 자연스럽지 못하여 헛손질하게 됩니다. 그야말로 가슴 속 깊은 곳에서 우러나오는 자연스러운 관심이어야 하는 것입니다.

설법 속에서 공은 언제나 날아옵니다. 설법은 언제나 직지인심(直指人心)을 행하기 때문에, 항상 마음이라는 공을 던져 주는 것입니다. 마음의 공을 잡고자 하는 일념으로 한결같이 설법에 귀를 기울이다 보면, 어느 순간 자신도 모르게 손이 나아가 날아오는 공을 받게 됩니다. 공을 받는 순간 모든 분별망상이 쉬어집니다. 그런 뒤에 보면, 공을 놓치지 않고 받을 수 있는 능력을 본래 가지고 태어났음을 알 수가 있습니다. 그러므로 이것을 설명하여, 지금까지 공을 놓치고 있었던 것은 분별심이라는 정식 때문이었다고 말하는 것입니다. 정식이 없으면 본래 그대로가 진여인 것이지요. 육조 혜능이 "법은 하나인데, 사람이 미혹에 빠져 있거나 깨닫거나 하는 차별이 있다"고 말한 것이 바로 이것을 가리킵니다.

36.

若欲存情覓佛　만약 정식을 가지고 부처를 찾으려 한다면,

將網山上羅魚　그물을 가지고 산에서 고기를 잡으려 하는 것과 같다.

　　분별하여 이름을 나누고 생각으로 헤아려 부처 즉 깨달음을 찾으려
한다면, 좋아하고 싫어함을 따르고 옳고 그름을 따라서 부처를 찾으
려 한다면, 높고 낮음을 구별하고 깨달음과 어리석음을 구별해서 부
처를 찾으려 한다면, 한마디로 말에 따라서 생각을 따라서 부처를 찾
으려 한다면,

　　"그물을 가지고 산에서 고기를 잡으려 하는 것과 같다"…… 있을 수
없는 일이라는 말입니다. 분별심인 정식을 벗어나는 것이 공부이고,
정식을 벗어나려면 진실한 관심을 가지고 가르침에 성실하게 귀를 기
울여야 합니다. 배우는 사람이 할 일은 진실한 관심을 가지고 성실하
게 귀 기울이는 것 외에는 할 일이 없습니다. 깨달음은 다가오는 것이
고 주어지는 것이지, 내가 노력하여 성취하거나 어떤 방법을 통하여
얻는 것이 아닙니다. 《금강경》이나 《반야심경》에서 얻을 수 있는 법이
없다고 하는 말이 바로 이것을 가리킵니다. 진인사대천명(盡人事待天
命)입니다. 내가 할 수 있는 최선을 다하고 결과는 하늘에 맡긴다는 것
이죠. 이 공부가 그렇습니다. 이 공부는 지식으로 이해하거나 실험과
관찰로 탐구하는 것이 아닙니다. 그렇기 때문에 내가 판단하여 할 수
있는 일은 없습니다. 다만 진실한 관심을 가지고 성실하게 가르침에
귀 기울이다 보면, 어느 때에 문득 마음이 열리고 모든 의문이 사라집
니다. 이 공부를 유위(有爲)의 공부가 아니라 무위(無爲)의 공부라고 하

는 이유가 여기에 있습니다.

그러므로 이 공부에서는 우선 가르치는 선지식을 믿어야 합니다. 선지식을 믿는 것은 곧 진리를 믿는 것이고, 결국 자신의 진실을 믿는 것입니다. 자기 내면의 의문과 갈증을 풀기 위하여 선지식을 믿고 그 가르침에 귀를 잘 기울이는 것이 곧 참선(參禪)이요, 마음공부입니다. 정말로 내면의 갈증이 진지할 때, 그 해결은 선지식의 도움으로 자신에게서 일어납니다. 그러므로 공부의 성패는 얼마나 진지하고 성실하게 자기 내면의 갈증에 응답하느냐와 얼마나 좋은 선지식을 만나느냐에 달려 있습니다. 우선 자기 내면의 참된 요구를 돌아보고 그 요구에 응하여야 합니다. 그러면 자연히 그 요구에 답해 줄 선지식을 찾게 됩니다. 자기 자신에게 진실할수록 좋은 선지식을 보는 눈도 밝아집니다. 지식은 자기의 참된 내면이 아닙니다. 지식은 외부에서 얻은 것을 간직하고 있는 것입니다. 그러므로 지식이나 소문에 의존하지 말고, 자기 내면에서 우러나오는 자연스러운 판단과 요구에 따르는 것이 더 정확합니다.

정말로 진실에 목마르십니까? 그러면 해결을 드립니다. 바로 이것(손가락을 들어 보임)입니다. 내가 있는 것이 아니고, 네가 있는 것이 아니고, 부처가 있는 것이 아니고, 중생이 있는 것이 아닙니다. 이것(손가락을 들어 보임)입니다. 여기에(손가락을 들어 보임) 모두 다 있습니다.

여덟 번째 법문

37.

徒費功夫無益　헛되이 애만 쓸 뿐 이익은 없으니,
幾許枉用工夫　얼마나 부질없는 공부인가?

38.

不解卽心卽佛　이 마음이 곧 부처임을 알지 못하면,
眞似騎驢覓驢　진실로 나귀를 타고서 나귀를 찾는 꼴이다.

39.

一切不憎不愛　그 무엇도 싫어하지도 않고 좋아하지도 않으면,
遮箇煩惱須除　이 번뇌가 틀림없이 제거될 것이다.

40.

除之則須除身　번뇌를 제거하면 자신(自身)도 제거하게 되니,
除身無佛無因　자신을 제거하면 부처도 없고 인과(因果)도 없다.

41.

無佛無因可得　얻을 부처도 없고 얻을 인과도 없으면,
自然無法無人　저절로 법(法)도 없고 사람도 없다.

37.

徒費功夫無益　헛되이 애만 쓸 뿐 이익은 없으니,

幾許枉用工夫　얼마나 부질없는 공부인가?

　마음공부는 억지로 애를 써서 하는 것이 아닙니다. 왜냐하면 마음공부는 마음을 가지고 마음을 찾는 공부이기 때문입니다. 마음이 자기 스스로를 확인하는 것이 바로 마음공부입니다. 다시 말하여, 마음공부는 찾을 수 없는 것을 찾는 것이고, 찾지 않아도 본래 그대로 있는 것을 찾는 것입니다. 그러므로 어떤 식으로든 분별하여 애를 쓴다면 조작이 되어 가짜가 됩니다. 찾는 행위를 하는 순간 마음이 스스로 다시 마음이라는 허상을 만들어 내어 그 허상을 좇게 되는 것입니다. 그러므로 마음을 찾는 것은 어떤 순차적이고 논리적인 찾는 과정을 통과하여 찾아가는 것이 될 수는 없습니다. 마음을 찾는 것은 언제나 한 마디 말끝에 문득 깨닫는 돈오(頓悟)입니다.

　이해를 돕기 위하여 비유를 들어 설명하겠습니다. 흔히 물을 가지고 마음에 비유하곤 합니다. 물의 기본적인 성질은 일정한 모습이 없이 언제나 흐르는 것입니다. 물은 담기는 그릇에 따라 그 모양이 달라질 뿐, 스스로 정해진 모양이 없습니다. 또한 외부에서 다가오는 자극에 따라 여러 가지 모습으로 흘러서 물결을 나타냅니다. 그러므로 물이 나타내는 모습은 언제나 담긴 그릇의 모습이거나 외부에서 들어오는 자극에 따라 일어나는 모습일 뿐, 본래의 물이 가진 고유한 모습은 아닙니다. 즉, 물이 나타내는 모습은 순간순간 지나가는 헛된 모습일 뿐입니다. 비록 물이 나타내는 물결의 모습을 분별하여 여러 가지 이름으로 부른다고 하여도 물결이 물의 고유한 모습은 아닙니다.

마음 역시 물처럼 본래 정해진 모습이 없이 언제나 움직이고 있습니다만, 물처럼 수동적이기만 한 것이 아니라 능동적으로 움직이기도 합니다. 우리가 참된 물을 찾고자 한다면 물이 나타내는 모습에 속으면 안 되듯이, 참된 마음을 찾고자 한다면 마음이 나타내는 모습에 속아서는 안 됩니다. 물은 언제나 물결의 모습으로 나타나지만 물결의 모습이 물이 아니듯이, 마음은 언제나 경험되는 모습으로 드러나지만 경험되는 모습이 곧 마음은 아닙니다.

간단히 말하면, 물결이란 다만 움직이는 물일 뿐, 물과는 다른 물결이라는 독자적인 무엇은 없습니다. 움직이는 물밖에 없는데도 우리는 나타나는 모양에 따라 물결의 이름을 붙이는 것입니다. 그리하여 이런 물결 저런 물결을 나누어 이 물결은 좋고 저 물결은 나쁘다고 합니다. 물을 찾는 사람에게는 이처럼 물결의 모양을 분별하는 짓이 언제나 허망할 수밖에 없습니다.

원래 하나의 마음이 스스로 움직이고 있을 뿐인데, 이 마음의 움직임에 의해서 나타나는 갖가지 모습을 보고서 이것과 저것을 나누어 이 것은 좋고 저것은 나쁘다고 하는 겁니다. 부처와 중생, 어리석음과 깨달음도 물결에 불과한 것이지 물이 아닙니다. 팔만대장경 속에 들어 있는 모든 말이 다만 마음의 물결일 뿐입니다. 보통 우리는 이런 물결은 번뇌고, 저런 물결은 보리라고 하면서 번뇌를 버리고 보리를 추구합니다. 그리하여 이런 모양의 물결은 일으키고 저런 모양의 물결은 일으키지 말자고 합니다. 그렇지만 물결은 다만 물일 뿐 본래 헛것입니다. 이런 모양의 물결이든 저런 모양의 물결이든, 물결을 보고 있는 동안에는 허망한 거예요. 모든 물결은 물일 뿐이므로, 진실은 '번뇌'라는 물결이 있고 '보리'라는 물결이 있는 것이 아니라, 물이 있을 뿐입니다. 진실은 '번뇌'가 따로 있고 '보리'가 따로 있는 것이 아닙니다.

그러므로 "이것은 번뇌망상이고, 저것은 보리자성이다"라고 나누어 하나를 취하고 하나를 버리고 하는 것은 공부가 아닙니다. 헛되이 애만 쓸 뿐 도움이 되지 않는 것이지요. 일생을 그렇게 공부해 봐야 이익이 없어요. 그야말로 이런 물결을 잠재우고 저런 물결을 일으키는 결과밖에 오지 않습니다. 도움이 안 되는 겁니다.

그러니까 "헛되이 공만 들일 뿐 이익은 없다"라고 하는 것은 공부를 잘못 하는 것이지요. 공부의 길을 잘못 가게 되면 수십 년을 공부하고도 애초에 방향이 잘못 잡혀 있으니까 공부에 전혀 진전이 없고, 공부의 길을 바로 가면 오랜 시간이 걸리지 않아서 공부의 효험을 보게 됩니다. 바른 공부 길에 들어서서 혼신의 힘을 기울여 밀고 나가면 오래지 않아 공부의 힘을 얻을 수 있습니다. 바른 공부의 길을 가는 것이 대단히 중요한 거예요. 그렇지 않으면 "헛되이 공만 들일 뿐 이익은 없으니, 얼마나 부질없이 애만 쓰는가?" 하는 말처럼 되어 버립니다.

자, 그러면 어떤 것이 바른 공부의 길일까요? 어떻게 해야 물결에 속지 않고 물을 깨달을까요? 물을 가리켜 우리의 '본래면목'이라 이름 붙인다면, 본래면목(물)을 모르는 입장에서는 자기가 알고 있는 모든 것이 물결일 뿐입니다. "그렇다면 결국 물을 볼 수는 없지 않은가?"라고 생각하겠지만, 그렇게 절망적인 것은 결코 아닙니다. 왜냐하면 결국 진실로 있는 것은 물결이 아니라 물이기 때문이죠. 다시 말하면, 우리는 언제나 분별심의 굴레를 벗어나지 못할 것처럼 보이지만, 분별심에서 해탈하는 길은 있습니다.

우선 첫째로 명심해야 할 것은 분별심을 통하여 분별심에서 벗어날 수는 없다는 사실입니다. 분별심이란 분별하여 알아차리는 것이니, 쉽게 말하면 곧 우리의 일상적인 생각이요, 의식(意識)입니다. 생각을 통하여 생각의 굴레를 벗어날 수는 없다는 사실을 우선 명심하여야 합니다. 그렇기 때문에 공부하는 사람은 "공부란 이러한 것이고, 이렇게 공부해 가면 된다"는 식의 견해에 의지하고 있으면 안 됩니다. 스스로에게 확실한 깨달음이 찾아오기까지는 어떤 것도 확실하다고 여겨서는 안 됩니다. 모든 것은 불확실하고 아무것도 알 수 없는 입장에 처해 있어야 합니다. 깨달음이란 지식으로 다가오는 것이 아니며 언제나 체험될 뿐이라는 사실을 명심하십시오. 아무것도 아는 것이 없는 텅 빈 마음으로 가르침에 귀를 기울이십시오. 그리고 이 가르침을 통하여 얻어야 할 것도 깨달음의 체험이지 지식이 아님을 명심하십시오.

가르치는 사람 역시 언제나 이 마음을 바로 가리켜서(直指人心), 직접 체험하도록(見性成佛) 이끌고 있습니다. 이 가르침을 언제나처럼 분별하는 마음으로 보면, 여러 가지 애매한 이야기를 하면서 무언가를 가리키는데도 역시 분명하지가 않고 애매하기만 한 것처럼 보입니다. 그러나 믿음을 가지고 꾸준히 가르침에 눈과 귀를 기울이면, 이 애매모호함 속에서 스스로에게 자명하여 부정할 수 없는 경험이 찾아옵니다. 이러한 효과는 논리적으로 이해할 수 있는 것이 아닙니다. 그래서 때로는 이런 경험을 신비적이고 비약적인 체험이라고 말하는 사람도 있습니다. 그러나 이 경험은 우리 자신에게 본래 있는 것을 확인하는 것이므로 특별할 것은 없습니다. 이러한 사실은 체험해 보면 곧 알 수 있습니다.

다만 이 체험은 분별이 없는 무심(無心)한 상태에서 찾아오기 때문에 생각을 따라가서는 이 체험이 오지 않는 것입니다. 단순히 이 문제에 깊이 빠져서 온 영혼이 이 문제를 향하고 있을 때, 다시 말하여 이 문제에 모든 애정과 관심이 쏠려 있을 때, 저절로 자신에게서 예기치 못한 변화가 찾아오는 것입니다. 갑자기 모든 문제가 사라지고, 모든 시끄러움이 조용히 가라앉고, 한없이 편안하고 안락하게 됩니다. 눈앞에 생생하게 살아 있는 삶이 뚜렷하게 되고, 모든 세계가 싱싱하게 살아 움직이게 됩니다. 스스로가 영원한 생명 자체임을 확인하는 듯합니다.

자, 이제 여길 보십시오. (주장자를 들어 보이며) 이것은 눈에 보이는 모양이죠? 분별망상이란 말입니다. 그러나 사실은 이것(주장자를 들어 보이며)이 진여자성이에요. 지금 물결(주장자를 들어 보이며)이 이는데, 사실은 이것(주장자를 들어 보이며)은 물결이 아니라 물입니다. 그러니까 이것(주장자를 들어 보이며)을 주장자라 여긴다면 그것은 아무것도 아니지요. 그렇지만 이것(주장자를 들어 보이며)이 마음입니다. 이것(주장자를 들어 보이며)이 진여자성입니다. 이제 갑자기 알 수 없는 캄캄한 벽 앞에 막혀 버린 것 같지요? 이처럼 알 수 없는 벽에 막혀서 손을 쓸 수가 없는 것이 바로 공부의 바른 길로 들어서는 것입니다.

"어째서 그런가?" 하고 머리로 헤아리는 것은 공부의 길이 아닙니다. 여기(주장자를 들어 보이며)에는 아무런 이치가 없습니다. 왜 이것(주장자를 들어 보이며)이 분별망상일 수도 있고 진여자성이기도 한지 알 수는 없습니다. 사실이 그럴 뿐, 그 이유를 설명할 수는 없어요. 그러므로 이해하려고 하면 어긋납니다. "왜 그럴까?"라고 이유를 헤아리지 마시고, "이것(주장자를 들어 보이며)이 진여자성이고 마음이라고 하는데 도무지 캄캄하기만 하구나!"라는 갑갑함이 있어야 하는 겁니다. 도무지 알 수 없는 어둠 속에 처해서 어떻게도 손을 쓸 수 없는 답답한 상황에 떨어져 있어야 합니다. 마치 절망의 나락에 떨어진 것 같은 상황에 처합니다. 자기 힘으로 어떻게 할 수가 없으니 의지할 것은 선지식의 가르침밖에는 없습니다. 스스로는 손을 쓸 수 없어, 선지식의 가르침에 의지하여 구원의 길이 열리기를 간절히 바라고 있기를 어느 정도 하여 때가 되면, 한 순간 문득 이 상황이 종료되어 버리는 것입니다. 반드시 이런 경험이 오는 것입니다. 아니, 이런 경험이 와야 모든 문제에서 풀려납니다.

지금 제가 알려드리고 싶은 것은, 우리가 손 쓰고, 발 쓰고, 눈 쓰고, 머리 쓰고, 항상 쓰고 있는데, 언제나 이렇게(손가락을 들어 보임) 쓰고 있는 이것입니다. 언제나 이것(손가락을 들어 보임)뿐인데도, 이것을 놓치고 모양을 좇아서 분별하고 망상한단 말입니다. 예를 들면, 우리는 볼펜을 쓴다고 생각하지만, 정말로 이것(볼펜으로 글을 쓰는 시늉을 하며)일 뿐이라는 사실은 모르고, 눈에 보이는 볼펜에 속아서 내가 볼펜을 쓴다고 생각해 버립니다. 이것을 일러 "중생이 자기를 잃고 사물을 좇는다"고 합니다. 진실로 생각으로 그려 내지 않은 이것(볼펜으로 글을 쓰는 시늉을 하며)에 통하여야 합니다. 스님들이 흔히 하는 말 중에 "송장 끌고 다니는 그놈이 뭐냐?"라는 말이 있어요. 달리 말하면 눈으로 보고, 팔을 움직이고, 말하고, 앉고 일어서는 바로 여기에 계합이 되어야 합니다. 이것(볼펜으로 글을 쓰는 시늉을 하며) 하나에 통하면, 모든 경우에 다만 이것뿐입니다. 두 가지가 없습니다. 다만 이 하나뿐입니다. 법(法)이니 도(道)니 마음이니 하는 무엇이 따로 있는 것이 아닙니다. 바로 이렇게 "법", "도", "마음" 하는 이것뿐입니다. '마음'이라고 하는 것은 바로 지금 "마음"이라고 말하는 바로 이것 외에 따로 있는 무엇이 아닙니다. 보고, 듣고, 생각하고, 말하고, 행동하는 모든 경우에 언제나 다만 이것(손가락을 들어 보임) 하나뿐입니다.

그래서 중국의 구지 스님은 "부처가 뭡니까?"라고 물으면 손가락을 치켜세웠고, 백장 스님은 불자(拂子: 먼지떨이)를 들었고, 또 주장자를 들었어요. 이것(주장자를 들어 보이며)이 법이에요. 주장자를 드는데, 이 안(주장자를 두드리며)에 법이라는 무엇이 숨겨져 있어서 제가 그것을 보여 드리려는 게 아닙니다. 이것(주장자를 들어 보이며)밖에 달리 법이 없어요. 그러므로 언제나 모든 것에 법이 있습니다. 쳐다보는 게 법이고, 눈동자 굴리는 게 법이고, 눈 깜빡이는 게 법입니다. 중국 스님들 가운데에는 "법이 뭡니까?" 하니까 눈만 깜빡깜빡 하거나 눈을 치켜 떴다가 내려 뜨는 사람도 있었어요. 손가락 하나 드는 사람은 그래

도 부지런한 사람이지요.(웃음)

  단지 이것(손가락을 들어 보임) 하나밖에 없어요. 이것 하나를 가지고
서 모든 것을 다 해내는 겁니다. 자, 보세요. 이렇게(손가락을 천천히 내
리며), 다시 이렇게(손가락을 천천히 올리며). "손가락을 아래로 향했다"
혹은 "위로 향했다"라고 한다면, 이것은 생각이에요. 생각을 붙이지
않으면 아래니 위니 하는 것이 없고 다만 이것(손가락을 내리고 올리며)
뿐입니다.

  방편을 쓴다는 말이 있는데, 방편과 법은 따로 있는 것이 아닙니다.
마음밖에 방편이란 것이 따로 있을 수가 없습니다. 우리 조사선에서
직지인심(直指人心)이라고 하는 것은 언제나 다만 이 마음 하나를 가
리킬 뿐이기 때문입니다. 생각으로 "마음이란 것이 이런 것이고, 공부
란 것이 저런 것이다"라고 그림을 그리면 이것은 곧 망상입니다. 마음
을 가지고 생각이라는 그림을 그리는 것이므로, 생각의 그림을 통하
여 마음을 알 수는 결코 없습니다. 마음은 다만 이것(손가락을 들어 보
임)뿐입니다.

  공부하는 사람에게 "바로 이것(손가락을 들어 보임)이 마음이다"라고
말할 때 즉각 그가 이 진실에 통하지 않는다면 다만 앞뒤가 꽉 막혀서
어떻게 해야 할지 모를 것입니다. 생각으로 이해한다는 것이 엉터리라
는 사실을 안다면, 생각으로 알려고 하지 않을 것입니다. 사실 이 진실
(손가락을 들어 보임)에 마주해서는 즉각 통하여 생각할 필요 없이 명백
하거나, 아니면 꽉 막혀서 어떻게도 손을 쓸 수 없거나 하는 두 가지
경우가 있을 뿐입니다. 생각을 통하여 이해하는 경우는 실재를 확인하
는 것이 아니라 망상 속에 있기 때문에, 맞다고도 틀리다고도 할 수 없

164

습니다.

그러므로 꽉 막혀서 통하지 못하거나, 확 통하여 분명하거나 할 뿐입니다. 꽉 막혀서 통하지 못하면, 우리는 무의식적으로 이 상황을 해소하려고 갈망하게 됩니다. 이것이 바로 공부입니다. 의식적으로 공부라는 이름으로 어떤 행위를 하는 것이 아니라, 스스로 꽉 막혀서 무의식적으로 이 상황이 해결되기를 바라는 것이죠. 의식적으로 할 수 있는 일은 없습니다. 의식적으로 무언가를 한다면 그것은 생각으로 망상을 짓는 일일 뿐입니다. 이렇게 손쓸 수 없는 곳에 꽉 막혀 있는 것이 바로 공부입니다.

이렇게 꽉 막혀서 어떻게도 망상을 부릴 수 없는 곳에 처한 사람에게 이렇게 가르칩니다. 마음이 뭐냐? 이것(손가락을 들어 보임)입니다. 도(道)가 뭐냐? 이것(손가락을 들어 보임)입니다. 법(法)이 뭐냐? 이것(손가락을 들어 보임)입니다. 선(禪)이 뭐냐? 이것(손가락을 들어 보임)입니다. 이 하나의 문제만 집중적으로 물고 늘어져서 해결해 버리면 모든 문제가 다 해결되는 거예요. 다만 이 하나의 관문이 있을 뿐입니다.

이것(손가락을 들어 보임)에만 분명히 통해 버리면, 일순간 모든 분별망상은 사라지고 모든 우주가 다만 이 하나일 뿐임이 저절로 명백합니다. 생각을 필요로 하지 않습니다. 생각에 속지 않으면 다만 언제나 여기에 있을 뿐입니다. 언제나 이것일 뿐이지요. 여러 가지 문제가 없습니다. 여러 가지 책을 보고 이러쿵저러쿵 하고 이해하는 것은 아무 소용이 없습니다. 여러 가지 문제가 없어요. 문제는 단 하나의 문제입니다. 어떤 물결을 보든 물결이 곧 물임을 깨달으면 된다고나 할까요? 문제는 다만 이(손가락을 들어 보임) 문제 하나밖에 없어요. 이 문제 하나를 붙잡고 늘어져야 합니다. 해결될 때까지 절대 다른 생각을 해서는 안 됩니다. 꼭 붙잡고 늘어져야 해요. 이것 하나만 해결되어 버리면 인생의 모든 문제가 그 안에서 싹 해결되어 버려요.

(대중 가운데 한 분이 물었다) "그러면 어떻게……?"

(손가락을 들어 보임) 이것뿐!

(질문한 분이 다시 물었다) "그걸 어떻게……?" (웃음)

이것(손가락을 들어 보임)이 부처이고, 이것(손가락을 들어 보임)이 불법(佛法)이고, 이것(손가락을 들어 보임)이 마음이고, 이것(손가락을 들어 보임)이 도(道)입니다. "왜 그런가?" 혹은 "어떻게 그런 줄 아는가?" 하고 생각으로 해결하려고 한다면, 이것(손가락을 들어 보임)은 결코 뚫을 수 없습니다. 뚫어야 할 곳에다 송곳을 들이대지 않고, 허공에 그린 그림에다 송곳을 들이대니 뚫릴 일이 없는 것이죠. 여기(손가락을 들어 보임)에는 아무 이치가 없습니다. 무조건 이(손가락을 들어 보임) 하나의 진실이 있을 뿐입니다.

석가세존이 영산회상에서 꽃 한 송이를 들었죠? 그것이 석가가 일생 동안 이야기한 모든 가르침보다 훨씬 분명하게 법을 보여 주고 있는 것입니다. 언어는 법을 보여 주는 데 대단히 불완전합니다. 말로써 법을 설명한다는 것은 장님이 코끼리를 더듬는다는 식으로 아주 불명확하고 흐리멍덩한 것입니다. 말은 곧 생각이니, 말은 허공에 그리는 그림입니다. 허망하죠. 그러나 말하는 이 순간 여기에는 허망하지 않은 것이 있습니다. 물론 이 분명하고 진실한 것은 말로써 그리는 그림이 아닙니다. 그렇기 때문에 말로써 설명한 뜻을 따라가서는 안 됩니다. 그래서 팔만대장경을 바로 외우고 거꾸로 외우고 온갖 불교 철학에 달통한 사람도 흐리멍덩하기 짝이 없어요. 실상에는 어두운 것이죠. 망상만 붙잡고 있는 겁니다. 실상은 단 하나밖에 없어요. 이 단 하나의 실상을 석가세존이 영산회상에서 꽃 한 송이 드는 것으로 숨김없이 다 보여 준 겁니다.

선사(禪師) 스님들도 마찬가지에요. 손가락 하나 세우고, 불자를 들어 보이고, 주장자로 때리고, "차 한 잔 해라" 하고, "뜰 앞의 잣나무다" 하고…… 모두 이 하나(손가락을 들어 보임)를 보여 주고 있습니다. 물결을 휘저어 물을 바로 보여 준 겁니다. 왜? 어떤 물결이든 다 물이니까. 1,700공안이 있다고 하죠? 1,700가지 물결을 보여 준 거예요. 1,700물결이 결국에는 다만 물일 뿐이거든요. 어느 것을 보더라도 다 물이에요. 1,700공안 가운데 어느 것 하나에서 막힘없이 통해 버리면 어느 것에서도 마찬가지로 막힘이 없습니다. 화두 공부 하는 사람들 가운데 화두에도 단계가 있다고 해서, 처음엔 어떤 화두를 하고 그 다음엔 어떤 화두를 하고 하는 경우가 있는데, 그렇게 한다면 그것은 생각으로 그림을 그려서 이해하는 것이 됩니다. 마음에 본래 모양이 없는데 모양을 그려서 이해하려고 하니 다만 헛된 장난일 뿐입니다. 1,700공안이 아니라 10만 7천 공안, 170만 공안, 어떤 화두든 다만 이것(손가락을 들어 보임)일 뿐입니다. 어떤 물결이든지 다 물일 뿐이지요. 그래서 우리 불법을 불이법(不二法)이라고 하는 겁니다. 세 가지,

네 가지는 말할 필요도 없고, 불법은 두 가지도 될 수 없습니다. 다만 이것(손가락을 들어 보임)뿐입니다.

다만 이것(손가락을 들어 보임)뿐이에요. 이것이 바로 영산회상에서 석가세존이 꽃을 든 것입니다. 이것(손가락을 들어 보임)이 석가모니의 모든 깨달음을 다 보여 주는 겁니다. 이것(손가락을 들어 보임)만 분명하면 됩니다. 이것에 딱 계합하면, 《반야심경》에 있듯이 마음에 장애됨이 없고, 장애됨이 없으니 두려움이 없어지고 편안하고 안락해집니다. 마음에 걸리는 게 없으니 아상(我相)이 있을 수 있겠습니까, 인상(人相)이 있을 수 있겠습니까? 그런 게 없어요. 걸리는 게 없어요. 걸리는 게 없으니 아상, 인상, 법상(法相), 비법상(非法相), 아무것도 없어요. 그러면서 이것(손가락을 들어 보임)은 분명하여 의심할 수가 없는 거예요.

공부는 어려운 게 아닙니다. 불교 책들 보면 어렵잖아요? 말들도 많고 복잡한 글자가 어찌나 많은지 사전을 갖다 놓고 보아도 모르겠잖아요. 그러나 이것(손가락을 들어 보임)에 통하면 아무 어려움이 없습니다. 생각으로 그리는 그림에는 복잡함이 있어서 어렵고 쉬움이 있지만, 이(손가락을 들어 보임) 마음에는 모습이 없으니 어렵고 쉬운 차별이 없어요. 말에 속아서 말에 끌려가면 어렵기가 한정이 없지만, 다만 이(손가락을 들어 보임) 실상에 있으면 아무 어려움이 없습니다.

38.
不解卽心卽佛　이 마음이 곧 부처임을 알지 못하면,
眞似騎驢覓驢　진실로 나귀를 타고서 나귀를 찾는 꼴이다.

여기 보세요. 마음이 바로 부처라는 것은, 이것(손가락을 들어 보임)이 바로 도요, 마음이요, 부처라는 것입니다. 보고, 듣고, 생각하고, 말하는 것이 모두 이것(손가락을 들어 보임)인데, 이것을 무시하고 다시 마음을 찾고 부처를 찾는다면, 나귀를 타고 나귀를 찾는 꼴이 되는 것입니다. 이름을 생각하고 이름을 말하는 것이 바로 이것(손가락을 들어 보임)인데, 도리어 이름을 따라서 다시 마음과 부처를 찾는다면 어찌 어리석은 일이 아니겠습니까? 그러므로 마음이니 도니 부처니 법이니 하는 것은 다만 말일 뿐이고, 실제 얻을 수 있는 것은 없습니다. 마음이 있는 것이 아니라 지금 "마-음-"이라고 생각하고 말하는 이것이 있을 뿐이죠. 부처가 있는 것이 아니라, 이렇게(손가락을 들어 보임) 꽃을 들어 올리는 일이 있을 뿐입니다. 생각에 끌려가지 않고 말에 속지 않으면, 도대체 지금 여기에 또 무엇이 있습니까? 아무리 부처니, 마음이니, 도니, 깨달음이니 하여도, 실제로 도대체 무엇이 있어서 이런 생각을 하고 이런 말을 하는 것입니까? 옛날 사람들이 방편으로 '정법안장(正法眼藏) 열반묘심(涅槃妙心)' 운운한 말에 속지 말아야 합니다. 이것(손가락을 들어 보임)뿐이고, 다시 이것이 바로 빙그레 웃는 것입니다. 그러면 다 확인된 것이지, 다시 무슨 '정법안장 열반묘심'이 있어서 전하겠습니까? 말에 속지 말아야 합니다.

'부처'라고 하면 이미 익히 들어서 형성된 머릿속 관념이 있습니다. 이런 관념을 바로 오염이라고 합니다. 불교에 입문하여 불교 공부를 좀 하게 되면 이런 관념들을 잔뜩 집어넣게 됩니다. 불교 공부에서는 결국 깨달음을 찾고 부처님을 찾게 되는데, 만약 이런 관념들 속에서 깨달음을 찾고 부처님을 찾으면, 모두가 관념이라는 망상에 오염되는 것입니다. 자신이 만든 관념에 자신이 속는 일이 벌어지는 것이죠. 이 것이 바로 나귀를 타고 나귀를 찾는 짓입니다.

그래서 우리 조사선(祖師禪)에서는 관념에 속아서 헤매지 말고, 지 금 이 순간 바로 진실을 확인하라고 가르칩니다. 단도직입(單刀直入) 이라고 하듯이, 그 즉시 바로 뛰어들어야 합니다. 단도직입이란, 병사 가 전쟁터에 나가서 적군을 보자마자 앞뒤 헤아리지 않고 바로 칼 한 자루를 빼어 들고 적진으로 뛰어드는 것을 말합니다. 헤아리며 망설 이면 싸움을 할 수도 없고 싸워서 이길 수도 없습니다. 조사선에서는 가르침도 단도직입이고 깨달음도 단도직입니다. 이것을 직지인심(直 指人心) 견성성불(見性成佛)이라고 합니다. "마음이 뭡니까?" 하고 물 으면, 꽃 한 송이를 이렇게(손가락을 들어 보임) 드는 것입니다. 이 순간 여기서 바로 통하여 실상의 바다로 뛰어들어야 합니다. 바로 통하거 나, 막혀서 깜깜하거나 하는 것은 바로 이 순간 결정됩니다. 헤아리고 생각하고 할 틈이 없습니다. 왜냐하면 진실한 마음은 언제나 이 순간 이것(손가락을 들어 보임)뿐이기 때문입니다. 이것(손가락을 들어 보임)뿐 이란 말이죠. 여기(손가락을 들어 보임)로 바로 들어가는 겁니다. 여기 (손가락을 들어 보임)에 무슨 이유가 있습니까? 이론이 있습니까? 철학 이 있습니까? 여기(손가락을 들어 보임)에 무슨 복잡한 추리가 필요합니 까? 전혀 필요 없습니다. "마음이 뭡니까?" 이것(손가락을 들어 보임)입 니다.

이유도 없고 설명도 없습니다. 마음이 뭐야? 꽃 한 송이 드는 거지! 통하지 않으면 막혀 있는 것이죠. 아무 생각이 없고 눈앞이 캄캄한 거 예요. 이것(손가락을 들어 보임)이 바로 마음이라? 이것(손가락을 들어 보임)이 바로 부처라? 도무지 캄캄하군. 이러면 가슴이 답답하죠. 도무지 어떻게 해야 할지 요령이 생기지 않습니다. 약으로 고칠 수 없는 병이 이제 시작되는 것입니다. 이 병은 오로지 꽃 한 송이 드는 이것에서 통할 때 씻은 듯이 사라지는 병입니다. 병이 완치되는 순간에 모든 병이 싹 다 완치되는 겁니다. 한 순간 통하게 되면 모든 갑갑함은 씻은 듯이 사라지고, 생각으로 헤아려 아는 것은 없지만 그렇다고 어두운 것도 없습니다. 시간이 지나면 차차 여여부동(如如不動)이니, 일미청정(一味淸淨)이니, 무생법인(無生法忍)이니, 불이법문(不二法門)이니, 불생불멸(不生不滅)이니, 부증불감(不增不減)이니, 불구부정(不垢不淨)이니, 색즉시공(色卽是空)이니 하는 말들에 저절로 공감이 됩니다. 그리하여 부처님의 가르침이 공허한 말이 아님을 비로소 확인하게 되는 것입니다. 꽃 한 송이 드는 이것 하나에서 통하면 됩니다. 여러 가지가 없어요. 다만 이것(손가락을 들어 보임) 하나에만 통하시면 됩니다.

39.
一切不憎不愛　그 무엇도 싫어하지도 않고 좋아하지도 않으면,
遮箇煩惱須除　이 번뇌가 틀림없이 제거될 것이다.

　말하자면 이것은 생각이 아닙니다. 알음알이가 아니에요. 그저 앞뒤가 꽉 막혀서 갑갑하고 답답하고 아득하고 막막한 곳에 막혀 있다가, 문득 모든 장벽이 사라지면서 확 통하여 막힘이 없는 것입니다. 이 밖에 다른 어떤 일도 없습니다. 꽃 한 송이 드는 이것밖에 다른 무엇도 없습니다. 생각으로 헤아려서는 절대로 확인할 수가 없습니다. 이치

를 따져서는 절대로 통하지 않습니다. 여기(손가락을 들어 보임)에 무슨 이치가 있습니까? 아무 생각 없이 그냥 꽉 막혀 있다가, 확 뚫려 버리는 거예요. 좋아하거나 싫어할 일이 어디 있어요? 통하지 못하면 그저 꽉 막혀서 손쓸 수 없는 처지에 빠져 있을 뿐이죠. 이런 처지에 빠져서 공부를 놓지 않으면 머지않아 반드시 확 뚫리게 됩니다. 손쓸 수 없는 어둠 속에서 헤매고 있지 않다면 아직 덜 답답한 것이고, 아직 공부에 목이 덜 마른 겁니다.

(대중 가운데 한 분이 말했다) "답답하니까 꾹 참고 있는 것 아닙니까?"

(웃음) 그렇지요. 그 갑갑함을 참고 견디며 공부를 놓지 말아야 합니다. 답답함을 견디지 못해서 다시 생각으로 정리하려 한다면 공부는 바로 어긋나게 됩니다. 비록 답답하지만 견디지 못할 것은 아닙니다. 뭐 힘든 일은 없지 않아요? 할 수 있는 일이 없으니까 말이죠. 어쨌든 끝까지 물러나지 않고 공부를 잡고 있어야 합니다. 이 갑갑함이 해결될 날을 기다리면서 참고 견뎌야 해요. 회피하면 안 돼요. 불교에선 그런 것을 퇴굴심(退屈心)이라고 하는데, 물러나서는 안 되는 겁니다. 어찌 되었건 끝까지 가 보아야 하는 것입니다. 이렇게 견디다 견디다 기진맥진해져서 내 힘이 다 빠져서 자리에 주저앉을 때, 자신도 모르게 문득 길이 열립니다. 왜? 기진맥진하지 않고 아직 여유가 있고 힘이 있으면, 여전히 망상이 활동하고 있기 때문이에요.

네가 죽나 내가 죽나 하면서 끝까지 해 나가다 보면 기진맥진해서 망상조차 활동을 못해요. 그럴 때쯤 되면 길이 열리는 겁니다. 뭔가를 붙잡고 있는 힘이 쫙 빠져야 돼요. 탈진 상태가 되어야 해요. 그러면 어느 순간에, 세상이 끝장나서 내가 죽을 줄 알았는데, 도리어 확 뒤집어지는 거예요. 출구가 나오는 겁니다. 끝까지 붙잡고 늘어져 보세요. 그러면 반드시 길이 열려요. 오히려 공부를 제대로 안 하고 어중간하게 하다가 포기하면 그것이 진짜 가슴에 응어리로 맺혀서 화병이 될 수가 있어요. 그런데 끝까지 붙잡고 늘어지면 반드시 결과를 볼 수가 있습니다.

아주 간단한 겁니다. 전혀 어려운 게 아니에요. 복잡한 게 전혀 없습니다. 이게(손가락을 들어 보임) 뭐가 복잡합니까? 마음이 뭐야? 이것(손가락을 들어 보임)입니다. 이것은 그야말로 조금도 빼거나 더한 것 없이 그대로 보여 드리는 겁니다. 이게(손가락을 들어 보임) 마음이에요. 여기서는 더할 수도 없고 뺄 수도 없습니다. 부증불감(不增不減)이라고 반야심경에 나와 있잖아요. 딱 그대로입니다. 그대로 보여 드리고 있는 거예요. 여기(손가락을 들어 보임)에만 통하면 모든 문제가 싹 사라집니다. 막히는 게 없어요. 누가 무슨 말을 하고 어떤 책에 무슨 이야기가 적혀 있더라도 막히는 장애물이 하나도 없습니다.

40.

除之則須除身　번뇌를 제거하면 자신(自身)도 제거하게 되니,
除身無佛無因　자신을 제거하면 부처도 없고 인과(因果)도 없다.

번뇌란 망상이요, 알음알이요, 생각 따라가는 겁니다. 생각 따라가지 않으면 내가 어디 있어요? 확 뚫려서 막힘이 없으니, 아상(我相)도

없고 인상(人相)도 없어요. 내가 없으면 부처도 없고 인과도 없어요. 아무것도 없어요. 그래서 공(空)이라고 하는 겁니다. 그래서 무주(無住), 무념(無念), 무상(無相)이라고 하는 겁니다. 반야심경 한번 보세요. 전부 '없을 무(無)' 자를 붙이고 있잖아요. 그게 맞아요. 무안이비설신의(無眼耳鼻舌身意). "눈, 귀, 코, 혀, 몸이 없어? 지금 여기 있는데 왜 없다고 하지?" 사실 없어요. 안이비설신의가 있다고 하면 그것이 바로 번뇌입니다. 없다는 것을 확실히 알아야 아상도 없고, 부처도 없고, 인과도 없는 거예요. 마음도 없고 법도 없는 거예요. 그래서 무심(無心)이라고 하는 겁니다. 그러니까 할 일이 없는 겁니다.

41.
無佛無因可得　얻을 부처도 없고 얻을 인과도 없으면,
自然無法無人　저절로 법(法)도 없고 사람도 없다.

　아무것도 없어요. 아무것도 없이 다만 이것(손가락을 들어 보임)이 있을 뿐이죠. 그래서 그냥 목마르면 물 마시고, 배고프면 밥 먹고, 졸리면 자는 거죠. 인연 되는 대로……. 이것뿐입니다. 다른 게 없어요. 그래서 막히는 게 없습니다. 억지로 마음이니 법이니 하고 이름을 부르지만, 사실은 이것(손가락을 들어 보임) 하나일 뿐이죠. 이것(손가락을 들어 보임)을 분별하여 마음이라고 부르는 것입니다. 말하자면, 꽃 한 송이 올리는 것이 마음이요, 법이요, 부처요, 도요, 선이니, 전부 여기(손가락을 들어 보임)에 다 있습니다. 이것(손가락을 들어 보임) 하나가 모든 것입니다. 그래서 일즉일체(一卽一切)요, 일체즉일(一切卽一)이라고 하는 겁니다. 꽃 드는 여기(손가락을 들어 보임)에 무슨 이치 같은 것은 없습니다. 다만 꽃 드는 이것 하나만 가슴에 숙제로 해서 꽉 막혀 있다 보면 언젠간 그것이 뚫려서 싹 다 해결되는 겁니다. 복잡한 것이 없습니다. 다만 이것(손가락을 들어 보임) 하나! 꽃 한 송이 드는 이것(손가락을 들어 보임) 하나가 있을 뿐입니다.

아홉 번째 법문

42.

大道不由行得　　대도(大道)는 수행(修行)을 통해 얻는 것이 아니니,
說行權爲凡愚　　수행을 방편으로 말함은 범부의 어리석음 때문이다.

43.

得理返觀於行　　이치를 깨닫고 돌이켜 수행을 살펴보면,
始知枉用工夫　　공부한다고 헛되이 애쓴 줄 비로소 알리라.

44.

未悟圓通大理　　두루 통하는 큰 이치를 아직 깨닫지 못했다면,
要須言行相扶　　모름지기 말과 행동이 서로 돕게 해야 한다.

45.

不得執他知解　알음알이에 집착해서는 안 되니,

廻光返本全無　돌이켜 보면 근본에는 아무것도 없다.

42.

大道不由行得　대도(大道)는 수행(修行)을 통해 얻는 것이 아니니,
說行權爲凡愚　수행을 방편으로 말함은 범부의 어리석음 때문이다.

　대도(大道)라고 하는 것은 지금 "대-도-" 바로 이것입니다. 지금 "대-도-" 여기로 돌아와야 해요. 생각을 펼치면 과거, 현재, 미래가 있고, 여기가 있고 저기가 있고, 나가 있고 너가 있지만, 바로 지금 여기에는 과거, 현재, 미래도 없고, 여기도 저기도 없고, 나도 너도 없어요.
　그러니까 여기(손가락을 들어 보임)에 온 우주가 다 있습니다. 달리 말하면, 망상에 안 속으면 이것(손가락을 들어 보임)이 전부입니다. 망상에 속지 않는다면 손가락 하나 올리는 이것이 매 순간 매 순간 우리 존재의 전부입니다. 여기에다 생각을 붙이면 내가 있고 네가 있고, 어제가 있고 오늘이 있고 내일이 있고, 아주 복잡하게 되어 버리는 겁니다.
　손가락 하나 움직이는 여기서 벗어나지 않으면 아무 문제가 없습니다. 언제든지 우리는 손가락 하나 움직이는 바로 여기에 있을 뿐입니다. 그래서 흔히들 "지금 이 순간에 살아라", "지금 여기에 머물러라" 하고 말합니다. 마하리쉬, 파파지, 마하라지, 크리슈나무르티, 석가세존, 임제 스님, 모두가 이런 말을 했어요. 물론 우리 선(禪)에서는 여기니 저기니 말로써 하지 않고, 바로 이렇게(손가락을 들어 보임) 보여 줍니다. 석가세존도 여러 말씀을 하셨지만 나중엔 꽃 한 송이를 딱 들었습니다.

행동할 때, 고요히 멈추어 있을 때, 말할 때, 침묵할 때에 언제나 이것(손가락을 들어 보임)밖에 다른 어떤 것도 없어요. 지금 이것(손가락을 들어 보임)밖에 없어요. 여기(손가락을 들어 보임)에서는 물과 물결의 구별이 없고, 색과 공의 차별이 없고, 이름 있는 것과 이름 없는 것의 분별이 없어요. 여기(손가락을 들어 보임)에서는 모두가 싹 사라져 버려 아무것도 없지만, 또 모든 것이 여기에 있기도 해요.

원래 이것(손가락을 들어 보임)뿐이에요. 특별한 것은 조금도 없어요. 생각에 싸여서 벗어나지 못하는 것이 문제이지요. 여기(손가락을 들어 보임)에는 아무 문제가 없어요. 진실로 '이 순간' '여기'(손가락을 들어 보임)에 있으면, '이 순간'이니 '여기'니 하는 생각조차도 없어요. 단지 이것(손가락을 들어 보임)뿐입니다. 생각에 시달리지 않는 자가 부처이고, 생각이 많은 자가 범부 중생입니다. 다만 이것(손가락을 들어 보임)뿐이면 아무 생각이 없거든요. 이것(손가락을 들어 보임)만이 모든 번뇌로부터 벗어날 수 있는 유일한 출구예요. 이것(손가락을 들어 보임)뿐입니다.

여기(손가락을 들어 보임)에 있으면 아무 문제가 없습니다. 모든 문제는 생각에서 말미암는데, 여기(손가락을 들어 보임)에는 생각이 없어요.

생각으로부터 벗어나는 유일한 출구가 지금 여기(손가락을 들어 보임)입니다. 지금 여기에 있지 못하면, 우리는 언제나 과거 아니면 미래에 있습니다. 과거에 대한 기억과 미래에 대한 환상 속에 있는 것이죠. 우리의 번뇌는 여기에서 비롯됩니다. 흘러간 과거는 후회 아니면 그리움으로 나타나고, 다가올 미래는 기대 아니면 두려움이죠. 그런데 이런 경험들은 모두 생각 속에서 일어나는 헛된 것입니다. 헛된 망상 속에 있다는 사실 자체가 바로 번뇌입니다. 이 순간 여기에는 아무 생각도 사건도 없습니다. 단순히 내용 없는 화면이 있을 뿐이라고 할까요? 이런저런 그림들이 눈앞에서 지나가도 이 모든 그림들이 바로 이 화면입니다. 실제로는 이것(손가락을 들어 보임)밖에 없는데, 생각으로 말미암아 공포와 두려움, 번뇌가 일어나는 겁니다. 예를 들어, 누가 나에게 욕을 하면 그것이 내 머릿속에서 생각을 일으키니까 분노를 하지만, 만약에 알아들을 수 없는 외국어로 된 욕이라면 그 욕 자체를 이해하지 못하는데 분노가 일어나겠습니까? 전부 다 생각 탓입니다.

생각에 구속되지 않으려면 언제나 이것(손가락을 들어 보임)뿐이어야 합니다. 언제나 이것뿐이어서 다름이 없음을 일러 깨달음이라고도 합니다. 이것을 육조 혜능은 무상(無相), 무주(無住), 무념(無念)이라고 하였습니다. 물론 이것은 생각으로 이러한 일들이 있다는 것을 아는 것이 아니라, 생각에서 떠난 순수한 체험입니다. 어떤 모양도 없고, 어디에도 머물지 않고, 어떤 생각도 일어나지 않지만 아무런 일도 없는 이것(손가락을 들어 보임)이지요. 이처럼 체험하는 것이 바로 이 공부예요.

체험은 마치 자전거를 배우는 것과 같습니다. 균형을 잡지 못하여 비틀거리다가 단 한 번이라도 균형이 잡혀 넘어지지 않는 감을 잡으면, 그 순간부터는 넘어지지 않고 조심스러이 탈 수가 있습니다. 또 줄타기하는 사람이 줄타기를 배우는 것과 같다고도 할 수 있습니다. 한번만 줄 위에서 균형이 잡혀 떨어지지 않는 감을 잡으면, 이후에는 조심스러이 다시 올라설 수 있는 것과도 같습니다. 자전거든 줄이든 애를 쓰다 보면 자기도 모르게 균형 잡히는 순간이 옵니다. 이런 점이 깨달음의 체험과 같습니다. 공부에 목말라 열심히 법문에 귀를 기울이고 있다 보면, 어느 순간 자신도 모르게 깨달음의 체험이 오는 것입니다. 일단 한 번 여기에 머무는 체험이 오면, 이후 지속적으로 여기에 머물게 됩니다. 한 번만 체험하면 마치 자전거 타기 하듯이 조금씩 조금씩 자기 힘으로 여기에 머무를 수 있는 힘이 생기는 거예요. 공부란 모름지기 힘을 얻어야 되는 겁니다. 반야의 자리, 무상·무주·무념의 자리에 머물 수 있는 힘을 얻는 것이 공부예요. 자전거도 처음부터 안 넘어지고 잘 타게 되는 것이 아니잖아요? 자꾸자꾸 타다 보면 한 손 놓고 타고, 두 손 놓고 타고, 나중엔 앞바퀴를 들고 탈 수 있듯이, 이 공부도 처음 힘을 얻었을 때는 힘이 부족해요. 그런데 계속 여기를 놓치지 않고 지내다 보면 10년, 20년 시간이 지나면서 신경을 안 써도 항상 무상·무주·무념의 자리에 머물러 있는 겁니다. 그러니까 편할 수밖에 없는 겁니다. 이런 것이 공부예요.

그런데 이 공부는 능동적 수행을 통해서는 되는 게 아니에요. 능동적 수행이라는 것은 내가 생각에 따라 무언가를 하려고 노력하는 것이거든요. 이러한 것은 어리석음이고 이러한 것은 깨달음이니 나는 이렇게 하여 어리석음을 버리고 깨달음을 찾겠다고 판단하고는 자신의 판단에 따라 노력하는 것이 곧 수행입니다. 그러나 이렇게 자신의

182

생각에 따라 자신을 이끌고 가는 행위는 모두 조작입니다. 이러한 조작을 통해서는 무엇을 만들어 낼 수는 있겠지만, 본래 있는 그대로의 자신을 발견하지는 못합니다. 마음으로 조작하는 것을 일러 불교에서는 유위법(有爲法)이라고 하는데, 《금강경》에서 "모든 유위법은 꿈이나 물거품처럼 허망하다"고 하는 것이 바로 조작의 무익함을 가리키는 말입니다.

깨달음을 견성(見性)이라고 하듯이, 자신의 본성을 발견하는 것이고 자신의 본성을 만나 본성에서 어긋나는 망상을 짓지 않는 것입니다. 본성이란 말 그대로 본래부터 변함없이 있는 성질이니, 지금 이 순간에 아무 결함 없이 그대로 드러나 있는 것입니다. 우리는 단지 스스로 일으킨 망상에 눈이 가려져서 본성을 눈앞에 두고도 확인하지 못하고 있는 것입니다. 마치 우리가 무언가를 골똘히 생각하고 있을 때에는 눈앞에 보이는 것도 보지 못하는 경우와 같습니다. 그런데 이런 것이 어리석음이고, 이런 것이 깨달음이고, 이런 것이 본성이며, 이렇게 하여 자기 본성을 볼 수 있다고 하는 이 생각이 바로 망상입니다. 그러니 생각으로 판단하여 그 판단에 따라 수행한다는 것은 곧 망상이 시키는 대로 따라가는 것이니, 망상의 손아귀를 벗어나지 못하게 됩니다. 그러므로 수행을 통해서는 깨달음에 이를 수가 없습니다.

마찬가지 이유로 어떤 정해진 길을 지시대로 가는 것도 올바른 수행이라고 할 수가 없습니다. 이 역시 생각으로 분별하여 판단하고 의식적으로 행위하기 때문에 조작이 되기 때문이죠. 스스로의 판단에 의하여 정해진 수행의 길로 가는 것이 공부가 아니라면, 어떻게 공부하여야 할까요? 자신이 능동적으로 판단하고 의식적으로 행위하는 것이 모두 조작이 된다면, 결국 자신이 수동적인 입장이 될 수밖에 없습니다. 수동적인 입장이란 곧 아무것도 모르는 입장에서 가르침을 듣는 것입니다. 아무것도 모르므로 능동적으로 할 수 있는 일은 없습니다. 그저 캄캄한 입장에서 가르침에 귀를 기울이는 것만이 할 수 있는 유일한 일입니다.

그러므로 공부 방법으로 제일 좋은 것은 선지식의 설법을 아무 생각 없이 듣는 것입니다. 물론 혼자서 공부할 수도 있겠지만, 이 경우에는 자신의 판단을 따라야 하므로 조작이 될 가능성이 매우 큽니다. 일단 조작이 되면 공부는 어긋난 길로 가는 것입니다. 제가 권하는 것은 법회에 참석하여 단지 설법에 귀만 기울이고 계시라는 것입니다. 오랫동안 그렇게 하다가 문득 저와 일치하는 경험을 하시면 공부의 길로 들어서는 것입니다. 이런 것을 이심전심(以心傳心)이라 하기도 하고 줄탁동시(啐啄同時)라 하기도 합니다. 이 법(손가락을 들어 보임)은 여러 가지가 있는 것이 아니라 딱 한 가지밖에 없으니까 어떤 사람이 경험하더라도 다 똑같은 것입니다. 그래서 불교에서는 이것을 마음이라고 하고 불법은 일심법(一心法)이라고 하는 것입니다.

가끔 여러분 중에 집에 돌아가서는 어떻게 공부해야 하느냐고 물으시는데, 집에 가서는 공부하지 마세요. 혼자서 공부하는 것은 곧 조작이어서 도리어 공부에 방해가 됩니다. 꼭 댁에서도 공부를 하고 싶다면 설법이 녹음된 테이프를 듣거나 녹화된 테이프를 보십시오. 수동적으로 설법을 듣는 것이 아니고 능동적으로 공부를 하자고 하면 모두 조작이 됩니다. 여기 《대승찬》에 말이 나오잖아요? 수행으로 말미암아 얻는 것은 아니라고……. 능동적으로 조작하는 행위는 올바른 수행도 아니고 공부도 아닙니다. 마치 손발이 묶인 사람이 꼼짝할 수 없으면서 속으로만 애를 쓰듯이, 속으로는 갈망이 있어도 마음으로는 손을 쓸 수 없어서 그저 무기력하게 듣고 또 듣고 하다 보면 어느 순간 자기도 모르게 모든 구속이 스르르 풀어져 버립니다. 이 체험이 오면 이제 묶이지 않을 수 있는 힘이 생깁니다. 생각으로는 전혀 이해할 수 없는 상황이지만, 마음은 스스로 압니다. 어떤 것이 묶이는 것이고 어떤 것이 풀리는 것인가를……

중생의 특징은, 자기에게 본래 갖추어져 있는 것, 자신이 언제나 발 딛고 있는 자리는 보지 못하고, 밖에서 남에게 보고 듣고 얻은 것들을 생각으로 차곡차곡 정리하여 이 생각 속에서 자기라는 그림도 그리고, 세계라는 그림도 그리고, 진리라는 그림도 그리고, 허위라는 그림도 그리고는, 그것을 진실하게 여기는 것입니다. 자신이 본래부터 언제나 진실로 발 딛고 있는 자리를 잊어버리고 있으므로, 항상 밖에서 영원한 안식처를 찾아서 헤매 다니는 것이 바로 중생입니다. 중생을 미혹(迷惑)하다고 하는데, 이것은 헷갈려서 헤맨다는 뜻입니다. 중생이 영원한 자신을 잊고서 밖으로 허망한 대상을 찾아 헤매는 상황을 표현한 말입니다. 미친 코끼리를 피해 썩은 새끼줄에 의지해서 우물 속으로 피한 사람이 머리 위에서 떨어지는 꿀맛에 취해 있다는 어느 경전의 비유처럼 우리는 당장의 달콤한 세속 경계에 취해 있는 겁니다. 이 새끼줄이 영원히 끊어지지 않고 꿀이 영원히 흐를 수 있다면 괜찮겠지만 그럴 수는 없는 겁니다. 영원한 것은 오로지 밖에서 얻지 않고 자신이 본래 발 딛고 있는 여기(손가락을 들어 보임)뿐입니다.

43.

得理返觀於行　이치를 깨닫고 돌이켜 수행을 살펴보면,
始知枉用工夫　공부한다고 헛되이 애쓴 줄 비로소 알리라.

그런데, "대도라고 하는 것은 본래부터 갖추어져 있어서 공부를 하든 안 하든 상관없이 그대로 완전하다"라고 말하면, 어리석은 사람들은 말에 따라서만 생각을 하여 "그렇다면 공부를 하든 안 하든 마찬가지 아닌가?"라고 할 우려가 있습니다. 대도가 본래 자신에게 갖추어져 있다는 사실을 확인해 보지도 않고 말을 따라 견해를 내어 "우리는 본래 부처이니 공부를 하든 안 하든 본래 마찬가지이다"라고 하는 삿된 견해에 떨어질 수가 있습니다. 《법화경》에 나온 비유처럼, 본래 집 안에 황금덩이가 있더라도 그 황금덩이를 찾아내지 못하면 그것의 가치를 누릴 수가 없는 것입니다. 마찬가지로, 본래 불성을 가지고 있고 본래 깨달아 있다고 하더라도 이 사실을 확인하지 못하면, 우리는 중생의 번뇌에 뒤덮인 삶에서 벗어날 수가 없습니다. 본래 완전하고 본래 깨달아 있지만, 이 진실을 확인하기 전에는 어리석고 불완전하고 번뇌에 싸여 있는 것입니다. 그러므로 이 진실을 확인하는 공부를 하여야 합니다.

공부를 하도록 설득하기 위해서는 분별심을 가진 중생이 이해할 수 있는 말을 해야 합니다. 즉, 분별을 만들어 공부해야 할 이유를 납득시켜야 하는 것입니다. 그리하여 중생과 부처를 말하고, 어리석음과 깨달음을 말하고, 생멸심(生滅心)과 진여심(眞如心)을 말하고, 색(色)과 공(空)을 말합니다. 이런 식으로 나누어서 아직 생멸심만 알고 진여심을 모르는 사람, 색만 알고 공을 모르는 사람에게, 공부를 해서 진여심을 체험하고, 공을 경험해야 한다고 설득하는 것입니다. 이것들은 순전히 공부하고자 하는 마음 즉 발심(發心)을 이끌어 내기 위한 말들입니다. 그래서 이것을 수단으로서의 말, 즉 방편설(方便說)이라고 하는 것입니다. 분별심에 머물러 있는 중생에게는 분별심을 통하여 납득시켜야 공부하려는 의욕을 내게 됩니다. 수행하라, 공부하라는 말 역시 이 방편의 말입니다.

이렇게 설득되어 발심을 하고, 바른 공부로 지도받고 하여 문득 체험으로 확인하면, 어리석음도 깨달음도 다른 물건이 아니라는 사실을 알게 됩니다. 모두가 다만 여기(손가락을 들어 보임)에 있습니다. 눈앞의 사실 그대로가 있을 뿐이죠. 본래면목이니 대도니 깨달음이니 공이니 부처니 하는 것들은 이름일 뿐입니다. 이름에 속지 않으면 지금 이대로 이것일 뿐, 어떤 특별한 것도 없습니다. 마치 물결이 이는 바다와 같습니다. 온갖 물결이 있는 듯이 보이지만, 사실은 하나의 바닷물일 뿐입니다. 하나하나의 물결 그대로 바다입니다. 하나하나가 다만 이것일 뿐 다른 것은 없습니다. 마치 온 우주에 나 홀로뿐인 것 같습니다. 눈앞이 너무나 생생하고 분명합니다. 손끝이 너무나 밝습니다. 타인과 타자를 느끼지 못하니 '나 홀로'라는 말도 억지입니다. 온 우주가 모두 나 자신인 것 같습니다. 매 순간순간 전혀 의심이 없고 분열이 없습니다. 한결같다는 생각은 없지만, 분열도 없고 의심도 일어나지 않으니 아마 여여(如如)하다고 말하는 듯합니다. 이제 수행이니 공부니 깨달음이니 하는 말들은 아무 의미가 없습니다.

44.

未悟圓通大理　두루 통하는 큰 이치를 아직 깨닫지 못했다면,
要須言行相扶　모름지기 말과 행동이 서로 돕게 해야 한다.

　두루 통하는 큰 이치는 막힘이 없습니다. 대도라고 하는 것, 마음이
라고 하는 것, 본래면목이라고 하는 것, 불성(佛性)이라고 하는 것, 자
성(自性)이라고 하는 것, 이것은 막힘이 없어요. 우리에게 막히고 장애
가 되는 것은 생각이나, 욕망, 느낌 같은 것들이에요. 무언가가 있을
때 장애가 되는 겁니다. 무엇을 하고 싶은데, 이게 옳고 저게 그른 것
같은데, 이 느낌은 좋고 저 느낌은 안 좋은데…… 이렇게 되면 우리는
여기에 막히게 되는 겁니다. 이처럼 분별에는 반드시 막힘이 있습니
다. 이것과 저것이라는 틈이 벌어져 이것이냐 저것이냐 하고 막히는
것입니다.
　이른바 대도라고 부르는 여기(손가락을 들어 보임)에는 막힘이 없습
니다. 여기(손가락을 들어 보임)에는 틈이 없습니다. 여기(손가락을 들어
보임)에는 차별이 없습니다. 여기(손가락을 들어 보임)에는 의문이 일어
나지 않습니다. 여기(손가락을 들어 보임)에는 좋은 것도 없고 나쁜 것
도 없고, 옳은 것도 없고 그른 것도 없고, 이것이라 할 것도 없고 저것
이라 할 것도 없어요. 무상·무주·무념이라고 하듯이, 모양도 없고,
머물 곳도 없고, 생각도 일어나지 않는 겁니다. 그러면서도 모든 일이
다 일어나고 있습니다. 아무 일도 일어나지 않는 여기(손가락을 들어 보
임)에서 모든 일이 다 일어나고 있습니다. 한 물건도 없는 여기(손가락
을 들어 보임)에서 모든 물건이 다 나옵니다. 이것을 일러 경전에서는

적멸의 자리에서 생멸법을 쓴다고 합니다. 《유마경》에서는 이것을 무생법인(無生法忍)이라고 합니다.

큰 이치는 두루두루 통해서 막힘이 없어요. 사통팔달(四通八達)이에요. 그래서 이것을 아는 것을 일컬어 통달(通達)한다고 그래요. 통달해서 호호탕탕(浩浩蕩蕩) 막힘이 없다 그러는 겁니다. 마음이 장애도 막힘도 없이 자유자재합니다. 자유자재하다는 것은 몸이 자유자재하다는 것이 아닙니다. 몸은 모양을 갖춘 차별법입니다. 그래서 가두어 놓으면 나올 수가 없습니다. 그런데 마음은 본래 모양이 없기 때문에 막히지 않는 겁니다. 육체는 바깥에 있는 인연에 가로막히지만, 마음은 바깥의 물건에 막히지 않습니다.

마음은 오히려 스스로 일으킨 한 생각에 가로막힙니다. 마음을 가로막는 것은 언제나 스스로 분별한 경계이고 스스로 만들어 낸 생각입니다. 스스로가 장애를 일으키지 않으면 마음은 막힐 이유가 전혀 없는 겁니다. 마음은 원래 호호탕탕해서 전혀 막힘이 없는 거예요. 그래서 자유자재한 거예요. 온 우주를 손바닥 안으로 가져올 수 있다는 말이 이것을 뜻합니다. 이것(손가락을 들어 보임)이 분명하면, 어디를 가건 언제나 다만 이것뿐입니다. 성지 순례를 갈 필요가 없어요. 성지(聖地)가 어디 있어요? 성지란 바로 여기(손가락을 들어 보임)입니다. 바로 지금 눈앞에 온 우주가 남김없이 있습니다. 이렇게 자유자재한 겁니다. 막힘이 없습니다.

두루 통하는 큰 이치가 바로 이것(손가락을 들어 보임)입니다. 《서유기》에서 손오공이 아무리 날뛰어도 부처님 손바닥 안에 있듯이, 우리 생각이 아무리 망상을 지어도 결국은 이것(손가락을 들어 보임)입니다.

본래 물 속에 있고, 본래 물결이 물이고, 본래 본성이 지금 이것(손가락을 들어 보임)입니다. 다만 스스로 모양을 따라 분별하기 때문에 확인하지 못하는 겁니다. 바로 이것(손가락을 들어 보임)을 확인하지 못하다니, 얼마나 기가 막힙니까? 손이 언제나 다른 물건을 잡으면서도 자기 스스로를 잊고 있으니 얼마나 기이한 일입니까? 눈이 언제나 다른 사물을 보면서도 스스로를 확인하지 못하니 얼마나 희한한 일입니까? 어쨌든 확인을 해야 합니다. 그렇지 않으면 아무리 해도 허망한 환상 속에서 벗어날 날이 없습니다. 이것(손가락을 들어 보임)을 확인하는 데는 아무 요령도 방법도 길도 없습니다. 이렇게 수행하면 된다고 말할 수 있는 어떤 요령도 없습니다. 단지 확인코자 하는 그 마음 하나, 순수한 발심 그것 하나만 필요할 뿐입니다.

"두루 통하는 큰 이치를 아직 깨닫지 못했다면, 말과 행동이 서로 돕게 해야 한다"…… 아주 그럴듯한 표현이로군요. 말과 행동이 상부상조해야 한다는 말은, 언뜻 보면 평소 우리가 말하는 언행일치(言行一致)라는 뜻 같습니다만, 단순히 그런 뜻은 아닙니다. 우리는 보통 경험 따로 하고 생각 따로 합니다. 차를 마시는데 차를 마시는 경험을 직접적으로 하고 있으면서도 생각은 다른 생각을 하고 있지요. 즉, 행동과 생각이 분리되어 있습니다. 설사 "나는 차를 마신다"라고 생각한다고 하더라도 생각이 차를 마시는 것은 아니죠. 차는 입으로 마시고 생각은 머리로 하는 것입니다. 이것이 바로 경험과 생각의 분리입니다. 경험과 생각의 분리, 이것이 모든 번뇌의 근원입니다.

경험과 생각의 분리가 없는 것이 곧 깨달음이고 해탈입니다. 세계의 진실한 모습을 불교에서는 불이법(不二法)이라고 합니다. 여기(손가락을 들어 보임)에서 둘이 없어야 합니다. 그러려면 생각에서 발이 떨어져야 합니다. 생각에 발을 딛고 있는 동안은 반드시 둘로 분열됩니다. 어떻게 생각에서 발을 뗄까요? 자기도 모르게 발이 떨어져야 합니다. 내가 의식적으로 능동적으로 발을 뗄 수는 없습니다. 능동적이고 의식적인 행위가 바로 생각에 발을 딛고서 일어나는 것입니다. 오직 수동적인 자세로 설법에 가르침에 귀와 눈을 기울이고 있다 보면, 어느 순간 문득 자신도 모르게 발이 떨어집니다. 그때에는 "아, 이런 일이 있구나!" 하고 비로소 알게 됩니다.

45.

不得執他知解　알음알이에 집착해서는 안 되니,
廻光返本全無　돌이켜 보면 근본에는 아무것도 없다.

하여튼 생각이란 놈이 손톱만큼이라도 들어오면 안 됩니다. 호리유차(毫釐有差)하면 천지현격(天地懸隔)이라는 말을 많이 하잖아요? 털끝만큼만 어긋나도 하늘과 땅만큼 달라진다는 말이죠. 그 말이 딱 맞아요. 호리(毫釐)란 가을에 털갈이하고 새로 나온 아주 가는 털입니다. 이 털끝만큼이라도 생각이 들어오면 온 천지가 오염이 되는 겁니다. 생각으로 어떻게 해 보려는 시도는 애당초 하지 마세요. 단지 목이 마를 뿐, 손발을 쓸 수는 없는 것입니다. 손발을 쓰지 못하고 속으로만 애를 끓이고 있다 보면, 어느 순간 자신도 모르게 문득 갈증이 사라집니다. 이 맛을 스스로 보아야 합니다. 옛날 사람들도 이 체험이라고 하는 것은 물을 스스로 마셔 보아서 그 차고 따뜻함을 아는 것과 같다고 했습니다. 생각으로 하는 것은 전부 상상에 불과합니다. 절대로 알음 알이 쪽으로 가서는 안 됩니다.

회광반조(廻光反照) 한다는 것은 이것(손가락을 들어 보임)을 맛본다는 것입니다. 모양에 휩싸이지 않고, 욕망에 눈멀지 않고, 생각에 갇히지 않고, 바로 이것(손가락을 들어 보임)만이 있을 뿐이죠! 어떤 모양이 있든, 어떤 욕망이 있든, 어떤 생각이 있든 바로 이것(손가락을 들어 보임)일 뿐이죠! 바로 이것(손가락을 들어 보임)!

제가 지금 여러분을 일깨우기 위하여 어쩔 수 없이 이렇게 보여 드리고 있는 겁니다. 이것(손가락을 들어 보임)은 얻거나 잃을 수 있는 그런 물건이 아닙니다. 또 이것(손가락을 들어 보임) 아닌 다른 것이 있다는 말도 물론 아닙니다. 언제나 이것(손가락을 들어 보임)이어서 어떤 구별도 없습니다. 혹시라도 생각으로 '이것'이라고 분별할까 봐 본래무일물(本來無一物)이라고 합니다. 선택하거나 버릴 수 있는 물건이 없다는 말이지요. 분별할 수 있는 모양은 없어요. 그렇지만 "아무것도 없어! 본래무일물이야!" 하는 이 말에 이것(손가락을 들어 보임)이 숨김없이 나타나 있습니다. 다만 이것(손가락을 들어 보임) 하나가 저절로 확인되면, 바로 눈앞이 분명하게 됩니다. 여기(손가락을 들어 보임)에는 아무 다른 일이 없습니다. 다만 이것(손가락을 들어 보임)이죠!

46.

有誰解會此說 　누가 이러한 말을 이해하겠는가?

教君向己推求 　그대는 자기에게서 미루어 찾아라.

47.

自見昔時罪過 　스스로 지난날의 허물을 보아서,

除却五欲瘡疣 　오욕(五欲)의 부스럼을 없애야 하리.

48.

解脫逍遙自在 　해탈하면 자재하게 노닐면서,

隨方賤賣風流 　곳곳에서 풍류(風流)를 값싸게 판다.

49.

誰是發心買者　누가 마음을 내어 사는 사람인가?

亦得似我無憂　사게 되면 나와 같이 근심 없으리.

---

6) 오욕(五欲): (1) 5근(根)의 대상이 되어 뜻을 두고 좋아하고 집착하는 것. 곧 색(色)·성
(聲)·향(香)·미(味)·촉(觸)의 5경(境). 이 5경은 욕구(欲求)의 대상이고, 욕구 그 자체
는 아님. 이 다섯 가지가 모든 욕망을 일으키므로 5욕이라 함. (2) 재욕·색욕(色欲:성
욕)·음식욕·명예욕·수면욕(睡眠欲).

7) 풍류(風流): 본지풍광(本地風光). 본래의 실상(實相). 세계의 참된 본래 모습.

46.

有誰解會此說　누가 이러한 말을 이해하겠는가?
教君向己推求　그대는 자기에게서 미루어 찾아라.

　누가 이러한 말을 이해하겠는가? 지금 이 말! 이렇게 말하는 지금 이 말! 이 말을 누가 알아듣는가? 이 말을 알아듣는 것은 무엇인가? 이 말을 알아듣는다는 게 무엇인가? 그것을 잘 살펴보세요. 지금 이 말이거든요. 다른 말이 있는 게 아니고 지금 이 말이고, 지금 이 말을 알아듣는 게 무엇이냐? 지금 이 말을 알아듣는 것을 제대로 찾으면, 다른 게 아니라 그게 바로 이것(손가락을 들어 보임)입니다.

　그런데 지금 이 말을 알아듣는다는 것을 뜻으로써 이해한다고 오해하면 안 됩니다. 뜻을 가지고 이해하는 것은 아닙니다. 말뜻이 아니라 지금 이 말을 알아듣는 게 무엇이냐? 이 말은 지금 이 말이 뭐냐 이겁니다. 지금 이 말이 뭐냐? 이것을 일러 마음이라고 하는 것인데, 마음이라고 하는 것이 따로 있는 것은 아니죠. 지금 "이 말을 알아듣는 게 뭐냐?" 하는 이것 이상도 아니고 이하도 아니거든요. 뜻으로만 좇아가지 않으면 "지금 이 말을 알아듣는 게 뭐냐?" 하는 바로 이것이란 말이죠.

예를 들어 화두를 이야기한다면, "부처가 무엇입니까?"라고 하니까 "마삼근"이라고 했거든요. 마삼근, 삼베가 세 근이다. 부처가 무엇이냐고 물었는데 삼베가 세 근이다. 뜻으로는 도저히 말이 안 되거든요? 뜻이 아니라 "마삼근", 이것입니다. 부처가 무엇이냐고 물었는데 "마삼근"이라고 했다고 해서 삼베 세 근이 부처라는 뜻은 아니란 말이죠. "마삼근", 이것이 부처란 말입니다.

또 다른 예로 '만법귀일 일귀하처(萬法歸——歸何處)'란 화두가 있죠? '만법이 하나로 돌아가는데, 하나는 어디로 돌아가는가?' '일체유심조'라고 하듯이 그 '하나'에 마음이니 도니 하는 이름을 붙이거든요? 일단 공부하는 사람이 제일 첫째로 가져야 할 바른 견해는 세상만사가 온갖 종류의 다양한 것들이 있지만 실제로는 그 다양한 것들이 하나라는 것입니다. 이 하나를 일러 진리라 합니다. 《반야심경》에서 오온(五蘊)이 모두 공(空)이라고 하거나, 《금강경》에서 모든 모습이 모습이 아니라고 하는 것은 곧 둘이 아니라는 말입니다. 다양한 모양들이 결국 둘로 나누어질 수 없는 이 하나라는 말이지요. 이(손가락을 들어 보임) 하나! 《화엄경》에서도 "하나가 곧 모든 것이고, 모든 것이 곧 하나다(一卽一切一切卽一)"라고 말하지요. 우리는 다양하게 다른 모습들과 종류들을 이미 잘 분별하여 알고 있습니다. 그렇지만 모든 것에 둘이 없다는 진실에는 어둡습니다. 이 진실에 분명히 통달하는 것이 공부입니다.

"온갖 것들은 하나로 돌아가는데, 하나는 어디로 돌아가는가?"라는 뜻인 '만법귀일일귀하처'라는 말이 있지요? 일체는 다양하게 온갖 것들이 있지만 결국 하나인데, 이 하나가 도대체 무엇이냐? 이 하나를 불교에서는 마음이라고 부릅니다. "이 하나가 무엇인가?" 즉 "마음이 무엇인가?" 하는 의문을 품고 있는 것이 바로 마음공부입니다.

의문을 품고 있다고 하지만, 이 의문은 우리가 일상적으로 가지는 의문과는 그 해결해 가는 과정에서 차이가 있습니다. 이 의문은 과학적인 의문이나 철학적인 의문과는 매우 다릅니다. 예컨대 "원자(原子)란 무엇인가?" "존재란 무엇인가?" "마음이란 무엇인가?" 라는 3개의 의문을 가지고 그 차이를 간단히 살펴보겠습니다. 이러한 의문을 가질 때에 우리는 이미 원자, 존재, 마음에 대하여 우리에게 의문을 불러일으킬 만한 정도의 주변적 지식 혹은 기초적 지식을 얼마간 가지고 있습니다. 이름도 듣지 못했거나, 이름을 듣더라도 호기심을 자극할 만한 내용이 없다면, 의문이 일어날 까닭이 없을 것입니다. 의문을 일으킬 실마리가 될 만한 지식을 이미 가지고 있다는 측면에서 이 3가지 의문은 동일합니다.

이제 이 의문을 해결해 가는 과정을 보겠습니다. "원자란 무엇인가?"라는 과학적 의문을 가진 사람은 기존의 원자라는 개념을 배우고, 그 개념을 바탕으로 하여 새로 실험과 관찰을 행하고, 그 개념을 여러 가지 관찰된 사실과 더욱 잘 부합하면서도 이론적인 모순이 없는 개념으로 정리해 갑니다. 그 가운데 기존 개념의 오류를 바로잡고 새로운 개념을 세우는 것이죠. "존재란 무엇인가?"라는 철학적 의문의 경우에도 과학적 의문의 해결과 같은 과정을 밟습니다. 다만, 철학에서는 실험과 관찰 대신에 오로지 논리적 사고에 의존하여 기존 개념의 오류를 바로잡고, 모순이 적고 여러 이론과 잘 부합하는 새로운 개념을 만듭니다. 이러한 과학적이고 철학적인 의문의 해결 과정은 한 마디로 분별 사유를 통한 탐구 과정이죠. 이러한 탐구는 전체적인 지식 체계 속에서의 개념의 새로운 정립이라고 할 수 있습니다.

그러나 "마음이 무엇인가?"라는 의문을 가진 사람이 기존의 가르침에서 듣는 첫 번째 말은 "마음은 분별 사유를 통하여 탐구될 수도 없고, 개념으로 정립될 수도 없다"는 것입니다. 대개 사람들은 처음 한동안은 이 말을 납득하지 못합니다. 무슨 말인지 이해한다고 스스로는 생각하지만, 사실 잘 납득하지 못합니다. 그리하여 이전의 버릇대로 여전히 마음을 개념으로 탐구하려고 합니다. 이해하는 것하고 버릇이 고쳐지는 것하고는 다르다는 말입니다. 이 사람이 이 의문을 품고 계속하여 탐구한다면, 탐구해 갈수록 더욱더 종잡을 수 없고 오리무중인 상태에 빠지게 됩니다. 개념을 정립하려고 하는 잘못된 길로 가지 않는다면, 마음에 의문을 품은 사람은 반드시 이렇게 됩니다. 해답에 대한 아무런 정보도 얻지 못하고 어떤 실마리나 단서도 믿을 만한 것이 없이 그저 의문만 계속될 뿐인 상태에 빠지게 됩니다.

진지한 탐구자라면 마음에 관한 어떤 정보나 실마리도 믿고 의지할 수 없다는 것을 본능적으로 압니다. 과학이나 철학에 대한 탐구가 지식의 양을 늘려 가는 반면에, 이처럼 마음에 관한 탐구에서는 오히려 지식의 양이 줄어듭니다. 마음에 관한 지식의 양이 줄고 또 줄어서 이제 단 한 조각의 지식도 믿지 않게 되어서 아주 캄캄한 암흑 속에서 방향을 전혀 가늠하지도 못하는 상황에 처하면, 비로소 이 의문의 해결에 가까이 다가왔다고 할 수 있습니다. 캄캄한 암흑 속에서 어떻게도 손을 쓸 수도, 노력을 할 수도 없는 절망적인 상황에 처하여 두려움과 좌절조차도 맛보는 상황이 되면, 여기에서 갑자기 반전이 일어납니다.

갑자기 모든 의문이 사라지고, 어둡게 막고 있던 장애물들이 다 사라집니다. "마음이 무엇인가?" 하는 의문도 사라지고, "마음은 이런 것이다"라는 답변도 없습니다. 다만, 악몽 속에서 갑자기 꿈을 깬 것처럼, 문득 아무 일이 없습니다. 그리고 알 수 없는 행복감이 밀려옵니다. 아무것도 이해할 수 없지만, 아무 문제도 없습니다. 일어나는 모든 일들이 과거와는 달리 매우 선명합니다. 모든 것이 눈앞에 선명하게 나타납니다. 모든 것들이 생생합니다. 생생하게 살아 움직입니다. 그저 언제나 이럴 뿐이고, 아무런 의문이 들지 않습니다. "마음이 무엇인가?" 하는 의문이 더 이상 의문이 아니므로, 이제 이 의문은 해결되었다고 할 수 있습니다. 그렇지만 사실은 해결되었다 해결되지 않았다 하는 그런 것이 전혀 문제되지 않습니다. 그저 모든 것이 너무나 선명하고 또렷해서 아무 의문이 없습니다. 그러므로 마음이 무엇이냐고 물으면, 바로 이것(손가락을 들어 보임)이라고 보여 드리는 수밖에는 다른 도리가 없습니다.

이것을 알려고 하는 사람은 어떻게 공부해야 할까요? 어떻게 공부한다는 공부의 방법은 없습니다. '향엄상수화(香嚴上樹話)'란 화두에 나오듯이, 공부하는 사람은 온몸이 꽁꽁 묶인 채 입으로 나뭇가지를 꽉 물고 절벽에 매달려 있는데 밑에서 어떤 사람이 도가 뭔지 말하지 않으면 총으로 쏴 죽이겠다고 하는 그런 형국입니다. 입을 열어서 말을 하면 떨어져 죽을 것이고, 말을 하지 않으면 총에 맞아 죽을 것이니, 도대체 무슨 방법이 있겠습니까? 정말 절박한 입장 아닙니까? 이런 절박한 입장에서 전혀 예상 밖으로 문득 해결이 되어 버립니다. 공부는 그렇게 진행되는 겁니다. 무엇을 하는 것이 아니에요. 공부는 무위법입니다. 아무것도 할 수가 없어 꼼짝달싹 못하는 곳에서 공부가 되는 거예요. 생각조차 움직일 수도 없는 절박한 상황에서 문득 상황이 바뀌는 것입니다.

"그대는 자기에게서 미루어 찾아라"…… 자기라는 게 뭡니까? 자기가 어디 있습니까? 각자 내가 어디 있는지 찾아보십시오. 나라고 하는 이놈은 '나'라는 말도 아니고, '나'라는 생각도 아니잖아요. 내가 말을 하면 나이고, 말을 하지 않으면 내가 아니냐? 아니잖아요. 생각을 하면 나고, 생각을 안 하면 내가 아니냐? 그게 아니거든요. 나라고 하는 것은 생각이 일어나건 말건, 말이 있건 없건 상관없이 나로서 활동을 하고 있는 거예요. 나라고 하는 것은 곧 도고, 법이고, 바로 이 마음인데, 도는 내가 알고 모르고와는 아무 상관이 없어요. 이게 진짜 나라고요.

하여튼 극에 달해야 해요. 극에 달해야 비로소 뚫리게 되는 것입니다. 말하자면 물도 100도 이상이 되어야 끓어 넘쳐서 수증기가 되잖아요. 그런 식으로 때가 되어야 해요. 계속 듣고 나름대로 고민하고 하다 보면, 어느 순간 물이 수증기로 변하듯이 그런 변화가 확 오는 거예요. 그게 확인된단 말이죠. 물이 100도가 되어 끓어 넘치기 전까지는 겉으로 보기에 아무런 변화가 없잖아요? 공부도 마찬가지에요. 공부가 되는 건지 진전이 있는 건지 자기는 몰라요. 그저 갑갑할 뿐이죠. 그러나 실질적으로 열심히 놓지 않고 공부를 밀고 나가면, 겉으로는 표시가 나지 않지만 물의 온도는 올라가는 것처럼 이 공부도 그렇게 되는 겁니다. 끈기 있게 관심을 놓지 않고 이 하나의 의문을 밀고 나가다 보면, 자기도 모르게 내면의 변화가 진행되어 가는 겁니다. 그러다 갑자기 어느 순간에 체험이 오는 겁니다. 그렇게 해서 공부가 되는 거예요.

그러니까 이 공부를 해내려면 무엇보다도 끈기가 있어야 해요. 기분 내키면 하고 기분이 나지 않으면 안 하고 해서는 안 되는 겁니다. 비가 오나 눈이 오나 꾸준히 해 나가야 하는 겁니다. 어느 때는 공부가 잘 되고 어느 때는 공부가 잘 안 되더라도 계속 끈기 있게 해 나가는 게 비결이에요. 이 끈기가 공부에 힘을 줍니다. 끝내 한 우물을 파는 자세로 계속 하다 보면 반드시 되는 겁니다.

저의 경험으로 보면 어쨌든 공부하는 데에는 끈기가 가장 큰 미덕입니다. 왜? 언제나 똑같은 말이거든요. 언제나 똑같은 말을 끈기 있게 듣기는 쉽지 않습니다. 그러나 아무리 같은 말이라도 그 말이 내 살림살이가 될 때까지는 꾸준히 들어야 합니다. 말로는 이해되지만 실감이 오지 않는다고 하는 사람은 실감이 올 때까지 끈기 있게 참여하여야 합니다. 제가 진짜로 전해 드리고자 하는 게 딱 한 가지 있는데, 여기 법회에 참여하시는 분들은 바로 그것을 얻으려고 오는 것이니까, 그것이 자신의 손에 들어오기까지는 참고 기다리면서 법문을 잘 들어야 하는 겁니다. 그런 끈기가 있어야 해요.

그런 끈기를 가지고 법문을 듣다 보면 차차 그냥 법회에 참석하는 그 자체가 편안하고 즐거운 일이 돼요. 법회에 적응이 되는 것입니다. 이것(손가락을 들어 보임)이 뭔지를 확실하게 뚫어 내지 못해도 그냥 법문하는 이 자리에 앉아 있는 이 자체가 즐거움이 됩니다. 그 정도만 되어도 공부에 상당히 재미를 붙인 겁니다. 거기에서 계속 해 나가다 보면 오래지 않아서 이것(손가락을 들어 보임)에 통할 때가 옵니다. 법회 자리가 재미있다는 것은 설법하는 사람에게 적응해서 같은 정서적 분위기를 좋아하게 되었다는 의미거든요. 그렇게 정서적으로 적응이 되어 더 깊이 빠져들어 가다 보면 어느 순간 체험이 오게 되는 거예요. 스스로 목이 마른 사람들은 법회에 더 빨리 적응됩니다.

　　결국은 끈기 있게 하는 길밖에 없습니다. 대개 6개월 정도가 고비에요. 처음엔 적응이 잘 안 되거든요. 몸이 뒤틀리고 참석하기 싫고 그렇게 돼요. 저도 그랬습니다. 이전에 공부할 때에 처음 6개월 정도는 스승님의 법회에 가기 싫어서 억지로 가고 그랬거든요. 그런데 차차 적응이 되더라고요. 적응이 되니까 이젠 오히려 바깥의 세속적인 분위기가 재미없어지고 법회 자리가 더 재미있어집니다. 사람이 그렇게 바뀌어 가는 겁니다. 자꾸 그렇게 바뀌어 가다가 어느 순간에 문득 해결이 되는 겁니다.

47.
自見昔時罪過　스스로 지난날의 허물을 보아서,
除却五欲瘡疣　오욕(五欲)의 부스럼을 없애야 하리.

　　지난날의 허물이란, 세간적으로 끌리고 좋아했던 경계들을 쫓아다녔던 바로 그것이 허물이란 말입니다. 오욕(五欲)이 바로 지난날의 허물이에요. 세간적인 욕망을 따라 쫓아다녔던 것들이 지난날의 허물입니다. 공부 안으로 들어오면 그러한 세간적인 욕망들이 힘을 잃기 시

202

작합니다. 돈에 대한 욕심, 이성에 대한 욕심, 쾌락에 대한 욕심 등 모든 욕심들이 힘을 잃고, 오직 공부에 대한 욕심 하나만 남습니다. 공부란 것은 특정한 대상이 없기 때문에 맹물처럼 담담해서 아무 맛이 없습니다. 아무 특별하고 짜릿한 맛이 없지만 아무리 마셔도 물리지 않는 아무 맛 없는 맛이 있습니다. 그것을 소위 법미(法味)라고 하는 겁니다. 그런 식으로 우리가 변하는 거예요.

그래서 대혜종고 스님이 뭐라고 했느냐 하면, "공부란 낯익은 것으로부터는 낯설어지고, 낯선 것에 낯익어 가는 것"이라고 했습니다. 그 말이 딱 맞습니다. 사람이 변해요. 아무 욕심도 없고, 아무 데도 마음을 두지 않고, 아무런 집착도 없고, 아무 생각도 안 하는 여기(손가락을 들어 보임)에 익숙해지게 되고, 그러다 보면 법이라는 것에도 통하게 돼요. 법에 통하게 되면, 처음엔 법이란 것도 나름대로 맛이 있어요. 사이다만 마시다가 맹물을 마시면 맹물도 나름대로 맛이 있는 겁니다. 원래 아무 맛이 없는 건데 사이다와 대비해서 맛이 있는 거죠. 마찬가지로 이것(손가락을 들어 보임)도 처음 경험하면 너무 황홀하고 좋은 것 같아요. 그런데 시간이 지나고 나면 밍밍하고 담담합니다. 밍밍하고 담담하지만 항상 있으니 그대로 좋은 겁니다. 그게 법미입니다.

이런 경우도 있어요. 공부하는 사람이 처음 여기(손가락을 들어 보임)에 들어올 때는 짜릿하더니 조금 지나고 나니까 아무 맛이 없어서 공부를 하는 건지 마는 건지 한동안 헤매는 수가 있습니다. 그때 혼자 두면 다시 옛날의 짜릿한 맛을 찾으려 들게 됩니다. 자꾸 맹물만 마시다 보니까 아무 맛이 없거든요? 그래서 다시 사이다 생각이 나게 됩니다. 그럴 때 바로 선지식이 필요한 겁니다. 언젠가는 맹물의 진면목을 알 수 있으니 꼼짝 말고 맹물만 계속 마시라고 지시해 주어야 하는 겁니다. 그걸 보임(保任)이라고 하는 겁니다. 그렇게 시간이 쭉 지나다 보면 맹물의 진짜 맛을 알 수 있습니다.

48.

解脫逍遙自在　해탈하면 자재하게 노닐면서,
隨方賤賣風流　곳곳에서 풍류(風流)를 값싸게 판다.

　"해탈하면", 즉 완전히 오욕을 벗어나서, 세간의 습을 벗어나서 마음자리에 통하게 되면, "오고 감이 자재하다", 즉 걸리는 게 없는 겁니다. 방해될 게 없다는 말입니다. 항상 모든 것으로부터 자유로워요. 자기가 구속되는 것은 자기 스스로 만든 망상에 자기가 집착하고 의지하기 때문입니다. 내가 관심을 두고 마음을 머물게 되면 바로 그것에 내가 구속돼요. 그렇게 하지 않으면 아무 데도 구속되지 않아요. 그 사실을 확실하게 알게 됩니다. 한 생각이 일어나면 만법이 일어나서 스스로를 구속한다는 사실을 알 수가 있습니다. 그래서 생각을 쉴 줄 알게 됩니다. 내가 관심과 애정을 안 주면 어디에도 구속될 일이 없는 겁니다. 그게 해탈입니다. 아무런 관심도, 애정도 두지 않고 그저 법 안에 오롯하게 있는, 오직 법일 뿐이고 다른 것이 없게 되는 그런 경험을 하게 되는 겁니다. 그런데 사실 법은 허공과 같아서 법 안에 오롯하게 있다고 하지만 어떻게 하는 것이 법 안에 오롯하게 있는 것인가 하고 묻는다면 어떻게 대답을 할 수 없어요. 단지 스스로가 알 뿐이죠.

　그 다음 "풍류를 값싸게 판다"에서 '풍류(風流)'란 이것(손가락을 들어

204

보임)을 가리킵니다. "풍류를 값싸게 판다"는 것은 이것(손가락을 들어 보임)을 마음대로 줄 수 있다는 거예요. 스스로 법을 잘 모르면 아주 비싸게 팔아요. 자기가 잘 모르니까 자기에게 아주 고귀할 거거든요. 그런데 자기가 법을 잘 알고 온몸이 법에 푹 잠겨 있으면 이것은 흔하기 짝이 없는 거예요. 그래서 싸게 파는 거예요. 그래서 법에 대해서 아주 쉽게 이야기하고 아주 자유롭게 이야기하는 거예요. 공부가 아무것도 아닌 것처럼 이야기하는 겁니다. 싸게 파는 거죠. 그런데 자기가 법이 분명하지 않으면 법이란 것을 받들어 모시게 되는 겁니다. 어디 하늘 끝에 매달려 있는 것처럼 이야기한다고요. 자기가 모르기 때문에 그런 거죠.

풍류를 값싸게 팔려면 그만큼 자기가 공부해서 푹 익어야 하는 겁니다. 그래야 마음대로 이야기할 수 있습니다. 법을 가지고 놀 수 있게 되는 거죠. 모름지기 공부를 하려면 그렇게 철저히 해야죠. 해탈해서 오고 감이 자재할 정도로 해야죠. 오래오래 하다 보면 그렇게 철저하게 됩니다.

49.

誰是發心買者　누가 마음을 내어 사는 사람인가?
亦得似我無憂　사게 되면 나와 같이 근심 없으리.

누가 풍류를 살 마음을 낸 사람인가? 풍류 그 자체가 바로 풍류 살 마음을 낸 사람입니다. 풍류밖에 없어요. 사람이 있는 게 아니라 다만 이 법밖에 없어요. 법이 자기 자신을 알아보는 겁니다. 발심(發心)이란 자체가 바로 마음이거든요. 법이라고요. 그게 어디 있느냐? "마음이 뭔가?" "법이 뭔가?" 하고 묻는 이것이 곧 마음이고 법입니다. 모든 게 이(손가락을 들어 보임) 하나라고 했는데 이 하나가 뭔가? 다른 의문은 필요가 없어요. 이 하나의 의문만 있으면 돼요. 이 하나의 의문을 가슴에 품고서 이 의문이 끝날 때까지 공부하는 것입니다.

"사게 되면 나와 같이 근심 없으리"…… 나와 같다. '나'가 뭐냐? 바로 이것(손가락을 들어 보임)이거든요. 바로 지금 이야기하는 이 법! 바로 지금 이야기하는 이것(손가락을 들어 보임)이 법이거든요. 나 자신이 바로 지금 이것(손가락을 들어 보임)이란 말이죠. 달리 무엇이 있는 것이 아니라 바로 지금 이것(손가락을 들어 보임)입니다. 나라고 하는 것과 법이라고 하는 것이 달리 있는 것이 아니라, 지금 말하는데 말뜻에 속아 끌려가지 않으면 바로 이것(손가락을 들어 보임)입니다. 이게(손가락을 들어 보임) 바로 법이고 나라고 하는 겁니다. 이것만 분명하면, 이것만 뚫려 버리면 근심 걱정이란 게 있을 수 없습니다. 하여튼 이것(손가락을 들어 보임) 하나만 뚫리면 되는 겁니다. 지금 눈앞에서 펼쳐지는 세계가 뚜렷하지 않으니 온갖 의심과 갈등과 번뇌와 두려움이 있는 겁니다. 이것(손가락을 들어 보임)이 분명하면 저절로 안정과 평화가 찾아옵니다. 그래서 이(손가락을 들어 보임) 의문 하나를 안고 일편단심으로 이것이 밝아질 때까지 계속 찾아 가시면 돼요. 이(손가락을 들어 보임) 하나의 관심, 하나의 마음만 가지고 하면 되는 겁니다.

50.

內見外見總惡　부처의 견해와 외도의 견해가 모두 나쁘고,
佛道魔道俱錯　불도(佛道)와 마도(魔道)가 모두 잘못이네.

51.

被此二大波旬　이 두 가지 커다란 악마에게 사로잡히면,
便卽厭苦求樂　즉시 괴로움을 싫어하고 즐거움을 찾는다.

52.

生死悟本體空　삶과 죽음의 본바탕이 공(空)임을 깨달으면,
佛魔何處安著　부처와 마귀가 어느 곳에 붙겠는가?

53.

只由妄情分別　　다만 허망한 정식으로 분별하므로,

前身後身孤薄　　앞몸과 뒷몸이 외롭고 보잘것없으니,

54.

輪廻六道不停　　여섯 길의 윤회(輪廻)를 쉬지 못하고,

結業不能除却　　맺은 업(業)을 없애지 못하는구나.

50.

內見外見總惡　부처의 견해와 외도의 견해가 모두 나쁘고,
佛道魔道俱錯　불도(佛道)와 마도(魔道)가 모두 잘못이네.

　우리가 어떤 견해를 가지고 있고, 어떤 기대를 가지고 있고, 무언가에 대한 관념, 집착, 느낌, 욕망, 이런 것들을 가지고 있으면 그것들이 바로 우리를 괴롭히는 원인이 됩니다. 부처의 길이 따로 있고 마구니의 길이 따로 있는 게 아니에요. 사실 부처도 마귀도 없습니다. 우리가 만들어 내는 거죠. 부처도 없고 마귀도 없어요. 나 자신이 만들어 내는 거예요. 부처라는 것을 만들어서 거기에 매달리면 부처가 바로 마구니에요. 전부 이름이에요. 이름만 다를 뿐이죠.

　도라고 하는 것은 알고 보면 이런 겁니다. 자, 손을 이렇게(손바닥을 보이며) 앞으로 보이면 손바닥이라고 하고, 이렇게(손등을 보이며) 뒤집어 보이면 손등이라고 하거든요? 항상 우리는 모든 것을 그런 식으로 모양을 따라 구별을 하고 이름을 붙여서 다르게 봅니다. 그런데 법에 있어서는 손바닥, 손등 이런 식으로 되는 것이 아니고, 그냥 이렇게(손바닥을 보임) 이렇게(손등을 보임)입니다. 이렇게(손바닥을 보임) 이렇게(손등을 보임) 하거나, 이렇게(손등을 보임) 이렇게(손바닥을 보임) 하거나 법에 있어서는 아무 차이가 없는 겁니다. 모양을 보면 손바닥부터 보여 주고 손등을 보여 주는 것과 손등부터 보여 주고 손바닥을 보여 주는 것이 다르지만, 법은 불취어상(不取於相)이라고 했거든요. 모양을 취하면 안 된다고 했습니다. 모양을 취하지 않으면 이렇게(손바닥을 보임) 이렇게(손등을 보임) 하는 거나, 이렇게(손등을 보임) 이렇게(손바닥을 보임) 하는 거나 아무런 차이가 없는 겁니다. 동쪽을 가리키고 서쪽을 가리키는데, 우리가 모양을 좇아가니까 이쪽(오른편을 가리키며)은 동쪽이고 저쪽(왼편을 가리키며)은 서쪽이라고 한단 말이죠. 그런데 모양을 안 따라가면 이렇게(오른편을 가리키며) 하는 거나 이렇게(왼편을 가리키며) 하는 거나 아무 차이가 없는 겁니다.

그러니까 모양을 안 따라가면 왼쪽과 오른쪽, 앞과 뒤, 아무런 차별이 없는 겁니다. 머무름이 없고 걸림이 없어요. 그런데도 왼쪽과 오른쪽, 앞과 뒤, 자유자재로 쓰는 게 법이에요. 그래서 부처라고 하든 중생이라고 하든, 번뇌라고 하든 해탈이라고 하든, 선이라고 하든 악이라고 하든, 말과 모양을 따라가면 다 다르지만, 거기에 안 따라가는 입장에서는 전혀 상관이 없어요.

법은 수학의 미분처럼 아주 세밀해요. 이 순간 크기가 없는 이 한 점. 시간적으로도 크기가 없어요. 그래서 찰나라고 하잖아요. 공간적으로도 크기가 없어요. 바로 이 눈앞의 바로 이것! 그러니까 거기엔 생각이란 게 붙을 자리가 못 되죠. 이 순간 딱 여기의 이것(손가락을 들어 보임)이 바로 법인데 여기에 뭐가 붙을 게 있겠습니까? 아무것도 붙을 게 없어요. 그냥 밝고 밝을 뿐이에요.

일즉일체(一卽一切)라고 《화엄경》에서 이야기하듯이, 보이지 않는 이 눈앞의 또렷한 이것(손가락을 들어 보임) 자체가 온 우주 전체입니다. 아무런 분별이나 차별이 없어요. 너무너무 분명한 거예요. 모든 게 다만 이것(손가락을 들어 보임) 하나로 돌아와서 그저 이것 하나뿐이에요. 하나라고 이야기하는 이유도, 구별될 무엇이 없으니까 억지로 하나라고 하는 겁니다. 사실은 생각이 붙을 수가 없단 말이에요. 하나, 둘이라고 헤아릴 수 없습니다. 그냥 그대로 바로 분명하죠. 쳐다보면 "아, 이것!" 바로 분명한 것입니다.

우리가 이른바 망상(妄想)이라고 하는 생각은 이렇게 한 점에 있지를 못합니다. 망상이란 과거가 있고, 현재가 있고, 미래가 있고, 파노라마처럼 스토리가 쭉 전개되지요. 법은 어떻게 스토리가 전개되건 간에 언제나 다만 이것(손가락을 들어 보임)입니다! 비탈에서 물을 부으면 물은 낮은 곳으로 흘러가면서 뒤에 물이 지나간 흔적을 남기지만, 앞부분은 항상 크기가 없는 한 점이잖아요? 크기가 없는 한 점이 계속해서 앞으로 나아갈 뿐이죠. 마음이란 것도 그런 식입니다. 흔적은 실질적으로 마음이 아니에요. 그것은 기억(생각)입니다.

마음은 길고 넓게 퍼져서 크기와 모양이 있는 것 같지만, 이 마음을 실감하는 순간 싸악 줄어들어서 크기가 없는 한 점이 됩니다. 그것을 일컬어서 정(定)이라고 하는 겁니다. 그런 경험이 오는 겁니다. 좌악 펼쳐졌던 마음이 눈앞에 딱 모여요. 크기가 없는 한 점. 크기가 없으니까 그것은 점도 아니죠. 딱 이것!(손가락을 들어 보임) 순간이니 찰나니 하는 말도 맞지 않습니다. "찰—나—" 하는 이거거든요? "찰—나—" 하는 이것을 생각으로 하면 쭉 늘어나지만, 진실로는 늘어나는 게 아니라 크기가 없이 다만 이것(손가락을 들어 보임)입니다. 이게(손가락을 들어 보임) 법이라고요. 그러므로 진실은 언제든지 이것(손가락을 들어 보임)밖에 없어요. 여기에 있으면 아무 일이 없어요. 만약 머리 속에서 '찰나'라는 뜻으로 남아 있으면 그것은 허망한 가짜예요.

법이라는 것은 가장 생생하게 살아 있는 순간입니다. 흔적으로 남아 있는 것은 죽은 겁니다. 생각으로 살아 있는 게 아니라 진실로 생생하게 살아 있는 이(손가락을 들어 보임) 순간이에요. 이 순간에 있을 수 있는 능력만 갖추게 되면 비록 머리 속에 말이 남아 있다 하더라도 상관없어요. 머리 속에 남아 있는 말도 다른 데 있는 게 아니거든요. 영화관에서 영사기가 돌아서 영화가 상영되는데, 정지된 화면이 나타난다고 해서 실제 영사기가 멈추어진 겁니까? 아니죠? 영사기는 계속 돌아가고 있거든요. 그와 마찬가지에요. 우리의 생각이나 보고 듣는 것이 멈추어져 있는 것 같아도 멈추어 있는 게 아니에요. 끊임없이 마음은 작동하고 있는 겁니다. 끊임없이 작동하는 이 마음에 의해서 우리 눈앞에 이런 저런 현상들이 드러나는 겁니다. 정지된 화면이든, 움직이는 화면이든, 그 화면을 드러내는 영사기는 끊임없이 움직이듯이 마음도 마찬가지입니다. 마음의 끊임없는 작동, 그 작동에서 마음이란 것이 탁 감지가 되면 그 작동에 의해서 만들어져 나오는 이름이나 모양에는 더 이상 끌려가지 않는 겁니다. 법이라고 하는 것은 이 순간에 딱 분명한 이것(손가락을 들어 보임)입니다. 그런데 이런 설명을 이해한다고 바로 실감이 오는 경우는 보통 드뭅니다만, 관심을 가지고 계속 귀를 기울이다 보면 어느 순간 자신도 모르게 실감이 오는 때가 있습니다. 실감이 와야만 진실하게 되지 이해하는 것으로는 진실할 수가 없습니다.

이해를 통하여 이런 것이 마음이구나 하고 안다면, 그것은 전부 생각입니다. 생각이 바로 망상이에요. 진실로 여기(손가락을 들어 보임)에는 어떤 생각도 이해도 지식도 분별도 없습니다. 이렇게(오른쪽을 가리키며) 하면 우리는 오른쪽을 가리킨다, 또 이렇게(왼쪽을 가리키며) 하면 왼쪽을 가리킨다고 하지만, 그것은 우리가 모양을 가지고 판단하여 만들어 낸 것이고, 법에서는 이것(오른쪽을 가리키며)도 법이고, 이것(왼쪽을 가리키며)도 법이어서, 방향도 없고 모양도 없어요. 그래서 오른쪽을 가리키고 왼쪽을 가리켜도 법에서는 아무 상관이 없는 거예요. 아무 차별도 없는 겁니다. 이렇게(오른쪽을 가리키며) 하는 것을 오른쪽을 가리킨다 하고, 이렇게(왼쪽을 가리키며) 하는 것을 왼쪽을 가리킨다고 하는 그것이 분별심이고, 그렇지 않으면 한결같이 이것(손가락을 들어 보임) 하나밖에 없습니다. 분별심을 떠나는 것이 무주법(無住法)이요, 무상법(無相法)이요, 무념법(無念法)입니다. 그게 법이에요. 분별심을 떠나면 이렇게 하나(오른쪽을 가리키며) 이렇게 하나(왼쪽을 가리키며) 아무런 다름이 없습니다. 분별심을 못 떠나니까 이것이 다르고 저것이 다른 거죠. 복잡하고 미묘한 이치 같은 것은 없습니다. 전혀 복잡하지 않습니다. 아주 단순명쾌한 겁니다. 아무런 막힘이 없단 말이죠. 막히고 장애됨이 없어요. 막히고 장애되는 것은 우리들의 생각, 견해입니다. 스스로 일으킨 견해가 우리를 붙잡아 구속하는 겁니다. 이런 것을 가리켜서 무승자박(無繩自縛)이라고 했습니다. 노끈도 없는데 스스로 묶였다 이겁니다. 망상에 스스로 꽉 묶여 버리는 겁니다. 중생이란 바로 그런 상태입니다. 본래 우리는 완전히 막힘없이 자유로운데, 스스로 묶여 있는 것입니다. 그러니 행동에 자유로울 수가 없습니다.

51.

被此二大波旬　이 두 가지 커다란 악마에게 사로잡히면,

便卽厭苦求樂　즉시 괴로움을 싫어하고 즐거움을 찾는다.

　부처니 외도니, 불도(佛道)니 마도(魔道)니 하면 다 분별심인데, 분별심을 가지고 세상을 보기 시작하면 부처가 있고 중생이 있고, 어리석음이 있고 깨달음이 있고, 해탈이 있고 번뇌가 있는 거예요. 그러면 괴로움은 싫어하고 즐거움을 구하는 그런 꼴이 되는 겁니다. 괴로움을 싫어하고 즐거움을 구하는 게 이 공부가 아닙니다. 법에서는 괴로움도 없고 즐거움도 없습니다. 괴로움과 즐거움이 둘이 아니에요. 아무런 다름이 없어요. 괴로움으로부터 도망가서 즐거움을 찾는 게 공부가 아닙니다. 보통 다 그렇게 알고 있거든요. 그래서 중생의 괴로움을 조금이라도 덜어 줘야지 하는데, 망상입니다. 본래 괴로움이 없는데 뭘 어떻게 덜어 준단 말입니까? 스스로가 망상을 부려서 그렇게 하는 건데……

　그런데 육체가 부서져서 고통스러운 것은 문제가 달라요. 육체가 부서지면 병원에 가서 치료를 해야죠. 지금 우리의 문제는 마음의 문제, 마음공부거든요. 마음이 괴로운 것은 자기 자신이 스스로 망상을 일으켜서 자기가 자기 자신을 괴롭히는 겁니다. 분별심을 가지게 되면 괴로움을 싫어하고 즐거움을 구하는 이런 어리석음을 범하는 겁니다. 마음공부는 괴로움을 싫어하고 즐거움을 구하는 것이 아닙니다. 오히려 괴로움과 즐거움은 말뿐이고, 《금강경》에서 이야기하듯이 괴로움은 괴로움이 아니라 이름이 괴로움이고, 즐거움은 즐거움이 아니라 이름이 즐거움입니다. 괴로움도 법이요, 즐거움도 법입니다. 이렇게 되면 아무 문제가 없는 겁니다.

분별에 떨어지면, 괴로움을 싫어하고 즐거움을 구하는 어리석음에 떨어집니다. 괴로움을 싫어하고 즐거움을 구하게 되면 공부가 정도(正道)로 가지를 못해요. 괴로움이라는 헛된 망상을 몰아내야 하고, 즐거움이라는 헛된 망상을 좇아가야 하니까 할 일이 많아져요. 뭔가를 해야 하는 겁니다. 그렇게 되면 자꾸 조작을 해야 합니다. 유위법(有爲法)입니다. 버리고 취하는 겁니다. 그런 유위적인 조작을 하게 되면 그것은 공부가 아니고 그저 업(業)을 짓는 일일 뿐이에요. 공부는 업이 완전히 소멸해야 합니다. 업이 소멸한다는 것은, 업이란 물건이 이만큼 있는데 그것을 열심히 공부해서 없앤다는 뜻이 아닙니다. 업이 이만큼 있는 줄 알았는데 공부하고서 보니까 그것이 업이 아니고 보물이란 말입니다, 보물! 법이란 말이죠, 법! 업장이 이만큼 있는 줄 알았는데 공부를 열심히 하고 보니까, 이것이 업장이 아니라 전부 진리인 겁니다. 전부 법인 겁니다. 그러니까 업장이 아무리 많다 하더라도 순간적으로 모든 업장을 완전히 소멸시킬 수 있는 겁니다.

《금강경》에 헤아릴 수 없이 많은 중생을 한 순간에 남김없이 제도한다는 말이 바로 이것입니다. 공부를 하여 진리를 만나고 보니 중생이 전부 부처고, 부처가 전부 중생이에요. 중생과 부처는 전부 이름일 뿐이고, 중생도 없고 부처도 없어요. 그야말로 전부 법이에요. 그것이 올바른 공부, 정도(正道)입니다. 그래서 한 법도 얻을 것이 없고 버릴 것이 없다고 하는 겁니다. 부증불감(不增不減)이라고 하잖아요? 법이라는 것은 증가할 수도 없고 감소할 수도 없어요. 그러나 생각을 하고 분별을 하면 증가하는 것도 있고 감소하는 것도 있죠. 분별심 속에서는 모양이 있으니까 증가와 감소가 있지만 법에는 증가와 감소가 없습니다.

52.

生死悟本體空   삶과 죽음의 본바탕이 공(空)임을 깨달으면,
佛魔何處安著   부처와 마귀가 어느 곳에 붙겠는가?

그러니까 공(空)입니다. 뭐가 붙을 자리가 아닙니다. 삶은 이름이 삶일 뿐 본바탕은 공이고, 죽음도 이름이 죽음일 뿐 본바탕은 공이에요. 아무것도 없어요. 우리가 삶이니 죽음이니 하는 이름과 생각을 따라가지 않는다면 부처도 마귀도 붙을 자리가 없습니다. 법에는 아무것도 붙을 자리가 없습니다. 깨끗한 겁니다. 본래무일물(本來無一物)이라, 본래 한 물건도 없는 겁니다. 이름을 공이라고 하는데, 사실 공은 바로 지금 이것(손가락을 들어 보임)이에요. 이름과 모양으로 붙잡을 수 없으니까 공이라고 했지만, 공이라고 하는 이것(손가락을 들어 보임)은 죽은 것이 아니라 가장 생생하게 살아 있는 것입니다. 아주 생생하게 있는 겁니다. 이름도 이 공이 만들어 내고, 모양도 이 공이 만들어 내니까, 공이 바로 모든 이름과 모양의 바탕입니다. 그러나 공에는 이름

과 모양이 붙을 수 없어요.

금(金)을 가지고 시계 모양도 만들고, 컵도 만들고, 펜도 만들고, 귀고리도 만들고, 수저도 만듭니다. 겉으로 보면 모양이 다 다르지만, 이름과 모양만 안 따라가면 전부 금이지요. 그런데 금을 가지고 금의 모습을 만들어 낼 수 있겠습니까? '금은 이런 모양이다' 하고 만들어 낼 수 있겠느냐 말입니다. 금에는 본래 모양이 없는데, 어떻게 금의 모양을 만들어 낼 수 있겠습니까? 안 되거든요. 마찬가지입니다. 아무리 생각을 가지고 마음법을 알려고 해도 알 수가 없어요. 왜? 생각이란 것 자체가 마음이 만들어 내는 것인데, 어떻게 생각을 가지고 마음을 그려 낼 수가 있겠느냐 이 말이에요. 애초에 안 되는 거예요. 그런데 시계 모양의 과자든, 컵 모양의 과자든, 펜 모양의 과자든 모든 게 다 밀가루로 만들었다는 사실을 먹어 보면 알 수 있듯이, 어떤 생각이든, 뭐가 눈에 보이든, 뭐가 귀에 들리든 간에, 마치 밀가루로 만든 과자를 먹어 보듯이 직접 내가 맛을 보게 되면, 그것들이 전부 다 마음인 겁니다. 다 법인 겁니다. 아무 차이가 없는 겁니다. 부처라는 것도 마음이 만들어 내는 것이고, 중생이란 것도 마음이 만들어 내는 겁니다. 다른 게 아니에요. 그런데 우리는 만들어져 있는 모양만 쫓아다니거든요. 그러니 어리석다고 하고, 전도(顚倒)되었다고 하는 거예요. 전도되었다는 것은 뒤집혀 있다는 겁니다.

그러니까 모양과 이름을 안 따라갈 수 있는 능력을 얻어야 합니다. 다양한 모양의 과자들이 한결같이 밀가루로 만든 과자라는 사실을 한 번 먹어 보면 알듯이, 어떤 경우이든 한결같이 전부 이것(손가락을 들어 보임) 하나뿐이라는 사실을 한 번만 직접 맛보게 되면, 그 다음부터는 의심이 없게 됩니다. 무엇을 보든 다 이것(손가락을 들어 보임), 똑같은 맛인 겁니다. 일미(一味)라고 합니다, 일미! 한 맛입니다. 여러 맛이 없고 언제든지 한 맛밖에 없습니다. 그래서 일즉일체(一卽一切)라고 합니다. 이 한 맛을 알고 나면 세상을 살아가는 데 좋은 것도 없고 나쁜 것도 없어요. 애타게 탐낼 것도 없고 특별히 싫어할 것도 없어요. 한마디로 신경 쓸 일이 없습니다. 특히 욕심 낼 일도 없고, 그렇다고 버릴 것도 없는 겁니다.

단지 스스로가 얼마나 이 법에 투철해서, 다시 옛날처럼 뒤집히지 않고 이 자리에 똑바로 있을 수 있느냐가 문제죠. 그런데 그게 쉽지 않습니다. 우리는 뒤집혀서 생활한 지 오래되어 똑바로 서는 게 익숙하지 않은 거예요. 그게 익숙해져 가는 시간이 수십 년이 걸려요. 쉽사리 뒤집히는 거예요. 똑바로 설 줄 알아도, 워낙 오랫동안 버릇이 되어 있었기 때문에 자기도 모르게 뒤집히는 겁니다. 무의식 중에 그렇게 생각을 따라가 버리는 거예요. 그래 놓고는 기억 속에서, "내가 바로 섰던 기억이 있는데 그게 바로 진리더라"라고 하는 사람도 있습니다. 한번 바로 서 놓고는 다 끝났다고 생각하고 또다시 생각 따라 뒤집혀 살면서, 옛날에 한 번 바로 섰던 그 기억들을 가지고 "진리란 게 그런 거지 뭐……" 한단 말입니다. 여전히 뒤집혀서 살고 있으면서……. 말과 생각으로 공부를 하는 겁니다. 진짜로 바로 선 사람은 그래서 드뭅니다. 바로 선 게 뭔지를 아는 사람은 많아요. 하지만 그 다음부터 뒤집힌 버릇을 고쳐서 계속해서 바로 서려는 노력을 수십 년 해야 비로소 조금 바로 서 있을 수 있는 힘을 얻는다고 할 수 있습니다.

옛사람들도 보통 30년은 보임(保任)을 해야 한다고 했어요. 그랬을 때 비로소 어떻게 행동하더라도 뒤집힐 일이 드물다고 할 수 있습니다. 이 공부가 그런 겁니다. 쉬운 게 아니에요. 우선 바로 서야 하는 것이고, 한 번 바로 서고 나면 계속해서 바로 서 있으려고 노력해야 하는 겁니다. 안 그러면 습관적으로 뒤집히는 겁니다. 망상 따라가 버린단 말입니다. 그래 놓고는 기억으로, 알음알이로 바로 선 게 뭐란 것을 알고만 있는 거예요. 그래서 옛 스님들이 해오(解悟)니 증오(證悟)니 한 거예요. 바로 선 게 뭔지를 한 번 경험해서 "바로 선 것이란 이런 거다" 하고 알음알이로만 아는 것, 그건 공부의 시작 단계고, 끊임없이 노력해서 나중에는 정말 뒤집힐 염려 없이 바로 설 수 있는 능력을 갖추었을 때, 이때에야 비로소 참된 공부꾼이라고 이야기할 수 있습니다. 저도 공부 경력이 길지 않지만 저 자신을 보거나 제 주위 사람들을 보거나 대체로 그렇습니다. 조그마한 것을 알고 만용을 부리며 날뛰다가 어느새 자기도 모르게 다시 뒤집히는 사람들도 많아요. 그래서 공부는 쉬운 게 아니에요. 하면 할수록 더 힘들다는 이야기를 듣잖아요. 공부는 결코 지식이 아닙니다. 매 순간 매 순간 조작하는 버릇에 끌려가지 않고, 한결같이 쉬면서도 밝아야 합니다. 안 그러면 또 뒤집히는 겁니다.

53.
只由妄情分別　다만 허망한 정식으로 분별하므로,
前身後身孤薄　앞몸과 뒷몸이 외롭고 보잘 것 없으니,

　망령된 정식으로 분별한다는 것은 망상이고 생각이며, 이러쿵저러쿵 하는 겁니다. 말 따라가고, 느낌 따라가고, 욕망 따라가는 겁니다. 그러면 산다는 게 외롭고 보잘 것이 없어요. 그런데 법에 있으면 매 순간 매 순간이 즐거워요. 법에서 벗어나지 않고 이 자리에 있는 재미가 있습니다. 모양 따라가지 않고 늘 여여하게 여기(손가락을 들어 보임)에 있다 보면, 언제나 다른 것이 없으니 편안하고 일이 없고 즐거운 겁니다. 그리고 망상이 일어나지 않으니까 골치 아프게 나를 괴롭히는 생각이 없어요.

항상 일 없이 쉬는 자리에 있는 거죠. 보고 듣고 생각하고 느끼고 하는 곳에서, 망상이 나에게 이래라 저래라 명령하는 것이 아니라, 항상한 맛의 법이 확인되는 겁니다. 특별하게 할 일이 없어요. 몸과 의식은할 일이 많지만 마음은 쉬는 겁니다. 그래서 적멸(寂滅)의 자리에서 생멸법(生滅法)을 쓴다고 합니다. 아주 고요하고 티끌 하나 없이 텅 비었지만, 인연에 응할 때에는 좋아하고 싫어함이 없이 언제나 알맞게 응합니다. 저절로 그렇게 되죠. 그것을 《노자도덕경》에서는 무위이무불위(無爲而無不爲)라고 합니다. 애를 써서 하는 일은 아무것도 없는 것같지만 못하는 일도 없다는 겁니다. 공부가 어느 정도 궤도에 올라서면 이렇게 됩니다.

54.

輪廻六道不停　여섯 길의 윤회(輪廻)를 쉬지 못하고,
結業不能除却　맺은 업(業)을 없애지 못하는구나.

뭣 때문에 그러느냐? 망령된 정식으로 분별하기 때문에 그런 겁니

220

다. 여섯 길의 윤회라고 하는데…… 망상이에요, 망상! 이름과 모양을 따라가는 겁니다. '여섯 길의 윤회'라는 것을 좀 더 세밀하게 살펴봅시다. 여·섯·길·의·윤·회…… 더 세밀하게 나눠 보면, ㅇㅕ·ㅅㅓ·ㅅ…… 더 이상 뜻은 없잖아요. 더 세밀하게 나눠서 크기가 없는 데까지 들어가서 '여섯 길의 윤회'라는 그림을 그려 보면 아무 특별한 게 없는 거예요. 말은 한 자 한 자 끝까지 나왔는데 실제로는 하나의 뜻도, 모양도 이루어지지 않는 겁니다. 단지 마음이 이렇게 움직였을 뿐이죠. 무슨 말인지 아시겠습니까? 제가 하나의 방편을 쓰고 있는 겁니다.

우리가 보통 이해하듯이 전체를 놓고 '여섯 길의 윤회'라고 하면 하나의 모양이 이루어져 있잖아요? 뜻이 이루어져 있거든요. 그것을 좀 더 세밀하게 작게 지금 당장 경험되고 확인되는 것으로 보자는 말입니다. 한 글자씩 자르면 여·섯·길·의·윤·회…… '여'와 '섯'은 별 뜻이 없지만 '길'이라고 하면 뜻이 있게 되니까, 모음과 자음으로 또 자르자 이겁니다. 그러면 ㅇㅕ·ㅅㅓ·ㅅ…… 이런 식으로 되잖아요? 벌써 아무 뜻이 없지요? 뜻은 다 사라졌지만 여전히 '여섯 길의 윤회'라고 모음과 자음을 주욱 늘어놓고 있잖아요? 그러나 실제로 이 찰나라고 하는 것은 하나의 자음이나 하나의 모음조차도 성립되지 않는 아주 짧은 순간입니다.

"이 순간에 살아 있으라!"고 할 때, 이 순간이란 바로 그런 뜻이에요. 아무런 그림도 성립되지 않는 이 찰나, 크기가 없는 점과 같은 찰나! 그런데 그놈이 주르륵 가면서 모든 그림을 좌악 그려 놓는 겁니다. 그러니까 주르륵 늘어진 것을 보면 그림이 있지만, 이 순간에 있으면 아무 그림도 없는 겁니다. 매 순간순간에는 모음, 자음조차도 이루어지지 않는 그런 짧은 순간이 변함없이 있을 뿐입니다. 아무런 뜻 없는 순간이 있을 뿐인데, 우리는 그것을 기억으로 남기고 조합하여 전체를 뜻으로 끼워 맞추는 겁니다. 그것을 일러 전도몽상(顚倒夢想)이라고 합니다. 아무런 뜻 없는 순간을 지나갈 뿐인데, 지나간 흔적을 보고서 하나의 뜻을 만드는 겁니다.

이것이 바로 생각입니다. 그러니까 생각은 망상이죠. 우리는 이미 이만큼 지나와 있는데 뒤에 남아 있는 기억을 가지고서 그림을 만드니, 진실하지 않아요. 실제로는 언제나 당장 이것(손가락을 들어 보임)이 있을 뿐인데, 과거니 현재니 미래니 하고 그림을 그립니다. 실제로는 이것(손가락을 들어 보임)뿐이고, 언제나 여기(손가락을 들어 보임)에 있을 뿐이죠. 매 순간 아무것도 없고 아무 뜻도 없는 이것(손가락을 들어 보임)뿐입니다. 이것(손가락을 들어 보임)이 바로 영원입니다. 이것(손가락을 들어 보임)에는 시간이 따로 없으니, 영원히 이것(손가락을 들며)입니다.

제가 한 시간 내내 설법(說法)하지만, 설법은 지나간 한 시간 동안 테이프에 녹음된 것이 아니고, 언제나 바로 이것(손가락을 들어 보임)이 설법이에요. 모든 사람은 자기 자신이 설법을 하고 있는 겁니다. 모든 사람은 자기 자신이 법을 생생하게 실감하고 있는 거예요. 이처럼 몸으로는 항상 법을 실감하면서도, 생각은 엉뚱한 짓을 하고 있는 겁니다. 생각은 여기(손가락을 들어 보임)에 머물지 못하고 엉뚱한 그림을 그리고 있지요. 그러니까 법의 맛을 알 수가 없는 겁니다. 생각에 가려서, 법을 맛보고 있으면서도 그 맛을 알지 못하고 있습니다. 아주 맛있는 음식이 눈앞에 있는데 갑자기 굉장히 관심을 끄는 일이 나타나면, 음식을 입에 넣는다고 해도 음식 맛이 느껴지지 않지요? 바로 그와 같습니다. 생각이 엉뚱한 짓을 하고 있으므로, 항상 법을 실감하고 있으면서도 법을 맛보지 못하는 겁니다. 중생의 병이 바로 이런 거예요. 병이 들어도 보통 든 게 아니죠. 다만 망령된 정식으로 분별하기 때문에 외롭고 보잘것없는 겁니다. 안 그러면 다 진리입니다. 전부가 다 진리지요.

언제나 여기(손가락을 들어 보임)에 자리 잡고 있을 뿐입니다. 이것을 일러 법이라고 합니다. 법이란 특별히 애써 탐구해서 풀어야 할 수수께끼와 같다고 상상해서는 안 됩니다. 지금 당장 이것(손가락을 들어 보임)밖에 다른 것은 없습니다. 여기(손가락을 들어 보임)에서 생각이 사라지고 의심이 사라지고 아무 일 없이 편안히 있으면서도 언제나 밝아서 속는 일이 없으면, 이 이상 다른 것은 없습니다.

열두 번째 법문

55.

所以流浪生死   삶과 죽음을 떠돌아다니는 까닭은

皆由橫生經略   모두가 제멋대로 꾀를 부리기 때문이다.

56.

身本虛無不實   몸은 본래 허무하여 진실이 아니니,

返本是誰斟酌   근원으로 돌아가면 누가 헤아려 보랴?[8]

57.

有無我自能爲   '있음'과 '없음'은 나 스스로 만든 것이니,

不勞妄心卜度   망령된 마음으로 애써 헤아리지 마라.

58.

衆生身同太虛　중생의 몸은 허공과 같으니,
煩惱何處安著　번뇌가 어느 곳에 붙겠는가?

59.

但無一切希求　다만 아무것도 바라거나 찾지 않으면,
煩惱自然消落　번뇌는 저절로 없어지리라.

---

8) 중생의 몸이건 부처의 몸이건 몸이 따로 있는 것이 아니니, 몸이란 말은 허망한 이름일
   뿐이다.

55.

所以流浪生死   삶과 죽음을 떠돌아다니는 까닭은
皆由橫生經略   모두가 제멋대로 꾀를 부리기 때문이다.

　우리가 생사심, 생멸심을 이야기하는데, 끄달려 다니는 게 바로 생사심이요, 생멸심입니다. 우리가 소위 본래면목이라고 하는 것, 도라고 하는 이것은 끄달려 다니거나 왔다 갔다 하는 게 아닙니다. 그런데 문제의 요점은 끄달려 다니느냐 마느냐 하는 이런 느낌, 이런 생각, 이런 판단 자체가 망상이란 겁니다. 우리가 가지고 있는 문제라는 게 실제로 끄달려 가느냐 마느냐 하는 문제라기보다는, 끄달려 가는 게 옳으냐 그르냐 하는 식의 생각 자체가 망상이란 말입니다. 그러니까 이것은 "1＋1은 1이 옳으냐, 2가 옳으냐?"의 문제가 아니고, "1＋1은 1이냐, 2냐?"를 따지는 것 자체가 문제다 이거예요.
　지난번에 제가 말씀드렸던 것처럼 "오매일여가 되느냐 안 되느냐, 꿈과 깨어 있음이 같으냐 다르냐?"가 문제가 아니고, "꿈과 깨어 있음이 같으냐 다르냐?" 하고 따지는 것 자체가 문제라는 겁니다. 따지는 그게 바로 문제예요. 그래서 같다고 해도 문제는 여전히 있는 것이고, 다르다고 해도 문제는 여전히 있는 거예요. "꿈과 깨어 있음이 같다"고 하면 오매일여가 성취되었다고 하고, "꿈과 깨어 있음이 다르다"고 하면 아직 오매일여가 안 된 것이라고 이렇게 이야기를 보통 하는데, 그렇게 따지는 것은 곧 경계를 따라서 분별하는 것입니다. 경계를 따라 분별하는 바로 이것이 문제입니다. 이것이 망상입니다. 공부는 경계가 달라지는 것이 아니고, 자신이 분별망상에서 깨어나는 것입니다. 잠과 깨어 있음을 헤아리고 따지는 마음이 눈곱만큼도 일어나지 않으면, 그런 따지는 마음에 우리가 끄달려 가지 않으면 그냥 본래 아무런 문제가 없어요. 원래 이 자체로 아무 문제될 게 없어요. 생각이 일어나자마자 바로 어긋나 버리니까 그게 문제예요. 그렇다고 생각이 안 일어난다고 하면 아무 생각이 없는 것이냐? 그게 아닙니다. 사람이 어떻게 아무 생각 없이 살아갈 수 있습니까?

항상 제가 말씀드렸듯이 물이냐 물결이냐 바로 그 문제입니다. 물결이 물결인 동안에는 물결은 반드시 일어나거든요. 그런데 이 물결이 어떤 물결이냐는 것이 문제가 아니고, 어떤 물결이 일든 그것이 한결같이 물일 수 있으면 상관이 없는 겁니다. 공부란 그런 겁니다. 어떤 물결이 일어나든 그것은 아무 상관할 바가 아니다 이거예요. '부처'라는 물결이 일든, '중생'이라는 물결이 일든, '옳다'라는 물결이 일든, '그르다'란 물결이 일든 그것은 아무 상관이 없는 것입니다. 어떤 물결이 일든 항상 물일 뿐이거든요. 그래서 긍정할 것도 없고 부정할 것도 없어요. 이것은 법이고 이것은 법이 아니라고 할 무엇이 없다니까요. 그렇게 이야기하는 것 자체가 벌써 법이라는 물결과 법이 아니라는 물결을 또 따라가 버리는 겁니다. 그래서 법에서는 긍정도 부정도 할 수 없어요. 긍정할 것도 없고 부정할 것도 없는 겁니다. 이거니 저거니 할 게 아무것도 없습니다. 문제의 소재가 어디 있느냐를 잘 살펴봐야 하는 겁니다.

고오타마 싯달타가 출가해서 처음엔 선정을 닦으며 몇 년간 고행을 했어요. 그랬지만 공부가 되지 않아서 집어 치우고 보리수 밑에 앉아 있다가 이것을 알았거든요. 그것을 보통 알기로는 부처님이 좌선도 하고 고행도 하고 열심히 공덕을 쌓아서 마지막에 가서 깨달음을 얻었다고 알고 있습니다만, 이것은 망상입니다. 알음알이 지식이지요. 그런 알음알이는, 깨달음이라는 것은 어떤 수많은 공덕을 쌓아서 그 뒤에 무언가를 얻는 것이라는 착각을 하게 만듭니다. 그게 아닙니다. 부처님이 죽을 고생을 다해서 그 당시까지 최고의 경지에 있다는 스승들을 찾아서 공부를 해 봤는데 근원적으로 삶과 죽음의 문제가 해결이 안 되었던 거예요. 그렇다면 뭐가 문제냐? 부처님이 보리수 밑에서 알아차린 것은 "뭐가 문제냐?" 하고 문제 삼고 있는 자기 자신이 문제라는 사실입니다. 자기 생각이 문제더라 이겁니다. 그 생각을 벗어난, 생각이 아닌 이것(손가락을 들어 보임)을 알아차린 거예요. 문제는 나한테 있구나! 이 분별, 이 한 마음이 문제구나! 그렇게 문제 삼는 생각이 안 일어나니까, 분별심이 안 일어나니까 본래 아무 일이 없는 겁니다. 우리가 생각하기에는 "무슨 소리냐? 아무 문제가 없다니? 늙어 가고 있고 죽어 가고 있는데⋯⋯"라고 하겠지만, 늙어 가고 있고 죽어 가고 있는 것을 문제 삼는 그것이 문제지, 늙어 가고 있든 죽어

가고 있든 그것 자체는 문제가 안 돼요.

　우리 집 화단에 있는 꽃도 봄에 싹이 올라와서 여름에 꽃이 피었다가 가을엔 떨어져서 겨울이 되면 말라 죽잖아요. 우리는 거기에 대해서는 아무런 고민을 하지 않거든요. 그건 당연한 거지 "왜 이 꽃은 사시사철 피어 있지 않고 여름 한철 피었다가 죽느냐?"라고 고민하지 않습니다. 너무 당연하기 때문에 생각조차 안 하죠. 또, 아침에 동쪽에서 해가 떠서 정오에는 하늘 가운데에 있다가 저녁이 되면 서쪽으로 지잖아요. 그것을 우리는 고민합니까? "해가 하루 종일 가운데 떠 있으면 좋을 텐데 왜 서쪽으로 넘어 가지?" 그렇게 고민 안 하거든요? 그렇게 고민하면 바보 취급을 받겠죠. 고민을 하지 않습니다. 그런데 왜 사람이 태어나서 늙어 죽는 것을 고민하느냐 이겁니다. 똑같은 건데……. 그렇잖아요? 왜 똑같은 현상을 두고 어떤 것은 고민하고 어떤 것은 고민 안 하느냐? 우리도 남이 늙어 죽는 것엔 신경 쓰지 않잖아요? 남이야 늙어 죽든가 말든가 신경 안 쓰잖아요? 그렇다면 결국 이게 뭡니까? 내 문제라고 하는 것은 생각이 개입되어 있다는 것입니다. 그러니까 문제가 되죠. 생각이 개입되어서 젊음은 이런 것이고, 늙음은 이런 것이고, 태어남은 이런 것이고, 죽음은 이런 것이고……. 생각을 개입시키니까 문제가 되는 겁니다. 그래서 고민이 되는 거죠. 생각 하나가 문제지 실제로 생로병사 그 자체가 문제될 이유는 하나도 없는 거예요. 모양 있는 모든 것은 기본적으로 생로병사, 생주이멸(生住異滅) 하는 거거든요. 그게 정상이죠. 그런데 거기에 우리 생각이 개입되면 문제가 되는 것이고, 생각이 개입되지 않으면 아무 문제될 게 없어요. 생각이 문제예요. 생각 하나가 개입되는 게 문제지, 본래 있는 그대로는 아무 문제될 게 없어요.

　그러니까 여기서 "삶과 죽음을 떠다니는 까닭은 모두가 제멋대로 꾀를 부리기 때문이다"라고 하고 있습니다. 자기 나름대로 생각을 하는 거죠. 이러쿵저러쿵, 이건 이거고 저건 저거고 이렇게……. 그 바람에 삶과 죽음이 문제가 되는 거예요. 삶과 죽음이란 것도 사실 말이거든요? 말 붙이기 나름입니다. 우리는 지금 '살아간다'라고 하고 있지만, 조금만 더 생각해 보면 '죽어간다'라는 말도 틀린 말은 아니거든요. 우리 종착점이 죽음이니까 '죽어간다'는 말도 틀린 말은 아니죠. 실제로는 똑같은 말인데 어떤 사람한테 "당신 요즘 잘 살아가는군요"라고 하면 좋아하지만, "당신 요즘 잘 죽어가는군요"라고 하면……. (웃음) 말이에요, 말! 말에 속는 거고 생각에 속는 겁니다. 그래서 말에 안 속고 생각에 안 속으면 별다른 게 없어요.

　그렇다면 말에 안 속고 생각에 안 속으려면 어떻게 해야 하느냐? 그런데 "어떻게 해야 한다"라는 그 자체가 말이고 생각이잖아요? 말에 안 속고 생각에 안 속는다면서 또 그 말 따라가고 생각을 따라가면 또 속는 거잖아요? 그런 식으로 공부를 하면 안 되는 겁니다. 말에 안 속고 생각에 안 속는 게 공부인데 "공부란 이렇게 해야 한다"라고 하면 그게 말이고 생각이잖아요. 그렇게 되면 또 말에 속고 생각에 속게 되는 겁니다. 그렇게 할 수는 없어요. 그래서 공부가 어려운 점이 바로 그런 데 있는 겁니다. 말에 안 속고 생각에 안 속는 길은 말과 생각을 통해서는 갈 수 없어요. 그 길은 말과 생각으로는 지시해 줄 수 없기 때문에 그 길을 찾기 위해서 설법을 잘 듣고 나름대로 고민을 하다가 자기도 모르게 그 길을 문득 찾게 되는 거죠. 그렇게 찾는 게 진짜 찾는 거예요. 말과 생각으로 헤아려 찾는 게 아니고 문득 실현되는 겁니다.

제 설법만 잘 듣고 계셔도 정법(正法)이 뭐고 사법(邪法)이 뭔지 정도는 구별이 됩니다. 공부가 깊이 안 되더라도 뭐가 옳은 것이고 뭐가 그른 것인지 정도는 알 수 있습니다. 그러고 나서 보면 대부분의 공부가 전부 말장난, 생각장난에 불과합니다. 말로부터 벗어나고 생각으로부터 벗어나야 한다고 해 놓고는 그 안에서 놀고 있는 겁니다. 그 안에서 무슨 단계가 있고, 경지가 있고, 수준이 있고, 공부가 되니 마니, 온갖 이상한 짓을 다 하는 겁니다. 공부는 사실 되고 말고 할 것도 없어요. 망상만 안 부리면 공부는 될 것도 없고 말 것도 없습니다. 본래 완전하다고 했잖아요. 본래 완벽한 것이지 부족한 것은 없습니다. 말에 안 속고 생각에 안 속는다면 본래 그대로 아무 문제가 없어요. 그러니까 무소득(無所得), 이 법은 따로 얻을 게 없는 법이라고 하는 겁니다. 그런데 이런 단계, 저런 단계, 몇 년을 수행했느니 어쩌느니 이런 식으로 가면 다 말장난을 하고 있는 겁니다. 다 생각 속에서 놀고 있는 거죠. 공부하고는 아무 상관이 없습니다. 사실 이 공부란 것은 참으로 간단명료한 겁니다. 스스로 생각을 일으켜서 스스로 거기에 속아 버리니까 간단명료할 수가 없습니다. 대단히 어려운 걸로 착각을 해요. 아주 간단명료한 겁니다. 전혀 어려운 게 아니에요.

56.

身本虛無不實   몸은 본래 허무하여 진실이 아니니,
返本是誰斟酌   근원으로 돌아가면 누가 헤아려 보랴?

232

여기서 몸이라고 하는 것은 색수상행식(色受想行識), 모양 있는 것을 몸이라고 표현한 겁니다. 모양이 있어서 생각으로 헤아릴 수 있는 것은 본래 허무해서 진실이 아니다 이겁니다. 그런데 이것도 "몸은 허망한 것이다"라고 생각을 하면 몸이 허망한 게 아닙니다. 생각으로는 절대 그것이 허망할 수가 없어요. 몸이 본래 허망한 줄 알려면 허망하지 않은 것을 알아야 하는 거죠. 《반야심경》 식으로 이야기하자면, 색수상행식이 다 공인 줄 알아야 허망한 줄도 알지, 공인 줄 모르면 몸이 왜 허망합니까? 다 몸 하나 믿고 살아가는데……. 느낌, 생각, 욕망들이 모두 허망한 게 아니에요. 사람들이 다 그것에 의지하여 살아가는 것인데, 허망해질 수가 없어요. 그게 허망한 것인 줄 알려면 몸이나 생각이나 욕망 같은 것들이 모두 다만 이것(손가락을 들어 보임)일 뿐임을 깨달아야 합니다. 이것(손가락을 들어 보임)을 몰록 경험하게 되면 몸이란 게 아무것도 아니라는 사실을 깨닫게 됩니다. 몸보다 힘이 센 것은 생각이고, 생각보다 더 힘이 센 것은 이것(손가락을 들어 보임)이거든요. 몸은 우리 생각을 따라서 움직이고, 생각은 이것(손가락을 들어 보임)에서 일어나니까 이것(손가락을 들어 보임)이 진짜죠. 이것(손가락을 들어 보임)을 보통 마음이라고 부릅니다.

그래서 마음 하나를 알면 되는데, 마음 하나를 어떻게 아느냐 그게 문제입니다. "마음은 이런 것이다"라고 가끔씩 말하는데, 사실은 "마음은 이런 것이다"라고 말할 수가 없습니다. 마음은 어떤 모습으로 있는 게 아니거든요. 방편상 그렇게 이야기하는 거지 실제 마음이라고 정해진 것은 아무것도 없습니다. 지금 이렇게 "마음이 뭘까?", "마음은 이런 것이다"라고 말하는 이것이 마음이지요. 당장 지금 하고 있는 모든 것, 이것 자체가 마음이지 다른 건 없다 이겁니다. 말하자면 이것도 지금 제가 계속 물결을 일으키고 있는 거잖아요? 물결을 일으키는 이것이 물이지 또 달리 물이란 게 없어요. 어떤 물결의 모양을 가지고 "이것이 물입니다"라고 보여 줄 수는 없단 말이죠. 어떤 물결이 일든 그 물결이 바로 물이지 다른 게 어디 있습니까? 꼭 물결이 일어야 물입니까? 안 일어도 물이죠. 그러니까 마음을 알면 가리켜 주든 말든 아무 상관이 없어요. 제가 자꾸 "이게 마음입니다. 이걸 모르겠어요?"라고 괴롭혀서 이것을 알게끔 하는 것인데, 알고 나면 제 말이 거짓말인 줄 알 겁니다. (웃음) 그렇지만 거짓말인 것만도 아니에요. "이것이 마음이다"라고 해도 거짓말이지만, 또 "이것은 마음이 아니다"라고 해도 거짓말입니다. 물결을 가리키면서 "이것이 물이에요"라고 해도 거짓말이지만 "이것은 물이 아닙니다"라고 해도 그것도 거짓말이잖아요. 그러니까 말귀를 잘 알아들으셔야 합니다. 말귀를 잘 알아들으면 언제나 물일 뿐이지 거짓말은 없습니다.

마음이라고 하는 것은…… 그러니까 지금 말하는 이것, "마음이라고 하는 것은……" 하는 이것, 쳐다보고, 눈을 깜빡이고, 발을 꼼지락거리고 하는 여기 이것 이외에는 없어요. 여기서 알아차려야 하는 겁니다. 그렇다고 해서 "발을 꼼지락거리는 게 마음이다"라고 하면 어디 가서 미친 놈 소리 듣습니다. 그러니까 말귀를 잘 알아들으셔야 해요. 눈치를 채야 하는 겁니다. 물이 뭔지를 모르는 사람에게 여러 가지 방식으로 물결을 일으키면서 "이것이 물이다"라고 가리키면, 처음엔 물결을 좇아가기 때문에 어느 때는 이런 물결이 물이라고 했다가 어느 때는 저런 물결이 물이라고 하면 어리둥절하지만, 나중에 물결이라는 개념이

234

없어지고 나면, 이런 물결도 물이고 저런 물결도 물인 겁니다.

이것(손가락을 들어 보임)이 마음이에요. 생각을 붙이면 안 돼요. 생각을 붙이면 '응무소주(應無所住)'가 아니고 '유소주(有所住)', 머물러 버린단 말입니다. 그러면 안 됩니다. 무소주(無所住)가 되어야 해요. 머무는 바가 없어야 하는 거죠. 그렇다고 "그래, 머무는 바가 없어야지"라고 하는 그 생각에 머물러 있어서는 또 안 돼요. 그것도 머물러 있는 거거든요. 어떤 생각이 털끝만큼이라도 일어났다 하면 안 맞는 겁니다. 그래서 '호리유차(毫釐有差)'하면 천지현격(天地懸隔)'이라 하는 겁니다. 생각 하나가 모든 것을 뒤바꾸어 놓는 겁니다. 생각이 모든 문제를 만드는 겁니다. 그래서 다음과 같이 말하고 있습니다.

57.

有無我自能爲　'있음'과 '없음'은 나 스스로 만든 것이니,

不勞妄心卜度　망령된 마음으로 애써 헤아리지 마라.

부처가 있고 법이 있고 하는 것들은 모두 내가 생각으로 만들어 낸 겁니다. 모든 것은 내 생각 하나가 만들어 내는 것이에요. 그래서 심생종종법생(心生種種法生), 생각 하나가 일어나면 모든 것이 쫙 펼쳐져요. 《노자도덕경》에서도 유명만물지모(有名萬物之母)라고 했잖아요. 이름이 붙는다는 것은 생각이 일어났다는 거거든요? 생각이 일어나면 만물이 생긴단 말입니다. 그런데 무명천지지시(無名天地之始), 생각이 싹 사라져 버리면 온 우주가 본래 자리, 시초(始初)로 돌아가 버립니다. 생각이 개입되지 않으면 있는 그대로가 본래 자리이고, 생각이 개

입되면 거기에 만물이 가득 차게 되는 겁니다. 생각 하나가 일어나면 온갖 것이 일어나서 복잡한데, 심멸종종법멸(心滅種種法滅), 생각이 없으면 아무것도 없어요. 본래무일물(本來無一物)이에요.

그렇다면 법이 무엇이냐? 생각이 일어나든 일어나지 않든 상관없이 언제나 법입니다. 생각이 일어나는 자체가 법입니다. 달리 법이 있는 게 아니에요. 법이 있다고 좇아가면 그것은 오온(五蘊)에 해당합니다. 느낌이든가, 관념이든가, 욕망이든가, 그런 것에 불과한 거예요. 그래서 《금강경》에 "법은 법이 아니라 그 이름이 법이다"라고 한 겁니다. 말일 뿐이지 아무것도 아닙니다. 말일 뿐이에요. 그래서 진리니 깨달음이니 반야니 하는 것은 어떤 각고의 노력 끝에, 갈고 닦고 해서 성취하는 그런 경지가 아닙니다. 우리는 그렇게 이야기하는 사람에게 대부분 속는데, 그야말로 망상입니다. 《금강경》에 뭐라고 하고 있습니까? 한 법도 얻을 수 없는 것이 무상정등각(無上正等覺)이라고 분명하게 나와 있습니다. 한 법도 얻을 것이 없기 때문에 무상정등각을 얻을 것이라고 수기하잖아요. 《반야심경》에도 이무소득고(以無所得故), 하나도 얻을 것이 없기 때문에 반야바라밀에 의지한다고 하고 있잖아요. 얻을 것도 없고 잃을 것도 없어요. 있는 그대로 아무 문제가 없어요. 문제는 바로 우리 스스로가 일으키는 분별망상 그것 하나가 문제지, 아무것도 문제될 게 없습니다.

그래서 사실 법을 알고 보면 싱거워요. 뭔가 대단한 진리가 있을 것 같았는데, 턱 알고 보니까 아무런 특별한 것이 없는 겁니다. 자기 스스로가 망상을 부리지 않는다면 진리라고 할 게 아무것도 없다 이거예요. 제가 법, 법 하면서 자꾸 말하지만, 사실은 법이라고 하는 특별한 무엇이 있는 것은 아닙니다. 단지 이대로가 여법한 것이고 이대로가 법일 뿐인데 우리 스스로가 생각을 일으키는 그때부터 문제가 시작되는 거예요. 기독교도 마찬가지죠. 선악과(善惡果)라는 게 바로 분별심이거든요? 선악과를 따 먹자마자 그때부터 죄인이 되고 문제가 생긴 거예요. 선악과를 먹었다는 것은 분별망상 쪽으로 갔다는 것이고, 선악과를 먹기 이전이란 것은 분별망상을 좇아가지 않는 것을 말하는 겁니다.

58.

衆生身同太虛　중생의 몸은 허공(虛空)과 같으니,
煩惱何處安著　번뇌가 어느 곳에 붙겠는가?

여기서도 '중생의 몸'이란 것은 단순히 몸뚱이를 가리키는 것이 아니라 오온(五蘊) · 육식(六識)을 이야기하는 겁니다. 우리가 의식하는 모양이 있는 것들을 이야기하는 겁니다. 우리가 '나'라고 여기고 있는 것들을 이야기하고 있는 겁니다. 내가 '나'라고 여기고 있는 것들, 육체니 느낌이니 생각이니 욕망이니 의식이니 하는 것들이죠. 보이는 것들이죠. 이거다 저거다 분별할 수 있는 것들이죠. 그런 것들은 허공과 같이 허망한 거다 이겁니다. 실질적인 게 없어요.
예컨대, "심장은 매우 중요한 것이다"라고 할 때, 심장이라는 실질적인 사물이 있어서 그것이 중요하다고 말하는 것처럼 언뜻 보이지만, 심 · 장 · 은 · 매 · 우 · 중 · 요 · 한 · 것 · 이 · 다, 라고 하는 이것(손가락을 들어 보임)이 이루어져야 심장이 중요해지거나 그렇지 않거나 하는 일들이 이루어지거든요? 달리 한번 생각해 봅시다. 심장이란 것은 피를 보내 주는 곳이거든요. 펌프죠. 심장이라는 사물이 중요한 것이 아니고 펌프질 이것이 중요한 것 아닙니까? 그런 심장의 역할은 인공 심장도 할 수 있는 거잖아요. 심장이 쇠로 만들어졌든 근육으로 만들어졌든 그것은 상관이 없는 겁니다. 펌프질 이것 자체가 중요한 것이죠.

그래서 "심장은 매우 중요한 것이다"라는 말의 내용이 중요한 것이 아니라, 심·장·은·매·우·중·요·한·것·이·다, 라고 말할 수 있는 이것(손가락을 들어 보임)이 중요한 것입니다. 이렇게 말할 수 없으면 아무것도 될 것이 없어요. 될 수 있는 일이 아무것도 없어요. 진짜 중요한 것이 뭔지를 알면 되는 것이지 여기에 아무것도 특별한 것은 없어요. 처음에는 머리로 안다 하더라도 결국에는 심·장·은· 매·우·중·요·한·것·이·다, 라고 말할 수 있는 이것(손가락을 들어 보임)의 가치를, 이것(손가락을 들어 보임)이 모든 것이란 사실을 알아야 해요. 이것(손가락을 들어 보임)이 심장도 펌프질해 주는 것이고, 두뇌도 돌려 주는 것이고, 말도 하게 만드는 것이고, 밥도 먹게 해 주는 것이고, 소화도 해 주는 것입니다. 이것(손가락을 들어 보임)이 모든 것을 다 하거든요. 그것을 일러 마음이니 본래면목이니 도니 하는 거예요.

이것이 무위이무불위(無爲而無佛爲)입니다. 무슨 말이냐 하면, 심장이 뛰는데 우리가 의식적으로 심장을 뛰게 하는 게 아니잖아요? 밥을 소화시키는데 생각으로 소화시키는 게 아니잖아요? 저절로 되잖아요. 저절로 되는 이놈이 모든 경우에 저절로 조화롭게 되고 있잖아요. 아무엇도 안 해도 저절로 자기가 알아서 다 하잖아요. 인위적으로 하는 것은 아무것도 없는데, 하지 못하는 일 또한 아무것도 없는 겁니다. 다 되고 있는 겁니다. 그러니까 세상 편한 겁니다. 저절로 다 되니까 무위법을 알면 세상이 편한 겁니다.

"번뇌가 어느 곳에 붙겠는가?"…… 망상에서는 번뇌가 있는 거지만 망상이 없으면 번뇌도 없고 해탈도 없어요. 우리는 "공부를 열심히 해서 번뇌에서 해탈해야지"라고 하는데, 그 생각 자체가 망상입니다. 공부를 열심히 해 놓고 보면 번뇌도 없고 해탈도 없어요. 번뇌도 없고 해탈도 없는 것이 부처고, 번뇌도 있고 해탈도 있는 것이 중생입니다. 중생은 열심히 공부해서 깨달으려고 하지만, 부처는 공부할 것도 깨달을 것도 없습니다. 본래 깨달을 것도 없고 공부할 것도 없는 자리입니다. 자기 스스로 망상만 안 일으키면 아무 문제가 없는데 스스로 망상을 일으키고 있는 겁니다. 망상분별하니까 번뇌도 있고 해탈도 있는 거예요. 망상분별하지 않으면 번뇌도 없고 해탈도 없습니다. 분별하지 않는 그 자리에 늘 그대로 일 없이 쉬어서 무위법을 쓰는 겁니다. 《금강경》에도 "모든 성인들은 무위법으로써 차별된다"라고 했거든요. 무위법을 쓸 줄 아는 게 성인인 거죠. 보통 사람들은 무위법을 쓸 줄 모르고 자기가 인위적으로 하려고 해요. 다 유위법을 쓰고 있어요.

59.
但無一切希求   다만 아무것도 바라거나 찾지 않으면,
煩惱自然消落   번뇌는 저절로 없어지리라.

선악과를 먹고 보니까 천국이 있고 지옥이 있지만, 스스로 선악과를 먹지 않으면 본래 천국도 없고 지옥도 없어요. 분별하니까 부처도 있고 중생도 있고, 어리석음이 있고 깨달음이 있지만, 분별하지 않으면 부처니 중생이니, 어리석음이니 깨달음이니 하는 그런 것은 없습니다. 결국 스스로의 망상분별, 이것이 모든 문제의 근원인 것입니다.

바라지도 않고 구하지도 않는 것이 바로 무위(無爲)인데, 바람도 없이 구함도 없이 이 자리에서 몰록 쉬면 번뇌도 보리도 없습니다. 그렇다고 "아무것도 바라지 않고 아무것도 구하지 말아야 하겠다"라고 하면 그것 자체가 뭘 원하는 거잖아요. 그러니까 어떤 식으로든지 유위법으로는 안 되는 겁니다. 자기도 모르게, 간절하게 공부를 하다 보면 어느 순간에 무위법을 쓸 수 있는 능력을 얻게 됩니다. 그게 제가 늘 말씀드리는 경험을 한다는 겁니다. 그런 경험이 와야 하는 거예요. 능력을 얻어야 해요. 그게 이 공부예요. 또 능력을 얻는다고 해서 무슨 특별한 능력이 있느냐 하면 그런 것은 아니에요. 그저 무위법이 뭔지를 자기도 모르게 아는 것이지 무슨 특별한 능력을 얻는 것은 아니에요.

그저 골똘하고 간절하게 하는 방법밖에 없어요. 뒤로 물러나면 안 돼요. 공부에서는 전진만 있지 후퇴는 없어요. 머뭇거려서도 안 돼요. 죽고 살고, 좋고 나쁘고를 염두에 두지 말고 무조건 밀고 들어가야 하는 겁니다. 겁 없이 밀고 들어가는 저돌적인 측면이 있어야 합니다. 그래야 뚫기 어려운 의식의 장벽을 뚫고 나갈 수 있는 겁니다. 중단 없는 전진이죠. 다른 게 없습니다. 그러다 보면 어느 순간에 공부 쪽으로 많이 와 있음을 알 수가 있습니다. 자신도 생기고 힘도 붙게 되는 겁니다. 하여튼 열심히 하는 것, 그것밖에 없습니다.

열세 번째 법문

60.

可笑衆生蠢蠢　우습구나, 중생들의 꿈틀거림이,

各執一般異見　제각기 다른 소견에 집착하여 있구나.

61.

但欲傍鏊欲餠　다만 지짐냄비 옆에서 빈대떡 먹기를 바랄 뿐,

不解返本觀麵　근본으로 돌이켜 밀가루 볼 줄은 모른다.

62.

麵是正邪之本　밀가루가 옳고 그름의 근본이지만,

由人造作百變　사람이 조작하여 백 가지로 달라진다.

63.

所須任意縱橫　반드시 뜻대로 자유자재하면,

不假偏耽愛戀　치우쳐 애욕을 탐내지 않는다.

60.

可笑衆生蠢蠢　우습구나, 중생들의 꿈틀거림이,
各執一般異見　제각기 다른 소견에 집착하여 있구나.

　눈에 보이고, 귀에 들리고, 우리 눈앞에 드러나 있는 다양한 모양들을 다 다르게 보고 분별해서 "이것은 이것이고, 저것은 저것이다"라고 구분하는 게 중생의 특징입니다. 중생의 가장 중요한 특징은 분별심이거든요? 그래서 중생 눈에는 부처가 따로 있고 중생이 따로 있고, 깨달음이 따로 있고 어리석음이 따로 있고, 그런 식으로 눈앞에 드러나는 색깔이 다 다르고, 모양이 다 다르고, 들리는 게 다 다르고, 생각이 다 다르고, 느낌이 다 다르고, 욕망이 다 다르고······ 전부 구분해서 어떤 것을 좋아하거나 싫어하기도 하고, 취하거나 버리기도 하는 것이 우리 중생입니다. 자기가 바라보는 바, 소견에 따라 다 다른 겁니다.
　사실 이 공부의 원리는 간단한 거예요. 《금강경》에 보면, 범소유상 개시허망 약견제상비상 즉견여래(凡所有相　皆是虛妄　若見諸相非相　卽

見如來)라고 하고 있는데, 거기에 우리 공부의 모든 것이 다 들어 있습니다. 범소유상(凡所有相), 무릇 있다고 여겨지는 모든 모양들, 우리가 구별해서 보는 모양들, 이 상(相)이라는 말은 구별하고 분별해서 나누어 보는 것입니다. 그것은 우리가 의식을 가지고 생각으로 "이것은 이것이고, 저것은 저것이다"라는 정도로 구분하는 것이 아니라, 무의식적으로 느낌이라든지, 뿌리 깊은 고정관념, 각종 욕망 등 자기가 알지도 못하는 사이에, 자기가 의식하기도 전에 습관적으로 구분하고 있는 것입니다. 자기도 모르게 끌려가 버리는 거예요. 의식적으로 구별하는 게 문제라면 자기가 의식적으로 구별하지 않으면 되는데, 그런 단순한 문제가 아니란 말이죠. 중생의 분별심은 단순한 문제가 아니에요. 내가 의식하기도 전에 벌써 분별해서 끌려 다니고 있단 말이죠. 습관이에요. 습관적이기 때문에 업이라고 해요. 업(業)이 바로 습(習)이에요. 몸에 배어 있는 거예요. 그런 단순한 문제가 아니기 때문에 어려워요. 그래서 꾸준하게 오랫동안 해야 극복할 수 있는 겁니다.

61.

但欲傍鏊欲餠　다만 지짐냄비 옆에서 빈대떡 먹기를 바랄 뿐,
不解返本觀麵　근본으로 돌이켜 밀가루 볼 줄은 모른다.

중생은 당장 자기가 원하는 바를 가지려고만 원할 뿐, 그것이 뭔지를 모르는 겁니다. 우리는 눈앞에 나타나 있는 모양들이 진실하다고 여기거든요? 컵이 여기(컵을 들어 보임) 있는데 이게 허망하다고 하면 안 믿어집니다. 컵을 써서 물도 마시고 잘못해서 떨어뜨리면 깨지고

하는데 어찌 이것이 허망한 것이냐?《금강경》에서는 '범소유상 개시허망'이라고 하지만 우리는 아무리 봐도 허망하지가 않아요. 이해가 잘 안 됩니다. 분명히 여기(컵을 들어 보임) 있는데 왜 허망하다고 하느냐? 그 허망하다는 뜻은 컵이 여기 있는데 그 컵이 없다는 뜻이 아니에요. 그렇게 하면 말이 안 맞아요.

'범소유상 개시허망'이란 것이 모양으로 있는 것이 전부 없는 것이고 가짜란 뜻이 아닙니다. 모양은 분명히 있죠? 그래서 컵을 사용하거든요? 그러다가 잘못 사용하면 컵이 깨진단 말이죠. 인과법을 따르는 거예요. 여기에 있단 말이죠. 그럴 경우에 그것을 세간법이라고 합니다. 세간법으로서의 컵은 여기(컵을 들어 보임) 분명히 있습니다. 그런데 우리가 지금 구하는 것은 세간법이 아닙니다. 세간법은 우리가 이미 잘 알고 있는 겁니다. '범소유상 개시허망'이란 말은 세간법의 입장에서 이야기하는 것이 아닙니다. 진실로 허망하지 않은 그것을 찾기 위해서 앞에 드러난 이것(컵을 들어 보임)을 허망하다고 하는 것입니다.

우리가 마음을 찾기 위해서 생각으로 판단하는 것은, 빈대떡의 모양을 가지고 밀가루를 찾으려고 하는 것과 같다는 것을 아서야 합니다. 생각이란 빈대떡과 같은 것이에요. 이것저것 모양과 이름으로 분별하는 겁니다. 그러니까 생각으로는 절대 안 된다는 겁니다. 그러면 어떻게 해야 하느냐? 어떤 사람이 밀가루를 보여 달라고 했는데, 여러 가지 모양의 빈대떡을 내놓으면서 "이것이 밀가루다"라고 했단 말이죠. 내보인 사람은 분명히 밀가루를 보여 준 것이지만 모양만 보는 사람에게는 빈대떡만 보이는 겁니다. "마음이 뭡니까?"라고 물었는데 이렇게(손가락을 들어 보임) 했단 말이죠. 마음이 뭐냐고 물어서 마음을 보여 주었는데, 보는 사람이 "그것은 손가락이지 않느냐?"라고 한다면 어떻게 할 수가 없는 겁니다. 그래서 공부를 해야 합니다. 왜 이것이 빈대떡이 아니라 밀가루인지 그것을 볼 수 있는 안목을 갖춰야 합니다. 그게 공부입니다. 그 안목이라는 것은 생각을 가지고는 안 돼요. 빈대떡을 보면서 그것을 즉각 밀가루로 볼 수 있는 그 능력이 바로 소위 "오온이 모두 공임을 비추어 본다"는 것이고, "모든 모습을 모습 아닌 것으로 본다"는 것입니다.

그렇다면 도대체 밀가루란 게 무어냐? 공(空)이라는 게 무엇이냐? 비상(非相)이라는 게 무엇이냐? 생각으로 알 수는 없어요. 지금 손가락을 이렇게(손가락을 굽혔다 펴 보임) 한다고 했을 때 이게 뭐냐? "장부가 팔을 폈다가 오므리는 데 다른 힘을 빌리지 않는다"는 말이 있어요. 다른 힘을 빌리지 않는다는 것은 다른 게 없다는 겁니다. 폈다가 오므리는데 보이는 것은 모양이죠? 그러나 폈다가 오므리는데 모양을 안 좇아가면, 폈다가 오므리는 이것(팔을 굽혔다 펴 보임) 자체가 뭐냐? 폈다가 오므렸다 하는 여기서, 생각으로가 아니고 생각을 떠난 자리에서, 폈다가 오므렸다가 하는 이것이 뭔지 감(感)이 올 수가 있습니다. 그런 식으로 감이 오면 통하는 겁니다. 그런 데서 한 번만 탁 통하면 돼요. 생각을 떠난 자리에서 한 번만 탁 통해 버리면 온통 이것(손가락을 들어 보임)밖에 없어요. 다른 게 없어요.

우리가 지금 이것에서 벗어나 있는 것이 아니에요. 마치 끈끈한 아교풀 같이 계속해서 이어지고 있어요. 그래서 생멸법이 아니라고 하는 거예요. 계속 이어지고 있는 거예요. 떨어지지지가 않아요. 여러 가지가 단절되어 있는 것처럼 보이지만 쭈욱 그대로 이어지고 있는 것이

246

있어요. 마음의 눈으로 보아야 합니다. 그게 탁 와 닿으면 역시 쭈욱 이어져서 끊어짐이 없어요. 다른 게 없다는 사실을 알 수가 있어요. 다만 이것(손가락을 들어 보임) 하나밖에 없습니다. '이것'이라고 하지만 이것이라고 할 것은 없어요. 진짜 허공 같아요. 허공 같아서 아무런 차별이 없는데 온 우주가 온통 그대로 하나예요. 구별이 없어요. 한 덩어리에요. 그 안에서 여러 가지 희로애락의 감정이나 생각이 일어나는데, 감정이나 생각이 일어날 때는 한 덩어리인 줄을 몰라요. 감정이나 생각에 가려서 여러 가지가 있는 것 같은데, 잘 보고 있으면 생겨났다 사라지는 감정이나 생각과 달리 그냥 한 덩어리에요. 그것은 생각의 눈이 아니라, 제3의 눈, 마음의 눈이라고 하는 심안(心眼), 법안(法眼)으로 보는 거예요. 거기서 감이 와야 합니다. 틀림없이 옵니다. 심안이니 법안이니 하는 것이 어디에 따로 붙어 있는 것은 아니지만, 간절한 마음으로 발심해서 잘 듣고 배우다가 때가 되면 그런 경험이 와요. 그러면 늘 가슴 속에 걸리는 게 없어요. 아무리 찾아봐도 걸릴 게 없어요. 그때부터 한 생각 일으키면 뭔가 있지만 안 일으키면 아무것도 없다는 그런 이야기를 자기도 모르게 할 수가 있는 겁니다.

어려운 것은 절대 아닙니다. 불가능한 것도 아니고……. 얼마나 진실하게 하느냐에 달린 겁니다. 일단 불교 공부를 많이 한 사람들은 기존에 가지고 있던 잘못된 견해들을 빨리 정리해야 해요. 그것을 정리하려면 계속 제 법문을 들어야 합니다. 듣다 보면 삿된 견해들이 정리되어 떨어져 나갑니다. 그것부터 정리되어 머리 속이 텅텅 비어야 해요. 비고 나면, 법은 아주 간단명료한 것입니다. 여러 가지가 아니라 전체가 한 덩어리인 것을 탁 제시하는 겁니다. 그것을 알아차리면 되는 겁니다. 공부란 것은 그런 식으로 되는 겁니다. 어려운 게 아니에요.

62.

麵是正邪之本　밀가루가 옳고 그름의 근본이지만,

由人造作百變　사람이 조작하여 백 가지로 달라진다.

　옳고 그름은 빈대떡이에요. 옳은 빈대떡은 동그랗고, 그른 빈대떡은
네모처럼 생겼다고 합시다. 빈대떡의 모양만 보면 그 두 개는 확연하
게 다릅니다. 그런데 밀가루를 보세요. 이렇게(손가락으로 동그라미를 그
리며) 하는 것은 동그랗고 이렇게(손가락으로 네모를 그리며) 하는 것은
네모라고 하면 두 개는 다른 것이지만, 모양을 안 따라가면 이렇게(손
가락으로 동그라미를 그리며) 하는 것이나 이렇게(손가락으로 네모를 그리
며) 하는 것이나 전혀 다를 게 없습니다. 이렇게(손가락을 흔들며) 하는
이 순간을 보세요. 이렇게(손가락으로 동그라미를 그리며) 하는 이 순간이
나 이렇게(손가락으로 네모를 그리며) 하는 이 순간이나 한결같이 똑같습
니다. 이 순간이 포착되면 여기서 들어갈 수 있습니다. 언제든지 전혀
달라지지 않는 이것(손가락을 들어 보임) 하나, 이것 하나만 와 닿으면
됩니다. 이렇게 간단한 거예요. 너무너무 간단한 거예요. 그러고 나면
동그랗든, 네모났든, 손을 털고 앉아 있든, 전혀 다르지 않은 겁니다.
항상 이것(손가락을 들어 보임)입니다. 동그라미일 때도 이것(손가락을 들
어 보임)이고, 네모일 때도 이것(손가락을 들어 보임)이고, 손을 털고 앉아
있어도 이것(손가락을 들어 보임)이고, 전부 다 이것(손가락을 들어 보임)
입니다. 전혀 달라지지 않습니다. 이것(손가락을 들어 보임)밖에 없는 거

죠. 전혀 달라지지 않아서 언제든지 이것(손가락을 들어 보임)밖에 없으면 되는 거예요.

바늘구멍만큼이라도 여기서 감이 오면 되는 겁니다. 전혀 어려운게 아니에요. 어린애처럼 순수하고 단순한 심정으로 여기에 오셔서 공부하시면 되는 겁니다. 그래서 이 공부를 하면 사람이 대단히 단순해집니다. 단순해지려고 이 공부를 하는 겁니다. 단순하면 탁 통해서 막히지 않으니까 병이 생기지 않습니다. 복잡하니까 온갖 병통이 다 있는 겁니다. 이것은 너무나 단순하고 소박해서 노자나 장자는 도(道)를 통나무와 같다고 했습니다. 너무너무 단순한 겁니다.

63.

所須任意縱橫　반드시 뜻대로 자유자재하면,
不假偏耽愛戀　치우쳐 애욕을 탐내지 않는다.

우리는 해탈이니, 자유자재니, 걸림이 없느니, 장애가 없느니, 그런 이야기를 합니다. 그렇게 되어야 한다고 합니다. 그러나 "자유자재하다"라는 생각이 있으면 자유자재하지 못한 겁니다. "해탈했구나"라고 알고 있으면 그것은 해탈하지 못한 겁니다. "장애가 없구나"라고 이야기해도 역시 그것은 장애가 없는 게 아닙니다. "뜻대로 자유자재하다"라는 말이 가리키는 것이 이것입니다. 법이 분명하면, 법이 뭔지, 마음이 뭔지, 도가 뭔지…… 이것은 생각이 아니에요. 통달해야 합니다. 생각은 놓게 됩니다. 통달해서 분명하면 막힘이 없어집니다. 요컨대 법이 뭔지 알면 되는 겁니다. 다른 게 없습니다. 여기에 통달하면 되는 겁니다.

마음이라고 하는 것은 말을 하기 이전에 벌써 숨김없이 드러나 있습니다. "마음이라고 하는 것은……"이라는 말을 시작하기 전에도 있고, 말을 끝마친 뒤에도 있어요.

뭐가 있다고 하면 '무언가'에 대한 생각을 하게 되는데, 이것은 무엇이 아닙니다. 어떤 말이 일어나든지 어떤 생각이 일어나든지, 지금 일어나고 있는 이 말, 이 생각 이것 자체입니다. 다른 것은 없습니다. 언제든지 항상 이것 자체에요. 그래서 당체(當體)라고 하지요. 언제든 마음이 어디 있는지 보려고 눈길을 돌렸다 하면, 눈길을 돌리는 그것 자체가 마음입니다. 항상 그렇습니다. "마음이 뭘까?" 하고 생각을 굴리는 그것 자체가 마음이지, 그 생각을 굴려서 뭔가를 알아냈다, 눈길을 돌려서 뭔가를 보았다고 하면, 그것은 아닙니다.

제가 "마음은 이것(손가락을 들어 보임)입니다"라고 가리키는데, 가리키는 대상이 있다고 보고 그것을 찾으면 곤란합니다. 이것(손가락을 들어 보임) 자체예요. 언제든지 마음은 이것(손가락을 들어 보임)입니다. 이것(손가락을 들어 보임)밖에 따로 있지 않습니다. 항상 이것(손가락을 들어 보임)이지요. 항상 이것(손가락을 들어 보임)일 뿐, 앞도 없고, 뒤도 없고, 가운데도 없어요. 과거도 없고, 현재도 없고, 미래도 없어요. 이게(손가락을 들어 보임) 법이고, 이게(손가락을 들어 보임) 마음이에요.

이것(손가락을 들어 보임)이 분명해서 정말 다른 생각이 안 일어나면 아무런 걸림이 없어요. 이것이 분명해서 아무런 걸림이 없으면 다시 수행할 일은 없어요. 우리의 육체와 정신이라고 하는 것은 나의 의도를 개입시키지 않아도, 내가 의식하고 있지 않아도 자동적으로 움직

250

이니까 신경 쓸 필요가 하나도 없습니다. 신경 쓸 필요가 하나도 없는 게 아니라 이것 자체에요. 하여튼 말의 뜻을 따라가면 안 됩니다. 천 마디 만 마디 말이 있어도 단 한 마디도 말하지 않은 겁니다. 언제든지 이것(손가락을 들어 보임)일 뿐이에요. 그냥 언제든지 이것이지 그 이상도 없고 그 이하도 없습니다. 앞도 없고 뒤도 없어요. "없어요" "있어요" 하는 말도 바로 이것입니다. 이게 마음입니다. 언제든지 이것밖에 없어요. 다른 게 없단 말이죠.

하여튼 머리를 굴리는 것 때문에 안 되는 거예요. 어릴 때부터 우리는 교육이라는 이름으로 중생되는 훈련만 받아 왔습니다. 분별심만 실컷 훈련시킨 겁니다. 이 진실의 자리에 머물러 있는 것은 애초부터 관심조차 없었어요. 그저 눈에 보이는 대로 좇아가는 데 바쁘고, 들리는 대로 따라가는 데 바쁘고, 느끼는 대로 욕망하는 데 바쁘고, 일어나는 생각대로 거기에 휩싸여 정신 못 차리고 따라다니는 데 바빴지, 이 불변의, 절대로 생긴 적도 없고 사라지지도 않는, 불생불멸하고 부증불감하는, 왔다 갔다 하는 것도 아니고, 크지도 않고 작지도 않고, 항상 그대로 있는 이것(손가락을 들어 보임)에는 지금까지 전혀 관심이 없었던 겁니다. 이것이 문제이지 다른 문제는 없습니다. 이것(손가락을 들어 보임)은 결코 사라진 적이 없어요. 이것(손가락을 들어 보임)이 사라졌다면 이 세상이 있을 수가 없습니다. 물론 우리 자신도 존재할 수가 없죠. 이것(손가락을 들어 보임)은 사라질 수 없는 겁니다. 절대로 이것(손가락을 들어 보임)은 사라지지 않습니다. 다만 이것(손가락을 들어 보임) 하나가 모든 것이에요.

마음이라는 것은 내용이 없습니다. "마음이 뭐요?" 하면 "마음이 뭐요?" 하는 이것이 마음이지 여기에 무슨 내용이 있느냐 말이죠. 매일 이것을 쓰고 있는데 여기 무슨 내용이 있느냐 말이죠. 갓 태어난 어린아이도 우리와 똑같아요. 애초부터 가지고 나온 것이지 만들어 내는 것이 아닙니다. 이것을 써서 기억을 하고 머리를 굴리다 보니 지금처럼 오염이 된 겁니다. 올 때부터 가지고 오고, 갈 때 가지고 가는 것에 대해서 우리는 관심이 없어요. 그것은 신경을 쓰지 않아도 늘 그대로 있으니까 관심을 가지지 않는 거예요. 올 때 안 가지고 있었던 걸 살아가는 동안 실컷 끌어 모아서 가지고 있다가 갈 때 몽땅 내놓고 가잖아요. 본래 가지고 온 것은 갈 때도 그냥 가지고 가는 겁니다. 그것 하나가 제일 중요한 것인데 그것을 모르고 있어요.

그것이 지금 어디 있느냐 하면, 내가 지금 아무것도 가지고 있지 않고, 아무 생각도 안 하고, 아무 조건도 달지 않을 때에도 언제나 여기에 있는 이것(손가락을 들어 보임)이에요. 이것(손가락을 들어 보임)이란 말이죠, 이것(손가락을 들어 보임)! 아무 조건이 필요 없어요. 아무 노력이 필요 없는 겁니다. 공부는 노력을 해서 억지로 하는 게 아닙니다. 본래 마음이라고 하는 것, 법이라고 하는 것은 아무런 노력이 필요 없는 거예요. 본래 가지고 있는데 무엇 때문에 노력해야 합니까? "내가 열심히 노력하고 있다"고 하는 이것 자체가 마음이라니까요. 이것 자체가 아무 조건이 없고, 아무 신경 쓸 필요가 없고, 아무 생각도 붙일 필요가 없고, 깨어 있든 잠자든 늘 있는 이것(손가락을 들어 보임)이에요. 이것뿐이에요. 다른 게 없어요. 이게(손가락을 들어 보임) 마음이에요, 이게(손가락을 들어 보임) 법이란 말이죠. 그래서 무일법가득(無一法可得), "한 법도 얻을 게 없다"고 한 겁니다.

252

어찌 보면 마음은 빈손이라고 할 수 있는데, 이것을 가지고 온갖 것을 끌어당겼다가 나중에 다 놓고 가잖아요. 날 때부터 이것(손을 쥐었다 펴 보임)은 할 줄 알았던 거예요. 이것(손을 쥐었다 펴 보임) 하나를 가지고 평생 끌어 모았다가 다 버리고 간단 말이죠. 이것(손을 쥐었다 펴 보임) 하나라니까요. 이것(손을 쥐었다 펴 보임) 하나! 이것(손을 쥐었다 펴 보임)이야말로 가장 중요한 거예요. 이것(손을 쥐었다 펴 보임)이 나의 진아(眞我)예요. 나머지는 전부 가짜입니다. 본래 가지고 왔기 때문에 내놓을 수 없는 것, 이것(손을 쥐었다 펴 보임)이 진짜 나라니까요. 이것(손을 쥐었다 펴 보임)뿐이에요. 이것(손을 쥐었다 펴 보임)은 어려울 게 하나도 없습니다. 왜 어렵냐? 배운 게 많아서 그렇습니다. 아는 게 많아서 그런 거예요. 배운 게 많고 아는 게 많으면, 그 허깨비에 가려서 진리는 알 수가 없습니다.

육체는 내가 아닙니다. 생각이 내가 아니고, 느낌이 내가 아니고, 욕망이 내가 아니에요. 진짜 나라고 하는 것은 그런 것하고 아무 상관이 없어요. 그런 것들은 왔다 갔다 하는 것 아닙니까? 육체, 새롭게 생겨나고 없어지고, 계속 변화하고 있는 거거든요? 생각, 느낌, 욕망, 다 마찬가지예요. 그런 것들은 진짜 나하고 아무 상관이 없는 거예요. 절대로 오지도 않고 절대로 가지도 않는 게 있습니다. 그게 진짜 나란 말이죠. 그것은 죽고 살고하고는 상관이 없어요. 그것 하나를 아는 것인데, 사실 어려운 게 아니에요. 왜? 우리 자신이 그것 자체거든요. 그것 자체인데도 불구하고 왜 이렇게 어렵게 느껴지냐 하면, 태어난 이후에 육체가 나라고 집착해서 육체를 위해서 온갖 희생을 감수하고, 생각을 나라고 집착하고, 느낌에 집착해 온 때문입니다. 손님을 주인이라고 착각하는 바람에, 그래서 중생을 전도(顚倒)되어 있다고 하는 겁니다. 완전히 뒤집혀 있는 거예요. 진짜와 가짜를 구별 못하고 가짜를 진짜라고 착각을 한 세월이 수십 년이 되었기 때문에 진짜가 늘 이 자리에 있어도 모르는 겁니다. 이유는 그것 하나입니다. 진짜가 늘 눈앞에 있고, 손아귀에 있어도 모르는 겁니다.

그래서 그 착각만 바로잡으면, 진짜가 뭔지를 볼 수 있는 안목만 얻으면 됩니다. 그때부터 공부가 되는 겁니다. 그렇다면 진짜가 뭐냐? 바로 이것(손가락을 들어 보임)이에요. "진짜가 뭐냐?" 하는 이것이 진짜예요. 우리는 "진짜가 뭐냐?" 하면 "이것이 진짜다"라고 뭔가 주어질 것이라고 생각하죠? 그것은 가짜란 말이에요. 그것은 전부 생각이 만들어 낸 가짜란 말입니다. "진짜가 뭐냐?" 하는 이것이 결국 모든 것을 다 만들어 내는 것이거든요. 만약 "이것이 진짜다"라고 알려 줄 수 있다 하더라도 결국 이것이에요.

마음이라고 하는 것은 늘 내가 사용하고 있는 것이에요. 내 마음을 내가 떠날 수 없잖아요. 유일하게 마음 탁 놓고, 신용불량자 될 걱정 전혀 없이 일생 동안 펑펑 쓸 수 있는 것은 마음 하나밖에 없습니다. 육체, 이것을 펑펑 써 보세요. 견딜 수가 없죠. 망가지죠. 생각, 한번 끊임없이 해 보세요. 머리가 견뎌 내지 못하죠. 그런데 마음은 아무리 써도 그런 게 없어요. 마음을 쓸 줄 모르고 엉뚱한 것을 자꾸 쓰다 보니까 문제가 생기는 겁니다. 전도되어 있는 겁니다. 뒤집혀 있어서 엉뚱한 것을 쓰고 있어요. 관심을 엉뚱한 데 두고 있는 겁니다.

뜻대로 자유자재하려면 반드시 진짜를 알아야 합니다. 진짜를 알아서 쓸 줄 알아야 해요. 지금 "진짜가 뭘까?" 하는 여기에 진짜가 자기 능력을 발휘하고 있습니다. "이것이 진짜다"라고 뭔가가 주어져야 하는 것이 아닙니다. "진짜가 뭘까?" 하는 이것 말고 따로 있는 게 아니에요. 지금 바로 이것(손가락을 들어 보임)입니다. 그래서 당체(當體)라고 하는 겁니다. 이것(손가락을 들어 보임)밖에 없어요. 이것(손가락을 들어 보임)밖에 없다는 이 사실이 확실하게 와 닿으면 그 다음부터는 아무 일이 없어요.

공부는 우리의 본성이 이끌어 가는 거예요. 머리가 이끌어 가는 게 아니에요. 우리 본성이 깨어나기 때문에 견성이라고 하는 거예요. 머리를 가지고 생각으로 따라가는 게 아니고, 자기도 모르게 그리 이끌리는 겁니다. 계속 그렇게 가다 보면 어느 순간에 자기도 전혀 예상하지 못한 순간에 문득 나타나는 거예요. 오아시스가 있으리라고 전혀 예상하지 못했던 사막에서 언덕 하나 넘으니까 나타나는 것과 마찬가지예요. 그렇게 확인이 돼요.

우리가 이것(손가락을 들어 보임)을 왜 모르느냐 하면, 우리의 의식이란 놈이 항상 다른 데 가 있기 때문이에요. 여기(손가락을 들어 보임)에 있지를 못하고 다른 데 가 있습니다. 제자리에 발을 딛지 못하고 공중에 붕 떠 있지요. 그렇게 확고부동한 자리에 발을 딛지 못하고 떠 있기 때문에 도리어 의지할 곳을 찾아서 헤매는 겁니다. 그래서 눈에 보이는 데 의지를 하고, 생각에 의지를 하고, 육체에 의지를 하고……. 본래 자리에 의지할 줄 모르니까, 의지할 만하지 못한 허망한 곳에 의지하려 든단 말입니다. 본래 의지할 자리는 바로 여기(손가락을 들어 보임)입니다. 눈에 보이는 받침대는 없지만, 아무런 받침 없는 여기(손가락을 들어 보임)야말로 가장 흔들림 없이 확실한 받침이에요. 눈에 보이는 받침대는 전부 불안정한 겁니다. 육체라든지, 생각이라든지, 느낌이라든지, 욕망이라든지, 이런 눈에 보이는 의지처는 믿을 수 없는 거예요. 가장 믿을 수 있는 의지처는 눈에 보이지는 않지만 지금 여기에 있는 이것(손가락을 들어 보임)! 이것(손가락을 들어 보임)이야말로 가장 확실한 의지처죠. 이것 하나예요.

여러분 마음이 도대체 어디 있습니까? 마음이란 게 어디 있어요? 우리가 발 딛고 있는 이 자리 바로 이것(손가락을 들어 보임)이에요. 지금 이 자리에 있어요. 지금 있는 이 자리를 바로 확인하면 되는데, 확인하지 않고 엉뚱한 데를 보고 있기 때문에 안 되는 겁니다. 지금 여기(손가락을 들어 보임)에 있다고 했는데, "어디에 있단 말이지?" 하고 엉뚱한 데를 보고 있단 말입니다. 지금 여기(손가락을 들어 보임)라니까요. 다른 곳이 없어요. 이 마음이라는 것은 절대로 왔다 갔다 할 수 있는 게 아니에요. 지금 여기가 바로 본래 자리에요. 지금 여기(손가락을 들어 보임)!

임제 스님이 이 법이 가장 투철하고 분명한 사람인데, 3년 동안 선방에 앉아서 열심히 좌선을 했지만 공부가 뭔지를 전혀 몰랐어요. 눈치를 전혀 못 챘어요. 선방 수좌가 가만히 보니까 임제 스님이 공부를 열심히 한단 말이죠. 그래서 불러서는 "여기 온 지 얼마나 되었나?" 하고 물어보니까 "3년 되었습니다"라고 하거든요. "이제 좀 알겠는가?" 하니까 "모르겠는데요" 그래요. "그러면 큰스님(황벽 스님)한테 가서 도가 뭔지 물어 보았나?"라고 물으니까 "어떻게 물어야 할지도 모르겠습니다"라고 하는 거예요. 그래서 수좌가 "그럼 큰스님한테 가서 '부처가 가르친 진리의 명백한 뜻(佛法的的大意)'을 물어보게" 하고 가르쳐 줬어요. 임제 스님이 황벽 스님을 찾아가서는 "어떤 것이 부처님이 가르치신 진리의 분명한 뜻입니까?"라고 물으니까, 황벽 스님은 아무 말도 없이 가지고 있던 주장자를 들어서 임제 스님을 두들겨 팼어요. 그랬는데 임제 스님은 그 까닭을 몰랐어요. 시킨 대로 물었는데 왜 때릴까? 그 수좌 스님한테 다시 가니까 "뭐라고 하시던가?" 하기에, "아무 말도 안 하고 그냥 때리던데요. 제가 무엇을 잘못했는지 모르겠습니다"라고 하니 "그럼 다시 가서 물어보게" 하는 거예요. 그렇게 세 번을 가서 물어보았는데 세 번 다 때리기만 하는 겁니다. 그러니까 임제 스님이 마음이 상해서 수좌 스님에게 "제가 무엇을 잘못했는지 모르겠지만 저는 이제 여기 못 있겠습니다"라고 말했어요. 그러자 수좌 스님은 "가려면 큰스님한테 인사는 드리고 가게"라고 하는 거예요. 인사를 드리러 가니 황벽 스님이 "어디로 가느냐?" 하고 물어요. "아직 갈 곳을 정하지는 못했습니다"라고 대답하니까 대우 스님이란 분에게 가라고 하는 거예요. 그래서 대우 스님을 찾아갔더니 "왜 여기 왔는가?"라고 물어서 이렇게 저렇게 해서 제가 물었는데 대답은 안 해 주고 두들겨 패기만 하더라고 하니까, 대우 스님이 껄껄 웃으면서 "이런 어리석은 놈! 황벽 스님이 그렇게 친절하게 가르쳐 주었는데도 네가 여기 와서 그렇게 이야기할 수 있느냐?" 하니까, 그 말을 듣자마자 임제에게 바로 소식이 왔어요!

황벽 스님은 대답치고는 최고로 정확한 대답을 한 겁니다. 부처님이 가르치신 진리의 명확한 뜻을 가르쳐 달라는 물음에 그 이상 정확하게 가르쳐 줄 방법이 없어요. 임제는 그 당시 그것을 모르고 "왜 때릴까?"라고만 생각을 했어요. 머리로 헤아리니까 그런 거예요. 머리로 받아들이면 아무리 법을 설하고 가르쳐 주어도 안 돼요. 바로 직접 가르쳐 주어도 모르는데 어쩔 겁니까? 예컨대 "배가 고픕니다"라고 하는 사람에게 "그래 떡 한 접시 먹어라" 하고 떡을 주었는데, 머리가 돌아가는 사람은 "응, 이것이 떡이네" 하고 말로만 이해하고는 정작 떡은 먹지도 않고 그것으로 끝나는 겁니다. 직접 먹지를 않아요. 먹지 않았으니 배가 부를 리가 없는 겁니다. 우리가 다 그런 식으로 하고 있단 말입니다. 머리로 하고 있어요, 머리로! 그러니까 계속 가르쳐 주어도 모르는 거예요. "응, 이런 거구나!" 하고 끝나 버리는 거예요. 머리로 공부를 하니까 안 되는 겁니다. 머리의 회전을 멈추려면 가슴에서 목이 말라야 됩니다. 머리가 회전하기 전에 가슴에서 손이 쑥 나와서 떡을 집어 먹어야 하는 겁니다. 머리가 계속 돌아가기 때문에 어려운 것이지 다른 어려움은 없습니다.

이것(손가락을 들어 보임)이 분명해지면 특별히 원하는 것도 없고 싫어하는 것도 없습니다. 그저 인연 따라 응할 뿐이죠. 이것이야말로 정말 편한 삶이에요. 우리에게 제일 고통스러운 것은, 자기 안에서 일어나는 욕망이나 생각들을 자기가 통제할 수 없어서 마구 끌려갈 때입니다. 이러지 않았으면 좋겠는데 자기도 모르게 그렇게 되는 겁니다. 그런데 그런 게 조복(調伏)됩니다. 한마디로 막힘이 없는 거죠.

열네 번째 법문

64.

無著即是解脫　집착 없음이 곧 해탈이요,

有求又遭羅羂　찾음이 있으면 다시 그물에 걸린다.

65.

慈心一切平等　자비로운 마음은 일체에 평등하니,

眞卽菩提自現　진실로 그렇다면 깨달음이 스스로 나타나리.

66.

若懷彼我二心　만약 '너'와 '나'라는 두 마음을 품으면,

對面不見佛面　부처를 마주보고도 부처를 알아보지 못할 것이다.

67.

世間幾許癡人　세간에는 얼마나 어리석은 사람이 많은가?
將道復欲求道　도(道)를 가지고 다시 도를 찾으려 하는구나.

68.

廣尋諸義紛紜　온갖 뜻을 찾아 이리저리 바쁘지만,
自救己身不了　자기 몸도 스스로 구제하지 못하네.

69.

專尋他文亂說　오로지 남의 글과 어지러운 말만을 찾아서,
自稱至理妙好　지극한 이치가 묘하고 좋다고 스스로 말하면서,

70.

徒勞一生虛過　애만 쓰고 공도 없이 일생을 헛되이 보내면서,
永劫沈淪生老　영원토록 생사의 바다에 빠져 있구나.

71.

濁愛纏心不捨　더러운 애욕에 묶인 마음 버리지 못하면,
清淨智心自惱　깨끗한 지혜의 마음이 스스로 번뇌하니,

64.

無著卽是解脫　집착 없음이 곧 해탈이요,

有求又遭羅羂　찾음이 있으면 다시 그물에 걸린다.

　머물고 집착할 것이 없으니까 그것을 일컬어 '해탈'이라고 이름 붙입니다. 구하는 것, 무엇을 원하는 게 있고 찾을 게 있으면 아직까지 공부의 힘이 약한 겁니다. 그러면 거기에 걸려서 자유로울 수가 없어요. 내가 원하는 게 있고 찾을 게 있으면 거기에 목이 매여서 따라다녀야 하는 거예요.

　그런 것들로부터 많이 자유로워집니다. 그러면서도 일반적으로 눈앞에 다가오는 모든 인연들에 대해서는 알맞게 대응을 합니다. 이것 (손가락을 들어 보임)만 확실해지면, 여기(손가락을 들어 보임)에 통하면 되는 겁니다. 따로 있는 게 아니에요. 바로 이거(손가락을 들어 보임)예요. 지금 이 순간 쓰고 있는 이거(손가락을 들어 보임)라니까요.

65.

慈心一切平等　자비로운 마음은 일체에 평등하니,

眞卽菩提自現　진실로 그렇다면 깨달음이 스스로 나타나리.

　자비로운 마음이라고 하는 것은 자비롭지 않은 마음과 상대적으로 비교하여 자비롭다는 것이 아닙니다. 거부하지도 않고 애착하지도 않는 마음이 자비로운 마음입니다. 불교에서 보시를 이야기할 때도 보시한다고 생각하면서 하는 보시는 보시가 아니라고 하잖아요? 그러니까 어떤 분별로 하는 것이 아니고 인연에 따라서 자동적으로 응하는 거예요. 무위법이죠. 자비는 무위법입니다. "불쌍하니까 도와 줘야겠다"라고 생각할 수 있겠지만, "내가 좋은 일을 많이 했다"라고 생각한다면 이것은 업 짓는 일이죠. 좋은 일을 하고도 좋은 일을 한 적이 없고, 나쁜 일을 하고도 나쁜 일을 한 적이 없는 것이 무위법이에요. 그게 자비로운 마음입니다.

　그러려면 법이 분명해야 합니다. 좋은 일을 해서 뿌듯하고 나쁜 일을 해서 후회스러운 것은 업입니다. 그래서 그런 업을 많이 지으면, 좋은 일을 많이 하면 하늘나라에 올라가고, 나쁜 일을 많이 하면 지옥에 떨어진다고 이야기하죠. 그런 것들은 다 업입니다. 하늘나라로 갈 필요도 없고 지옥에 떨어질 필요도 없이 지금 여기가 바로 해탈국토입니다. 불국토입니다. 법에 통하면 언제 어디에 있든 불국토입니다. 이것은 어려운 일이 아닙니다. 오히려 하늘나라에 가는 게 어렵고, 지옥에 떨어지는 게 어려운 일입니다. 해탈국토가 눈앞에 항상 있는데 뭐가 어려워요? 마음먹기에 달렸죠. 스스로 퇴굴심을 내어서 "우리 같은 사람이 해탈은 무슨 해탈, 복이나 많이 지어서 나중에 좋은 데 태어나야지……"라고 생각한다면 그렇게 살 수밖에 없습니다. 마음먹기에 달린 겁니다.

자비로운 마음은 싫어하지도 않고 좋아하지도 않는 겁니다. 평등한 마음이란 좋아함에 매이지도 않고 싫어함에 구속되지도 않는 마음입니다. 평등한 마음이 바로 자비로운 마음이에요. 기독교식으로 이야기하면, 하느님은 특별하게 좋아하는 대상도 없고 싫어하는 대상도 없어요. 모든 곳에 하느님의 은총이 고루고루 두루두루 다 있는 겁니다. 사람이 문제죠. 사람이 볼 때는 어느 쪽에는 하느님이 많은 것을 준 것 같은데 다른 쪽은 너무 부족한 것 같아요. 사람이 자기 마음대로 판단한 겁니다. 그것을 일러서 죄라고 하는 겁니다. 선악과를 먹는 바람에 그렇게 되었다고 하잖아요. 하느님이 하는 일에는 잘못이 없습니다. 사람이 자기 생각으로 잘했느니 못했느니 따지고 있는 거죠. 그러니까 구원받을 수 없는 겁니다. 그런 분별심을 따라가는 것이 오랜 버릇이 되어서 자비로운 마음, 평등한 마음이 안 되는 겁니다.

좋아하지도 않고 싫어하지도 않고, 옳은 것도 없고 그른 것도 없고, 취하지도 않고 버리지도 않는 그러한 자비로운 마음이 되면, 그것을 일러 마음을 비웠다고 합니다. 분별심이 없어요. 집착이 없습니다. 진실로 그렇게 되면 그게 바로 깨달음이죠. 그게 우리의 진심(眞心), 진짜 마음입니다. 기독교식으로 이야기하면 선악과 먹기 이전으로 돌아가는 거죠. 선한 것도 없고 악한 것도 없는 그것이 우리의 진짜 모습입니다. 그렇게 되면 하느님과 내가 똑같은 겁니다. 이제 보니 하느님의 잘못은 전혀 없어요.

공부란 것은 간단한 문제입니다. 전혀 어려운 게 아니에요. 수행이란 이름으로 오랫동안 자지도 않고 배고픈 것도 참아 가면서 고통스럽게 억지로 무엇을 추구하는 것은 공부가 아닙니다. 공부란 이름으로 자신을 괴롭히지 말아야 합니다. 공부를 하면 행복해져야지, 괴롭다면 왜 공부를 하겠어요? 그렇다면 왜 그렇게 힘들게 공부를 하는가? 제멋대로 생각하고 판단하여 "이런 것이 바른 공부이다" 하고 견해를 세워 공부를 하니까 그렇게 되는 겁니다. 선생님이 시키는 대로 하지 않고 학생이 자기 멋대로 판단해서 "선생님이 말하는 것은 거짓말일지도 모른다. 내가 보기엔 이런 것이 공부다", 이런 짓을 하고 있는 겁니다. 그러니 시험 치면 좋은 결과가 나올 리 없죠. 자신의 견해는 접어 두고 바른 가르침을 따른다면 이 공부는 결코 어려운 것이 아닙니다. 모든 사람이 할 수 있는 일이에요. 그것을 모르고 삿된 가르침을 따르거나 제멋대로 판단한다면 시간만 낭비하고 몸만 버리게 되는 겁니다.

66.

若懷彼我二心　만약 '너'와 '나'라는 두 마음을 품으면,
對面不見佛面　부처를 마주보고도 부처를 알아보지 못할 것이다.

우리는 언제나 부처와 함께 있으면서도 "부처가 뭡니까?"라고 묻고 있어요. 언제나 부처와 함께 있으면서도 왜 부처를 못 보느냐? 바로 분별심 때문에 그런 겁니다. 선악과를 먹었기 때문입니다. 선악과를 먹고 나서는 하느님의 목소리가 들려도 숨어 버리잖아요. 진리를 못

보는 겁니다. 분별심 때문에 진리를 볼 수가 없는 겁니다. 부처가 눈앞에 있어도 못 보는 겁니다. 부처는 항상 눈앞에 있습니다. 하느님은 항상 눈앞에 있어요. 언제나 여기 같이 있고 우리와 같이 살아요. 하느님의 은총, 부처님의 은혜가 아니고서는 말 한 마디 할 수 없어요. 창조주의 은혜에 의해서 우리는 순간순간 살아가고 있는 거거든요. 창조주의 힘이 아니면 어디서 힘을 얻어서 무엇을 어떻게 해요? 창조주가 아니면 내 존재 자체가 없어요. 항상 창조주의 힘이 여기에 이렇게(손가락을 들어 보임) 있는데도 모르는 겁니다. 분별심, 생각이 앞을 가로막으니까 바로 앞에 두고도 보지 못하는 거예요.

  너무 분명한 겁니다. 다른 것이 전혀 없어요. 단지 이것(손가락을 들어 보임)밖에 없어요. 생각을 움직이지 않으면 다른 게 아무것도 없어요. 다만 이것(손가락을 들어 보임)뿐이에요. 마음 하나밖에 없습니다. 그래서 '너와 나', '선과 악'이라는 두 마음을 품게 되면 부처를 눈앞에 두고도 못 보게 된다고 합니다. 눈앞뿐만 아니라 모든 곳에 부처는 다 있어요. 딱 마주하고 있는 겁니다. 늘 마주쳐 있어요. 다른 게 없습니다. 그렇지 않습니까? 이것(손가락을 들어 보임) 말고 다른 것과 마주쳐 있습니까? 아무리 해도 저는 이것(손가락을 들어 보임)밖에 없는데……. (웃음) 하여튼 웃으려면 같이 웃을 수 있도록 합시다.

67.
世間幾許癡人　세간에는 얼마나 어리석은 사람이 많은가?
將道復欲求道　도(道)를 가지고 다시 도를 찾으려 하는구나.

마음을 가지고 마음을 찾는다, 부처를 가지고 부처를 찾는다, 머리를 가지고 머리를 찾는다, 물 속에서 물을 찾는다, 소를 타고 소를 찾는다, 이런 종류의 표현들이 굉장히 많잖아요? 분별심이라고 하는 것, 중생심이라고 하는 것이 바로 그것입니다. 무슨 이야기냐 하면, '도(道)'라는 것을 내세운다는 말입니다. "도는 이러이러한 것이다"라고 내세우게 되면 그것을 추구하게 되는 거죠. 그런데 "도는 이러이러한 것이다"라고 내세우는 것 자체, "마음은 이러이러한 것이다"라고 내세우는 것 자체가 바로 마음입니다. 그러니까 마음을 가지고 마음을 그려 놓고는 마음을 가지고 마음을 찾는 그런 꼴이 된단 말이죠. 이게 바로 중생입니다.

내 생각을 가지고 이름과 모양을 좇는 것은 공부가 아닙니다. 그건 망상이죠, 망상! 그런데 거의 모든 사람들이 그런 식으로 공부를 하고 있습니다. 그래서 제가 공부하지 말라고 하는 겁니다. 왜? 그렇게 하는 것은 다 망상이지 공부가 아니기 때문입니다. 망상을 부리지 마시라 이겁니다. 공부는 그런 게 아니에요. 그런 망상을 안 부리는 게 공부지, 그런 망상을 부려서 마음을 그려 놓고 마음을 좇아가는 것은 공부가 아닙니다. 망상 안 부리는 게 공부입니다. 망상을 부리는 것은 공부에 역행하는 거예요. 제가 공부하지 마시라는 것은 바로 그 때문입니다. 법에 아직 통하지 못한 입장에서는 공부한다고 하면 백이면 백 전부 망상입니다. "아마 이런 것일 것이다"라고 그려 놓고는 막연하게 그것을 좇아가는 겁니다.

그러니까 따로 공부를 하지 마시고, 법회에 참석해서 법문만 잘 들으라고 하는 겁니다. 법문만 잘 듣다 보면 자기도 모르게 공부의 길로 끌려옵니다. 그러면서 점차 마음이 안정되면서 공부 길이 어디에 있다는 감이 잡힙니다. 감이 잡힌 길로 자꾸자꾸 가다 보면 언젠가는 통 밑이 빠지듯이 툭 하고 뚫리는 겁니다. 생각으로 되는 게 아니에요. 생각으로는 될 듯 될 듯 하면서 끝내 손에 잡히지 않습니다. 물론 그렇게 하다가 문득 생각을 놓을 수 있다면 잡을 수 있겠죠. 그렇게 되려면 그만큼 간절함이 있어야 합니다. 가장 자연스러운 공부의 과정은 억지로 하려는 생각 없이 제 이야기에 귀를 잘 기울이시는 거예요. 그러다 보면 마음을 가지고 마음을 찾는 생각들이 저절로 놓이면서 마음이 스스로 공부 길을 찾아갑니다. 그리고는 자기도 모르게 문득 통하게 되는 거죠. 그렇게 본래 마음에 계합이 되는 것이지, 생각으로 공부를 하게 되면 마음이 눈앞에 있는 것 같은데도 손을 뻗으면 안 잡히는 거예요. 왜? 생각은 허깨비이기 때문에 그런 거예요. 다만 관심을 충분히 기울여서 설법을 잘 듣고 있다 보면 자기도 모르게 어느 순간에 감이 오게 됩니다. 그런 순간에 길을 찾을 수 있는 겁니다.

68.
廣尋諸義紛紜　온갖 뜻을 찾아 이리저리 바쁘지만,
自救己身不了　자기 몸도 스스로 구제하지 못하네.

뜻이란 망상입니다. 마음이 만들어 내는 허깨비입니다. 생각으로 뜻을 세워서 찾게 되면, 마음이란 놈이 스스로 마음이라는 이름을 가진 허깨비를 그려 놓고 좇아가는 이상한 현상이 벌어집니다. 허깨비도 한두 개가 아니죠. 부처, 여래, 보리, 반야, 도, 불성, 자성, 본래면목…… 수없이 많아요. 이런 식으로 펼쳐 놓고는 그것을 쫓아다닌단 말이죠. 그렇게 해서는 공부가 안 되는 겁니다.

마음이라는 것은 지금 허깨비를 그리고 있는 이것(손가락을 들어 보임)입니다. 마음이라고 하는 것은 언제든지 있습니다. 가장 진실하게 있습니다. 가장 실제적이란 말이죠. 헛것이 아닙니다. 그리고 말과 생각으로 나타낼 수 있는 게 아닙니다. 말과 생각을 만들어 내는 것이 이것(손가락을 들어 보임)입니다. 마음이 말과 생각을 만드는 것이지, 말과 생각을 통해서 마음을 만들어 내는 것이 아닙니다. 그래서 말과 생각을 통해서 마음을 찾으려고 하는 것은 잘못된 것이란 말입니다. 마음을 찾으려는 생각이 조금이라도 있어서 그놈이 발동을 하면 안 되는 겁니다.

이것은 참 묘한 것인데, 공부라는 것이 마음을 찾으려는 생각이 없으면 또 안 되거든요. 그러니까 마음을 찾고자 하는 생각이 있되 어떻게 하면 말과 생각을 쫓아가지 않고 마음을 찾아내느냐 하는 것이 문제죠. 말과 생각을 그려 내는 이 순간에, 말과 생각이 아니고, 말과 생각을 그려 내는 이놈을 탁 알아차려야 하는 것인데, 그것이 쉽진 않아요. 공부를 조금만 하다 보면, 공부란 게 생각이나 말로써 하는 것은 아니고, 확실하게 나에게 와 닿지 않아서 그렇지, 분명히 뭔가가 있을 것 같은 감은 있을 겁니다. 그 알 수 없는 감이랄까, 생각이 붙지 않는 여기에서 뭔가가 잡혀야 하는 겁니다.

진실을 말하면, 지금 마음이라는 물 속에 손을 넣어서 계속 휘젓고 있는 겁니다. 계속해서 감이 오고 있습니다. 물을 계속 휘젓고 있으면서 "물이 뭘까? 물이 뭘까?" 하고 있는 겁니다. 그냥 이거(손을 흔들어 보임)예요. 물을 휘저으면서 "물이 뭘까?" 하고 있다가 순간 감이 탁 와 닿으면서 "이것(손을 흔들어 보임)이 물이잖아!" 하면 되는 거예요. 오로지 이것(손을 흔들어 보임)뿐이에요. 이것(손을 흔들어 보임)밖에 없다니까요.

이것이 안 와 닿는 것은, 시절인연이란 말이 있듯이 아직 시기가 안 되었을 수도 있고, 제 말을 제대로 귀담아 듣지 않고 자기 나름으로 들었기 때문일 수 있습니다. 자기 나름으로 듣는다는 것은 제 말을 듣는 것이 아니라, 자기가 이미 가지고 있던 무엇에 비추어서 듣는 겁니다. 우리는 평소에 남의 말을 항상 그렇게 듣습니다. 저의 말을 있는 그대로 듣는 것이 아니라, 자기 나름으로 듣는 거예요. 그러면 공부가 안 되는 겁니다. 자기 식이 없어야 합니다. 자기라는 틀이 녹아서 없어져야 해요. 그랬을 때 제가 제시하는 이것(손가락을 들어 보임)에 그대로 딱 통하는 겁니다. 그렇게 통하면 저와 그 사람은 그야말로 일심동체(一心同體)입니다. 아무 장애가 없어요. 그래서 제가 손가락만 하나 들어도 여러분이 확인되는 겁니다. 계합이란 그렇게 되는 겁니다. 부처님이 꽃을 들었을 때 가섭이 보고 통했기 때문에 그렇게 웃은 겁니다. 마음이란 것은 하나예요. 여러 가지가 있는 게 아니에요. 이것을 이심전심(以心傳心)이라고 하는 겁니다.

하여튼 마음이라는 것은 말도 아니고 뜻도 아니고, 바로 이것(손가락을 들어 보임)이에요. 지금 이것(손가락을 들어 보임)이라니까요. 지금 쓰고 있는 이것(손가락을 들어 보임)이에요. 지금 직접 느끼고 있는 이것(손가락을 들어 보임)이에요. 지금 직접 확인하고 있는 이거(손가락을 들어 보임)라니까요. 순간순간 이것(손가락을 들어 보임)밖에 없어요. 마음은 말도 아니고 뜻도 아니고, 이렇게 순간순간 쓰고 있는 이것(손가락을 들어 보임)이에요. 말도 아니고 뜻도 아니기 때문에 아주 쉬운 거예요. 감이 탁 오면 언제나 이것(손가락을 들어 보임)만 쓰고 있지 다른 것은 쓰는 게 없어요. 숨 쉴 때, 말할 때, 몸을 움직일 때, 뭔가 느낄 때, 전부 다 이것(손가락을 들어 보임)이에요. 이것(손가락을 들어 보임) 하나예요. 늘 쓰고 있는 이것(손가락을 들어 보임)이에요. 이것(손가락을 들어 보임)이 마음이에요. 이것(손가락을 들어 보임)은 말이 안 돼요. 그래서 언어도단(言語道斷)이라고 하잖아요. 생각도 안 돼요. 그래서 불가사의(不可思議)예요.

이것(손가락을 들어 보임)은 너무 분명해요. 도저히 부정할 수가 없어요. 너무 분명하고 너무 확실한 거예요. 다른 것은 허깨비라고 부정할 수 있지만 이것(손가락을 들어 보임)은 절대 부정할 수가 없어요. 이렇게 분명한데도 확인되지 않는 것은 생각 속에 여전히 들어가 있기 때문이에요.

생각에서 벗어나는 유일한 길은 발심(發心)밖에 없어요. 다른 방법이 없어요. 간절하게 하는 수밖에 없어요. 말에 의지하지 않고, 생각에 의지하지 않으면 됩니다. 그러면 바로 이것(손가락을 들어 보임)뿐입니다.

법이 또렷하지 않으면 도리어 생각이 또렷해집니다. 지금까지는 생각이 분명하고, 말이 분명하고, 보고 듣고 하는 느낌이 분명하지만, 법이 드러나면 완전히 뒤집혀요. 말, 생각, 느낌보다도 이것(손가락을 들어 보임)이 더욱 분명합니다. 이것(손가락을 들어 보임)이 제일 분명하고, 제일 또렷하고, 그 다음에 생각도 있고, 말도 있고, 느낌도 있는 거예요. 그래서 이것(손가락을 들어 보임)을 제일의(第一義)라고 합니다.

이게(손가락을 들어 보임) 첫째예요. 그래서 언제든지 이것(손가락을 들어 보임)만 눈앞에 또렷또렷한 거예요. 그러면 아무 일도 없습니다. 법이란 게 이렇게 또렷한 겁니다. 희미한 게 아니에요. 희미하다고 하면 역시 생각을 완전히 극복하지 못한 겁니다.

69.

專尋他文亂說   오로지 남의 글과 어지러운 말만을 찾아서,
自稱至理妙好   지극한 이치가 묘하고 좋다고 스스로 말하면서,

　말만 가지고 이러쿵저러쿵 하는 사람일수록 공부를 입에 많이 올리는데, 이런 사람들은 차라리 공부에 대해서 말을 하지 않는 게 옳죠. 그런 사람들은 진실한 실재를 모르고 허깨비만 쫓아다니는 겁니다.

70.

徒勞一生虛過   애만 쓰고 공도 없이 일생을 헛되이 보내면서,
永劫沈淪生老   영원토록 생사의 바다 속에 빠져 있구나.

　말을 쫓아다니는 사람들은 애는 많이 쓰는데, 애쓴 만큼 얻는 것은 없어요. 예컨대 우리 인간의 문제 가운데 가장 큰 문제가 생사(生死)의 문제입니다. 석가모니도 생사 문제를 해결하기 위해서 출가했다고 하는데, 생사 문제에 대해서 우리는 철학, 과학, 예술, 문학, 의학, 온갖 지식과 말을 가지고 이야기하고 있습니다. 그러나 그렇게 해서 생사 문제가 극복되지는 않습니다. 왜? 육체, 느낌, 관념, 욕망 자체가 무상

하고 허망하기 때문입니다. 생사 문제를 극복하는 것은, 오온(五蘊)이 개공(皆空)이라고 하듯이, 육체와 느낌과 관념과 욕망이 바로 이놈(손가락을 들어 보임)임을 확인해야 합니다. 그리하면 불생불멸(不生不滅), 불구부정(不垢不淨), 부증불감(不增不減), 불래불거(不來不去)…… 본래 태어난 바가 없으니 죽음도 없게 되는 겁니다.

71.

濁愛纏心不捨　더러운 애욕에 묶인 마음 버리지 못하면,
淸淨智心自惱　깨끗한 지혜의 마음이 스스로 번뇌하니,

　어지러운 애욕에 묶인 마음이란 게 어떤 것이냐? 육체, 느낌, 생각, 욕망을 쫓아다니는 겁니다. 이러한 허깨비를 쫓아다니는 겁니다. 오온(五蘊)·육식(六識)을 쫓아다니는 겁니다. 애욕(愛慾)이란 좋아하고 욕망하는 것이거든요? 그러려면 상대가 있어야 하잖아요. 그 상대가 오온, 색수상행식, 육체이거나 느낌이거나 생각이거나 욕망이거나…… 아니면 육식, 보이고 들리는 것들이죠. 결국 모양을 쫓아가는 것이 애욕입니다. 생각을 쫓아가고 경계를 쫓아가는 겁니다. 일반적으로 법이 드러나지 않으면 다 애욕에 묶인 마음뿐이죠. 법을 안다 하더라도 애욕에 묶인 마음이 쉽사리 극복되는 것은 아닙니다. 정말로 법에 철두철미하면, 오온이 개공이고 제상(諸相)이 비상(非相)이 되어 버리면, 그때는 애욕이 곧 애욕이 아닙니다. 애욕과 애욕 아님의 분별이 사라지죠. 이제 끄달림과 끄달리지 않음 사이에서 갈등하지 않는 겁니다.

272

허망한 대상을 좇아가지 않으면 본래 편안하고 아무 일이 없는데, 스스로 대상을 만들어서 좇아가 버리니까 그것이 바로 번뇌가 되는 겁니다. 번뇌가 실제로 있는 것은 아니에요. 번뇌는 망상입니다. 대상에는 그 나름의 매력이란 게 있어서 그 매력에 끄달려서 우리가 애욕을 가지게 되는데, 법에는 대상이 가지고 있는 매력이 없습니다. 그냥 이것(손가락을 들어 보임)이에요. 그러니까 더 이상 어디에 매력을 느끼고 끄달리는 일이 없어요. 할 일이 없는 겁니다.

　애욕은 실체가 없어요. 알고 보면 다 마음일 뿐입니다. 우리 스스로가 거기에 의미를 부여해서 좇아다니니까 뭔가가 있는 것 같지만, 사실 별다른 무엇은 없습니다. 결국 전부 스스로 만드는 겁니다. 애욕이 홀로 스스로 있는 것이 아니라, 마음이 만드는 겁니다. 마음이 밝아지면 그런 허깨비에 속지 않는 거죠. 모든 비밀은 마음에 있는 것이지 바깥에 있는 게 아닙니다. 다 자기가 만드는 겁니다. 마치 빛이 원래는 무색투명하지만 여러 가지 색깔을 드러내는 것과 같습니다. 마음이란 것이 그런 거예요. 본래 무색투명하고 텅 빈 것인데, 이놈이 조화를 부리면 수천만 가지 색깔을 드러내서 우리의 눈을 미혹시킵니다. 마음이 밝아지면 그렇게 헤매고 속는 일에서 점차 풀려나게 돼요. 모양 없는 이놈(손가락을 들어 보임)이 항상 또렷합니다.

　진실은 번뇌도 없고 지혜도 없고, 애욕도 없고 해탈도 없고, 색깔도 없고 무색투명함도 없고, 다만 이것(손가락을 들어 보임)뿐입니다. 번뇌가 있고 지혜가 있고, 애욕이 있고 해탈이 있고, 색깔이 있고 무색투명함이 있으면, 즉각 취하고 버리는 갈등 속에 떨어집니다. 이렇게 분별하는 것이 바로 색깔입니다. 이렇게 나누는 것이 바로 애욕이에요. 이게 바로 중생심이고 분별심이에요. 진실은 나누어 볼 수 있는 그런 것이 아닙니다. 이것(손가락을 들어 보임)뿐이에요. 너도 없고 나도 없고, 좋은 것도 없고 싫은 것도 없어요. 아상, 인상, 중생상, 수자상이 없다니까요. 이것(손가락을 들어 보임)뿐이에요. 어떤 색깔도 없고 어떤 특징도 없어요. 그냥 이것(손가락을 들어 보임)뿐이에요. 이것(손가락을 들어 보임) 하나가 진실한 거예요. 늘 가장 진실한 이것(손가락을 들어 보임) 하나만 아시면 됩니다. 그것뿐이지 공부란 게 복잡한 것이 없습니다.

열다섯 번째 법문

72.

眞如法界叢林　진여 법계의 울창한 숲이,

返生荊棘荒草　도리어 가시밭과 잡초밭 되며,

73.

但執黃葉爲金　다만 누런 낙엽을 황금이라 여겨 붙잡고서,

不悟棄金求寶　황금을 버리고 따로 보배를 찾는 줄 깨닫지 못하네.

74.

所以失念狂走　그 까닭에 망상에 떨어져[9] 미쳐 날뛰며,

强力裝持相好　억지로 겉모습 꾸미는 데에만 힘을 쏟는다.

75.

口內誦經誦論　입 속으론 경(經)¹⁰⁾을 외우고 논(論)¹¹⁾을 읽으나,
心裏尋常枯槁　마음 속은 언제나 바짝 말라 있구나.

76.

一朝覺本心空　본래 마음이 공(空)임을 하루아침에 깨달으면,
具足眞如不少　완전히 갖추어진 진여는 모자람이 없다.

77.

聲聞心心斷惑　성문(聲聞)¹²⁾은 마음 마음에 미혹을 끊지만,
能斷之心是賊　잘 끊는 그 마음이 바로 도둑놈이다.

78.

賊賊遞相除遣　도둑과 도둑이 번갈아 서로 밀어내고 쫓아내니,
何時了本語默　어느 때에 근본을 깨달아 말을 멈추려나?

79.

口內誦經千卷　입으로는 천 권의 경전을 읽고 있으나,
體上問經不識　근본 바탕에서 경전을 물어보면 알지 못한다.

---

9) 실념(失念): 망념(妄念)에 빠지다. 망상(妄想)에 빠지다. 잘못된 생각에 빠지다.

10) 경(經): 부처의 가르침의 말씀을 기록한 책.

11) 논(論): 경을 연구하여 부처의 가르침을 체계적인 이론으로 정리한 책.

12) 성문(聲聞): 뜻으로 이해하여 실상을 취하고 망상을 버리려 하는 소승(小乘)의 수행자.

72.

眞如法界叢林　진여 법계의 울창한 숲이,
返生荊棘荒草　도리어 가시밭과 잡초밭 되며,

　우리가 보고 있는 이 삼천대천세계, 우리가 경험하고 있는 이 삼천
대천세계 모든 것이 본래 그대로 진여 법계입니다. 그래서 어디를 보
든지 무엇을 듣든지 어떤 것을 경험하든지 간에 그 자리에서 진여(眞
如)를 확인할 수 있습니다. 진여라는 말의 뜻은 '진실하고 여여하다'입
니다. 진실하다는 말은 가짜가 아니다, 허망하지 않다는 말입니다. 진
실과 허망의 차이를 분별하자면, 허망함은 생멸하는 모습입니다. 생
겨나고 없어지는 모습이 다 허망한 것이지요. 진실한 것은 그럼 무엇
이냐? 역시 생겨나고 없어지는 모습 그대로가 모두 진실합니다. 진실
함도 생겨나고 없어지는 모습이고, 허망함도 생겨나고 없어지는 모습
이라면, 도대체 무슨 차이가 있느냐? 생겨나고 없어지는 모습에는 아
무 차이가 없습니다. 다만 각자 스스로에게서 차이가 나지요.

객관적으로 정해진 진실함과 허망함은 없습니다. 오직 스스로가 모습에 속아 그런 것들이 있다고 집착하면 허망할 뿐이고, 모든 변화하는 모습 속에 전혀 변화하지 않고 언제나 한결같음이 분명하면 곧 진실입니다. 스스로가 진실할 수 있고, 스스로가 허망할 수 있을 뿐, 이 세계는 허망하지도 진실하지도 않습니다. 언제나 변함없는 하나의 세계이지요. 허망함이 따로 있고 진실함이 따로 있는 것이 아닙니다. 오직 스스로 망상에 빠져 있어서 진실에 어두우냐, 아니면 진실에 밝아서 언제나 차별 없이 분명하냐 하는 것이지요.

다시 경전의 말씀을 살펴보지요. 진여는 허공과 같고 허망한 것은 생겨나고 없어지는 모양들이다, 진여는 물과 같고 허망한 것은 물결과 같다, 진여는 거울인데 허망한 것은 거울에 비친 영상이다, 진여는 밀가루인데 허망한 것은 밀가루로 만들어진 모양들이다, 이런 식으로 여러 가지 비유를 들어서 이야기합니다. 진여라고 하는 것은 언제든 한결같이 그대로 있는 것이고, 허망한 것은 왔다 갔다 생멸하는 것입니다. 진(眞)과 여(如)는 같은 말입니다. 진실한 것은 여여한 것, 생멸하지 않는 것이고, 진실하지 못하고 허망한 것은 무상하고 생멸하는 겁니다. 이것이 법계의 특징이란 말이죠. 법계라고 하는 것은 겉으로 드러난 모양으로 보면 너무나 다양한 모습들이 끊임없이 생멸하고 있지만, 그 법계의 진실한 모습은 그렇게 생멸하는 게 아니라 한결같이 변함이 없습니다.

천장에 달린 형광등을 쳐다봐도 형광등이란 모양이 있지만 거기서 진여를 확인하고, 방바닥을 내려다봐도 방바닥이란 모양이 있지만 거기서 진여를 확인하고……. 우리가 색즉시공(色卽是空)이라고 하는 말 그대로입니다. 색수상행식(色受想行識)의 오온(五蘊)은 생멸법인데, 색수상행식 자체가 사실은 허망하게 생멸하는 것이 아니라 진여 법계입니다. 중생은 거꾸로 되어서 허망한 꿈을 진실한 실재라고 알고 있습니다. 이 때문에 중생에게 이 세계는 가시밭과 잡초밭, 고통스럽고 쓸모없는 번뇌 구덩이가 되는 겁니다.

경전에서는 이 세계는 오온이라는 허망한 모습이라고 말하지만, 사실은 오온이 허망하지 않은 공(空)이라고 했습니다. 공이란 것은 허망하지 않아요. 모양이 없기 때문에 생멸법이 아니다 이거예요. 모양이 있는 것은 생할 때는 존재하고 멸할 때는 없어지잖아요? 공은 모양으로써 존재하고 소멸하지 않습니다. 공은 그냥 그대로 있는 거예요. 존재한 적도 없고 소멸한 적도 없어요. 공이라고 하는 것, 우리 마음이라고 하는 것은 언제나 변함없이 있는 거죠. 생겨날 수도 없고 소멸할 수도 없어요. 언제나 바로 이것(손가락을 들어 보임)이에요. 이것(손가락을 들어 보임)이 확인되는 순간, 온갖 오고 가는 망상은 쉬어져 버립니다.

그런데 이것(손가락을 들어 보임)을 어떻게 확인할 것이냐? 공은 곧 나 자신이요, 세계 자체이므로 대상으로 파악되지는 않습니다. 공 앞에서 우리가 의식적으로 할 수 있는 일은 아무것도 없습니다. 공을 대상으로 삼거나, 방향을 정하거나, 모습을 그리는 일은 있을 수가 없습니다. 공은 얻을 수도 없고, 잃을 수도 없고, 선택할 수도 없고, 배제할 수도 없고, 잡을 수도 없고, 놓을 수도 없고, 알 수도 없고, 모를 수도 없습니다. 공 앞에서는 어떤 정신적, 육체적 행위도 의미가 없습니다. 공을 앞에 마주하고서는 어떻게도 손을 쓸 수가 없습니다.

다만 간절한 마음으로 갈구하다 보면, 어느 순간 문득 모든 갈구가 쉬어지면서 모든 의문이 사라지고 점차 모든 것이 뚜렷해집니다. 의문이 사라지고 해답이 얻어지는 것이 아니라, 의문도 필요 없고 해답도 필요 없게 됩니다. 이해할 수도 설명할 수도 없이 상황이 확 바뀌어 버립니다. 어느 순간 문득 모든 상황이 바뀌어 있음을 알게 되죠. 처음에는 이 상황의 변화가 전혀 이해할 수 없지만, 차츰차츰 여기에 적응하게 됩니다. 모든 일이 여전히 눈앞에서 일어나지만, 단 하나의 일도 번뇌가 되지 않습니다. 아주 놀라운 일임에도 불구하고 전혀 놀랍지가 않습니다. 마치 원래부터 이러했던 것처럼 아주 당연하게 여겨집니다. 완전히 새로운 삶을 살고 있음에도 불구하고 전혀 새롭게 여겨지지 않습니다. 그래서 본래면목이니 본성이니 하는 말을 했나 봅니다.

이 경험을 느낀 대로 그리려니 이렇게 말했습니다만, 이 자체는 언제나 이 자체일 뿐이고, 앞뒤나 좌우나 아래위가 없습니다. 시간이 없고 공간이 없다고 할까요? 말하면 말하는 대로 언제나 이뿐이고, 생각하면 생각하는 대로 언제나 이뿐이고, 느끼면 느끼는 대로 언제나 이뿐이고, 보면 보는 대로 언제나 이뿐이고, 행동하면 행동하는 대로 언제나 이뿐입니다. 언제나 보는 것이 한결같고, 언제나 듣는 것이 한결같고, 언제나 생각하는 것이 한결같고, 언제나 말하는 것이 한결같고, 언제나 경험하는 것이 한결같습니다. 늘 보는 것을 보고, 늘 듣는 것을 듣고, 늘 말하는 것을 말하고, 늘 생각하는 것을 생각합니다. 한 순간의 틈도 없습니다. 다른 일이 전혀 없습니다. 진실로 이와 같다면, 가시밭과 잡초밭이 그대로 진여의 세계이지, 따로 진여의 세계는 없습니다.

73.

但執黃葉爲金 　다만 누런 낙엽을 황금이라 여겨 붙잡고서,
不悟棄金求寶 　황금을 버리고 따로 보배를 찾는 줄 깨닫지 못하네.

　황금과 낙엽과 보배는 따로 있지 않습니다. 이름이 황금이고, 이름이 낙엽이고, 이름이 보배일 뿐입니다. 이름에 속지 않고 뜻에 속지 않는다면, 황금이 낙엽이고, 낙엽이 보배입니다. 뿐만 아니라, 하늘이 땅이고, 땅이 구름이고, 구름이 꽃이고, 꽃이 바람이고, 바람이 책이고, 책이 마이크이고, 마이크가 죽비이고, 죽비가 시계이고 …… 하나하나가 곧 모든 것이고, 모든 것이 언제나 하나하나입니다. 하나하나가 분명하고, 한 순간 한 순간이 또렷하여, 언제나 이 순간이고, 어디에서나 바로 여기이고, 무엇이나 바로 이것입니다.

74.

所以失念狂走 　그 까닭에 망상에 떨어져 미쳐 날뛰며,
強力裝持相好 　억지로 겉모습 꾸미는 데에만 힘을 쏟는다.

　목마르면 물 마시고, 배고프면 밥 먹고, 졸리면 쉬고, 인연 따라 움직입니다. 또 무슨 꾸밀 것이 있고, 힘쓸 일이 있습니까? 본래 있는 것도 아니고 없는 것도 아니니, 있다고도 하지 말고 없다고도 하지 마세요. 다만 언제나 앞뒤가 끊어지고 이것과 저것이 따로 없으면, 언제나 있는 자리에 있고 언제나 보는 것을 보니, 따로 특별한 일은 없습니다. 온갖 일들이 일어나지만 한 일도 없고, 온갖 것들이 보이지만 한 물건

도 없습니다. 언제나 바로 이것(손가락을 휘저으며)이 있을 뿐입니다. 마음도 없고, 도도 없고, 부처도 없고, 중생도 없고, 세계도 없고, 나도 없습니다. 다만 이것(손가락을 휘저으며)일 뿐입니다. 이것에 어두우면, 추구해야 할 선(善)이 따로 있고, 피해야 할 악(惡)이 따로 있으니, 의지할 선(善)에 단단히 매달려 있거나, 맥없이 악(惡)에 끌려가 괴롭게 헤매거나 합니다. 이러한 상태가 곧 번뇌요, 괴로움입니다. 파도치는 바다 위에서 무언가를 뗏목 삼아 꽉 매달려 있습니까? 아니면, 뗏목을 놓쳐 버리고 괴롭게 물결에 휩쓸려 다니고 있습니까? 어느 쪽이든 당신은 공부해야 할 중생입니다. 진실로 여기에서는 잡을 것도 없고, 놓을 것도 없습니다. 무언가를 열심히 하고 있든, 아무 일을 하지 않든, 한결같이 다른 것은 없습니다. 깨달음을 구하지도 않지만, 어두운 중생도 아닙니다.

75.

口內誦經誦論   입 속으론 경(經)을 외우고 논(論)을 읽으나,
心裏尋常枯槁   마음 속은 언제나 바짝 말라 있구나.

입과 경론과 외우는 일과 마음이 따로 없으면, 바짝 마름과 윤택함의 차이도 없습니다. 입이 따로 있고, 외우는 경과 논이 따로 있고, 마음이 따로 있으니, 온갖 허망한 차별 속에서 마음은 말라 죽어 있는 것입니다. 이것(손으로 상을 두드리며)만 분명하면, 하나하나의 사물이 모두 이것(손으로 상을 두드리며)이고, 하나하나의 차별이 모두 이것(손으로 상을 두드리며)이고, 한 순간 한 순간이 모두 이것(손으로 상을 두드리

며)이고, 한 생각 한 생각이 모두 이것(손으로 상을 두드리며)이니 언제나 활짝 깨어 있고, 한 순간에도 시비분별이 없으니 어디에도 막힘이 없고 아무 일도 없습니다.

76.
一朝覺本心空   본래 마음이 공(空)임을 하루아침에 깨달으면,
具足眞如不少   완전히 갖추어진 진여는 모자람이 없다.

　문득 사유에서 해방되면, 문득 뚫려 통해 버리면, 온갖 번뇌와 갈등으로 뭉쳐 있던 마음이 사라져 버립니다. 마음이라 할 물건이 따로 없으니, 공(空)이라 합니다. 온갖 삼라만상이 자유롭게 나타나고 사라지니, 공이라 합니다. 온갖 삼라만상이 자유롭게 나타나고 사라지지만 어떤 흔적도 남기지 않으니, 공이라 합니다. 좋아하고 싫어하는 차별이 없으니, 공이라 합니다. 있다거나 없다거나 할 수 없으니, 공이라 합니다. 머무는 곳이 따로 없으니, 공이라 합니다. 끊어짐이 없으니, 공이라 합니다. 생기거나 사라지지 않으니, 공이라 합니다. 더할 것도 덜어낼 것도 없으니, 공이라 합니다. 붙잡으려 하면 없지만 언제나 어디서나 벗어날 수가 없으니, 공이라 합니다. 막힘없이 통하니, 공이라 합니다. 남지도 않고 모자라지도 않으니, 공이라 합니다.

77.
聲聞心心斷惑   성문(聲聞)은 마음 마음에 미혹을 끊지만,
能斷之心是賊   잘 끊는 그 마음이 바로 도둑놈이다.

성문(聲聞)은 소승(小乘)을 가리킵니다. 소승은 미혹한 마음이나 깨달은 마음이나 동일한 이 마음임을 알지 못하고, 미혹을 끊고 깨달음을 얻으려 합니다. 미혹한 마음과 깨달은 마음을 구분하여, 미혹한 마음을 버리고 깨달은 마음을 찾으려 하는 것이죠. 이것은 마치 물결을 버리고 물을 찾고, 영상을 버리고 거울을 찾으려는 것과 같아서, 이렇게 구분하여 버리고 찾는 자체가 곧 망상의 뿌리임을 알지 못합니다. 미혹한 마음과 깨달은 마음을 구분하는 것이 바로 미혹함이고, 찾고자 하고 버리고자 하는 것이 바로 어리석은 도둑질입니다.

흔히 분별심을 내려놓으라는 말을 하는 경우가 많은데, "분별심을 내려놓자"라고 할 때 분별심과 분별심 아닌 것, 내려놓는 것과 내려놓지 않는 것을 벌써 나누어 놓고 있으니, "분별심을 내려놓자"라는 말이 이미 분별심이지요. 분별심을 가지고서 분별심을 내려놓자고 하니, 되지 않는 거죠. 붙잡는 손이나 내려놓는 손이나 같은 손임을 알지 못하고, 붙잡는 손은 버리고 내려놓는 손을 가지려고 하니, 허망한 일이고, 부자유스런 일이고, 치우치고 집착하는 일입니다.

미혹과 깨달음을 분별하여, 버리고 취하려는 행위는 모두 조작입니다. 불교에서는 이런 조작을 유위(有爲)라고 부릅니다. "모든 유위는 허망하다"고 《금강경》에서도 말하고 있듯이, 이러한 분별 조작이 곧 허망한 짓입니다. 그런데 이런 분별 조작은 우리가 늘 행하고 있는 일이어서 매우 익숙해 있습니다. 깨끗함과 더러움, 밝음과 어두움, 깨달음과 미혹함, 부처와 중생, 해탈과 번뇌를 나누어 한쪽을 취하고 한쪽을 버리는 일이 성취될 수 없는 불가능이고 허망한 조작임을 알지 못하고 도리어 매우 당연한 일로 여기는 것이지요. 사실은 이와 같이 분별하여 취하고 버리는 행위가 곧 번뇌의 본질입니다.

그러므로 깨달음은 분별의 유무(有無)와는 아무 상관이 없는 것입니다. 분별을 하는 것은 곧 중생의 망상이고, 분별을 버리는 것도 역시 취하고 버리는 중생의 망상입니다. 깨달음은 분별을 하느냐 분별을 버리느냐 하는 문제와는 상관없는 일입니다. 깨달음은 미혹을 붙잡고 있느냐 미혹을 없애 버리느냐 하는 문제와는 아무 상관이 없습니다. 미혹을 붙잡고 있으면 어리석은 중생이고, 미혹을 없애 버리면 허망한 분별입니다. 좋고 나쁨을 분별하여 좋은 것을 선택하고 나쁜 것을 버리는 것은 깨달음과 아무 상관도 없습니다.

자, 이제 어떻게 하시겠습니까? 생각할 수도 없고 생각하지 않을 수도 없지요? 손을 쓸 수도 없고 손을 놓을 수도 없지요? 이렇게도 할 수 없고, 저렇게도 할 수 없지요? 할 수도 없고 하지 않을 수도 없지요? 살필 수도 없고 살피지 않을 수도 없지요? 죽을 수도 없고 살 수도 없지요? 나아갈 수도 없고 물러설 수도 없지요? 깨달음은 바로 여기에 있습니다.

78.

賊賊遞相除遣　도둑과 도둑이 번갈아 서로 밀어내고 쫓아내니,

何時了本語默　어느 때에 근본을 깨달아 말을 멈추려나?

미혹을 버리고 깨달음을 얻는다고요? 삿됨을 부수고 바름을 드러낸다고요? 번뇌를 버리고 해탈을 얻는다고요? 더러움을 버리고 깨끗함을 얻는다고요? 시끄러운 말을 버리고 고요한 침묵을 지킨다고요? 생

멸을 버리고 불생불멸을 얻는다고요? 악을 버리고 선을 취한다고요? 세속을 버리고 출가를 향한다고요? 분별을 버리고 분별 없음을 취한다고요? 이름을 버리고 이름 없음을 얻는다고요? 생각을 버리고 적멸 (寂滅)을 얻는다고요? 버리고 취함을 버리고, 버리고 취함이 없음에 머문다고요?

이 모두가 이름이 다르고 옷을 달리 입은 두 도둑이 번갈아 집을 차지하는 것과 같습니다. 헛되이 힘만 들이고 시간만 낭비하는 짓입니다. 들어오고 나가는 것은 다 도둑입니다. 불러올 수 있고 내쫓을 수 있는 것은 다 도둑입니다. 주인은 오지도 않고 가지도 않으며, 부를 수도 없고 내쫓을 수도 없습니다. 도둑이 들어올 때 주인이 같이 들어오고, 도둑이 나갈 때 주인도 같이 나갑니다. 도둑이 곧 주인이고 주인이 곧 도둑이니, 들어오는 것이 들어오는 것이 아니고, 나가는 것이 나가는 것이 아닙니다. 도둑과 주인이 따로 없고, 들어오고 나감이 다르지 않다면, 이제 달리 할 일은 없습니다. 그러므로 깨달은 부처가 있는 것이 아니라, 일 마친 범부가 있을 뿐이라고 하는 것입니다. 그렇지만 일 마친 범부가 있다고 이해하지는 마십시오. 그렇구나 하고 이해하는 것은 언제나 허위일 뿐, 진실은 아닙니다.

79.

口內誦經千卷   입으로는 천 권의 경전을 읽고 있으나
體上問經不識   근본 바탕에서 경전을 물어보면 알지 못한다.

보통 공부한다는 사람들이 다 이렇죠. 보고 들은 것은 엄청나게 많아서 한마디씩 다 할 줄 알아요. 그것도 그냥 한마디 하는 게 아니고 그럴듯하게 말할 줄 압니다. "이 경전 하나하나가 전부 다 뭐냐? 팔만대장경이 한마디로 뭐냐?" "팔만대장경이 마음 심(心) 자(字) 한 자이다" 이런 정도로 이야기합니다. 물론 듣고서 이해한 말을 한 것이죠. 만일 여기에서 "그 마음 심(心) 자 한 자가 뭐냐? 바로 지적해 보라" 하고 추궁한다면, 아마 깜깜할 겁니다. 스스로에게 정직하다면 아무 말 없이 있을 것이고, 그렇지 않으면 이런저런 듣고 기억하거나 이해한 것들을 말하겠죠. 그러나 그런 개념들과 흉내를 모두 부정하면서 끝까지 추궁하면 결국 대답이 막힐 것입니다. 대답이 막히는 이유는 "마음 심 자 한 자가 뭘까?" 하는 말을 듣자마자, 곧장 말을 따라서 생각을 움직여 마음을 찾고자 하고 정하고자 하기 때문입니다.

찾으면 찾을 수 없지만, 찾지 않으면 언제나 있는 것이 마음입니다. 마음이란 이름처럼 마음을 정할 수는 없습니다. 그러나 마음은 이름만 있고 실제로는 아무것도 없다고 생각해서도 안 됩니다. 마음은 명확한 것이지만 분별심으로는 알 수가 없습니다.

좀 더 친절하게 보여 드리겠습니다. (허공에 손가락으로 점을 찍으면서) 이게 마음입니다.

하여튼 여러분, "내가 마음을 찾아야 하는데……" 하는 목마름은 좋습니다. 그런데 "내가 마음을 찾아야 하는데……" 하는 생각에서 벌써 분별에 떨어져 있어요. 그렇지요? "내가 마음을 찾아야 하는데……" 하는 이 생각이 벌써 분별임을 아시겠지요? 그러면 "내가 마음을 찾아야 하는데……"라는 생각이 이미 분별이라면, 분별이 아닌 본래 마음은 무엇일까요?

가리켜 드리죠. 이것입니다. "내가 마음을 찾아야 하는데……."

어떻습니까?

하나 더 말씀드리죠. 화두(話頭) 있잖아요? 조주의 무자(無字) 화두. "무(無)!" 무(無)는 없다는 뜻이 아닙니다. 화두는 현묘한 뜻을 가진 비밀스런 말도 아니고, 깨달음의 문을 여는 열쇠도 아닙니다. 화두가 곧 마음이고, 화두가 곧 깨달음이고, 화두가 곧 선(禪)이고, 화두가 곧 모든 것입니다.

"무!" 여기에 온 우주가 통째로 있습니다. 너와 나, 주관과 객관, 깨달음과 어리석음, 부처와 중생, 과거와 현재와 미래가 모두 "무!"입니다.

"근본 바탕에서 경전을 물어보면 알지 못한다"…… 근본 바탕이 어디 있기에 근본 바탕에서 경전을 물어볼까요? 억지로 말하면, 한 순간도 근본 바탕 아님이 없고, 한 물건도 근본 바탕 아님이 없습니다. 공허한 말처럼 들리나요? 말만 이해하니 공허하게 들리지요.

예를 들어 이렇게 물어 보겠습니다. "반야심경에 나오는 글자 한 자 말하지 말고 반야심경에 대해 말해 보시오." 또 "금강경에 나오는 글자 한 자 말하지 말고 금강경에 대해 이야기해 보시오."

이제 대답해 보겠습니다. "죽비를 이렇게(죽비를 가로로 세워 보임) 들면 반야심경이고, 요렇게(죽비를 세로로 세워 보임) 들면 금강경입니다."

어떻습니까?

그런데 이렇게(죽비를 가로로 세워 보임) 들고 요렇게(죽비를 세로로 세워 보임) 들면 드는 모양이 달라지니까, 여기에 무슨 뜻이 있는가 하고 헤아리면 안 됩니다. 여기엔 헤아릴 뜻이 없습니다. 경전에는 원래 뜻이 없습니다. 경전은 마음을 바로 가리켜 드러내는 것입니다. 직지인심(直指人心)이지요. 이것(손가락을 들어 보임)을 바로 나타내는 것이 경전입니다. 그래서 경전에는 뜻이 없어요.

또 이렇게 물어볼 수 있겠죠? "당신이 태어난 이후에 배운 것이 아닌 것을 가지고 경전을 말해 보시오." 태어난 뒤에 자라면서 배운 것은 나의 본성(本性)이 아니니까, 배우지 않은 것을 가지고 경전을 나타내 보라 이겁니다. 답할 수가 있겠습니까?

80.

不解佛法圓通　　두루 통하는 불법(佛法)을 알지 못하고,

徒勞尋行數墨　　글 자취 찾아다니며 헛수고만 하네.

81.

頭陀阿練苦行　　조용한 산 속에서 고행(苦行)을 하며,

希望後身功德　　뒷세상에 올 몸의 공덕을 바라지만,

82.

希望卽是隔聖　　바람이 있으면 곧 성인과 멀어져 버리니,

大道何由可得　　큰 도를 어떻게 얻을 수 있겠는가?

83.

譬如夢裏度河　비유하면 꿈 속에서 강을 건너는 것과 같으니,

船師度過河北　뱃사공이 강 저쪽으로 건네줬으나,

84.

忽覺床上安眠　침상에서 단잠을 문득 깨 보니,

失却度船軌則　나룻배로 건넌 일 잃어버렸구나.

85.

船師及彼度人　뱃사공과 저쪽으로 건너간 사람,

兩箇本不相識　두 사람은 본래 서로 알지 못한다.

86.

衆生迷倒羈絆　중생은 헤매다가 거꾸로 얽매이어,

往來三界疲極　삼계(三界)[13]에서 오고 감에 피로하기 끝이 없다.

87.

覺悟生死如夢　삶과 죽음이 꿈과 같음을 깨달는다면,

一切求心自息　모든 찾는 마음 저절로 쉬어지리라.

---

13) 삼계(三界): 욕계(欲界), 색계(色界), 무색계(無色界). 중생이 삶과 죽음의 윤회를 계속
하며 살고 있다고 하는 세 개의 세계. (1) 욕계(欲界). 욕은 탐욕이니, 특히 식욕(食欲)·
음욕(淫欲)·수면욕(睡眠欲)이 치성한 세계. (2) 색계(色界). 욕계와 같은 탐욕은 없으
나, 미묘(微妙)한 형체가 있는 세계. (3) 무색계(無色界). 색계와 같은 미묘한 몸도 없고,
순 정신적 존재의 세계. 이 3계를 6도(道)·25유(有)·9지(地)로 나누기도 함.

292

80.

不解佛法圓通　두루 통하는 불법(佛法)을 알지 못하고,
徒勞尋行數墨　글 자취 찾아다니며 헛수고만 하네.

　불법(佛法)은 막힘이 없습니다. 두루두루 통하지 않는 데가 없죠. 무슨 경계가 나타나고 어떤 말이 있더라도 불법은 막힘이 없습니다. 왜? 불법 아닌 게 없으니까……. 언제나 바로 이것(손을 휘저으며)이고 달리 어떤 것도 없으니까, 불법은 막히는 일이 없어요. '일만 미터 바다 밑에 있는 돌조각'은 어떨까요? 일·만·미·터·바·다·밑·에·있·는·돌·조·각! 바로 이것이죠? '저 히말라야 산꼭대기에 있는 눈'은 어떨까요? 바로 이것이죠. 지금 눈앞에 보이는 연꽃 그림은 어떨까요? 바로 이것이죠. 언제나 전체이고, 언제나 다름이 없고, 언제나 분별이 없으니, 거침이 없고 막힘이 없어요. 일만 미터 바다 밑으로 갔다가, 히말라야 산꼭대기에 갔다가, 지금 여기 연꽃 그림으로 왔다가……. 이것은 막힘이 없습니다. 언제 어디서나 다른 것이 없습니다.

"가는 곳마다 주인이 되고 서 있는 곳마다 진리이다(隨處作主 入處皆眞)"라고 하듯이, 또는 "눈길 닿는 것마다 이것밖에 없다(觸目皆是)"라고 하듯이 언제나 불법뿐이니, 두루두루 통해서 막힘이 없다고 하는 것입니다.

"글 자취 찾아다니며 헛수고만 하네"…… 글만 가지고, 책만 가지고 공부하는 사람들이 많지요? 인터넷에 특히 그런 사람들이 많아요. 말만 가지고 공부하는 구두선자(口頭禪者)들! 그런 사람들의 특징은 말하는 데 온 정력을 다 쏟는다는 겁니다. 공부하는 사람들은 모름지기 자기 스스로가 자기 자신에게서 찾아내고 경험하는 이 법 자체에 모든 정력과 관심을 쏟아야 하는데, 올바르게 공부를 못 하는 사람들은 자기 자신이 법을 확인하지 못하니까 바깥에 "이런 게 법이다"라는 그림을 그려 놓고는 서로 네가 옳게 그렸니 내가 옳게 그렸니 하며 왈가왈부하는 겁니다.

그런데 사실 이것은 네가 옳니 내가 옳니 할 게 전혀 없습니다. 경험을 하는 것도 자기 자신이 하는 것이고, 그것을 지키는 것도 자기 자신이 하는 것이고, 이게 법이니 아니니 하고 확인하는 것도 자기 자신이 하는 것이고, 만족하는 것도 자기 자신이고, 불만족하는 것도 자기 자신이기 때문에 공부라고 하는 것은 모든 경우가 오직 스스로의 일일 뿐이에요. 물론 서로 가르치고 배우는 의사소통이야 하지만, 네가 잘났는지 내가 잘났는지를 따지려는 것은 아닙니다. 이 법을 함께 확인하려고 서로 공부에 대하여 이야기를 나눌 수는 있지요. 이렇게 법회(法會)에 참석하는 것이 바로 그런 것입니다. 이 법 하나를 다 함께 확인하기 위해 각자 열심히 노력하는 것이 법회의 자리죠. 네가 옳니 내가 옳니 하는 식의 생각은 공부와는 아무 상관이 없습니다. 그저 법에 관한 그림을 그려 놓고는 이 그림이 잘되었다 잘못되었다 하고 왈가왈부하는 것과 똑같아요. 그런 것은 공부와는 상관도 없고 공부하는 사람의 자세도 아닙니다. 법의 자리에서 법을 이야기할 때도 남의 이야기를 듣고 나 자신의 법을 내가 확인하는 거예요. 타산지석(他山之石)이라고나 할까요? 공부는 누구하고 비교해 보는 게 절대 아닙니다. 그러니까 공부하는 사람들은 "어떻게 하면 공부를 바른 길로 잘 갈 수 있을까?" 하는 생각만 하는 것이 바른 태도예요.

81.
頭陀阿練苦行 조용한 산 속에서 고행(苦行)을 하며,
希望後身功德 뒷세상에 올 몸의 공덕을 바라지만,

　심신(心身)을 괴롭히는 고행(苦行)은 공부와 상관이 없습니다. 흔히 공부하는 사람이 장좌불와(長坐不臥)한다는 말을 듣습니다. 언제나 앉아 있고 눕지 않는 겁니다. 굉장히 힘든 일을 억지로 참고 하는 것입니다. 이렇게 억지로 자기 몸을 고통스럽게 하는 것은 공부와 아무 관련이 없습니다. 이것은 일종의 극기 훈련처럼 심리적인 보상을 받을 수는 있어요. 고생을 이겨 냈다는 성취감 같은 일종의 자기만족이 있겠죠. 하지만 그것은 공부와 상관이 없는 겁니다. 오히려 쉴 만큼 쉬며 심신이 편안한 상태에서 공부를 하는 것이 바른 태도입니다. 공부라는 것은 아주 자연스러운 겁니다. 긴장된 상태보다는 충분히 이완된 상태, 편안한 상태가 공부하기에 더 좋아요. 몸에 신경을 안 쓸 만큼 편안하면서도 정신은 맑아야 공부하기에 알맞은 상태입니다.

또 고행을 하는 사람들 가운데는 "다음 생에 사람으로 태어나서 공부를 잘 해 보자"라는 말을 하는 경우도 보았는데, 참으로 한심한 패배주의입니다. 다음 생에 태어난다는 기약이 있습니까? 공부하는 사람은 언제나 머리에 불이 붙은 것처럼 지금 당장 공부에 몰두해야 합니다. 모든 문제의 해답은 언제나 당장 눈앞에 있으니, 간절한 관심과 갈증이 있으면 당장 해결이 되는 것입니다. 지금 당장 하지 못하는 일을 미루어 둔다고 해서 다음에 한다는 보장은 전혀 없습니다. 그런 생각은 패배주의입니다. 불교에서는 이런 생각을 후퇴하고 굴복하는 마음이라고 하며, 공부하는 사람은 절대로 이런 마음을 가져서는 안 된다고 가르칩니다.

82.

希望即是隔聖　바람이 있으면 곧 성인과 멀어져 버리니,
大道何由可得　큰 도를 어떻게 얻을 수 있겠는가?

바로 이것(손가락을 들어 보임) 외에 더 바라는 것이 있으면 허망한 생각에 속고 있는 거예요. 다음 생에 태어나 어떻게 한다고요? 망상입니다. 공부는 지금 당장의 문제, 당장 내 존재의 문제입니다. 이것(손가락을 들어 보임)을 확인하는 것이죠. 다음 생을 기다린다는 것은 허망한 생각에 속는 것입니다. 다음에 무엇을 기약할 문제가 아니라 지금 바로 이것(손가락을 들어 보임)을 확인하는 것입니다. 대도(大道)라고 하는 것은 미래를 기대하는 것이 아니라, 바로 지금 이것(손가락을 들어 보임)

입니다.

83.

譬如夢裏度河　비유하면 꿈 속에서 강을 건너는 것과 같으니,
船師度過河北　뱃사공이 강 저쪽으로 건네줬으나,

　우리는 보통 지금 평상시의 삶이라는 것이 깨어 있다고 알고 있는
데, 사실은 잠들어서 꿈꾸고 있는 겁니다. 깨어 있으라는 말은 공부하
는 사람들이 굉장히 많이 듣는 말이지만, 참으로 깨어 있다면 시간 개
념이 없어요. 진짜 깨어 있는 자리는 과거·현재·미래가 없습니다.
단지 내가 깨어 있다는 그 사실이 있을 뿐이에요. 지금 (손가락을 들어
보임) 이 사실이 있을 뿐이지, 시간도 없고 공간도 없습니다. 습관적으
로 생각으로 헤아리는 시간과 공간, 눈앞에 펼쳐지는 모습들을 따라
이것과 저것을 분별하면서 살아가는 삶은 곧 잠들어 꿈을 꾸는 것이
지 깨어 있는 것이 아닙니다.

　깨어 있다면 보고, 듣고, 생각하고, 행동하는 모든 경험들의 바로 이
순간에 분리됨 없이 하나가 되어 있는 것입니다. 그러므로 모든 경험
은 언제나 전체의 경험이고, 부분이라는 분별의 개념이 없어요. 반면
에 잠들어 있다는 것은 습관적인 사고와 습관적 행위의 흐름 속에 파
묻혀서 그 흐름을 따라 흘러가는 것이지요. 마치 물 위에 떠서 흘러가
는 나뭇잎처럼 아무 자유가 없는 것입니다.

　경험되는 세계는 물처럼 흘러가고, 우리의 삶이란 바로 이 흘러가
는 경험입니다. 불교식으로 말하면 만법유식(萬法唯識), 온갖 것들은

오로지 경험되고 의식되는 것이라는 말이죠. 깨어 있는 사람이건 깨어 있지 못한 사람이건 이 흐름에서 벗어날 수는 없습니다. 다만, 깨어 있지 못한 사람은 이 흐름과 자기 자신을 분리시켜서 바라봅니다. 이 흐름은 꿈과 같고 꿈꾸는 사람은 그 꿈 밖에 따로 있다고 착각하는 것이죠. 꿈은 허망하고 자신은 진실하다는 분리가 일어나는 것이죠. 반면에 깨어 있는 사람은 모든 꿈에서 자기 자신을 확인하므로 꿈과 자신을 분리하지 않습니다. 꿈 밖에 따로 자신이 없는 것이고, 자신 밖에 따로 꿈이 없는 것이죠. 그러므로 모든 꿈 그대로가 진실한 것이어서, 허망함과 진실함의 차별이 없습니다.

이렇게 말을 하지만, 물론 실제로 이런 이치가 있는 것은 아닙니다. 다만 이것(손가락을 들어 보임)뿐입니다. 이것은 말로써 표현할 수 없는 것이지만, 억지로 표현하려니 이런 말이 나오는 것입니다. 공부하려는 사람이 이런 말을 듣다 보면 문득 말하는 사람이 참으로 가리켜 주고자 하는 것을 확인하는 수가 있습니다. 바로 그 이유 때문에 이런 말을 하고 있는 것입니다. 그러므로 여러분은 제 말에 귀를 잘 기울이시는 것이 곧 공부하는 것입니다. 저는 언제나 다만 이것(손가락을 들어 보임) 하나만 말하고 있습니다. 여기에는 어떤 이치나 도리, 철학, 이론이나 논리 같은 것이 전혀 없습니다. 단지 이것(손가락을 들어 보임)이 있을 뿐이고, 이것을 여러분에게 일깨워 드리는 것입니다. 통하는 사람은 그냥 눈만 한 번 깜빡해도 막힘없이 통하고 있습니다.

여기(손가락을 들어 보임)엔 무슨 도리 같은 것이 없어요. 확인하지 못하니까 자꾸 말을 가지고 도리를 논하고 어쩌고 하는 것이지, 실제로 통하는 사람에게는 아무런 도리가 없습니다. 그저 이렇게(손가락을 들어 보임) 손가락만 까딱해도 온 우주가 천둥치듯이 다 드러나 버리는 겁니다. 여기에는 전혀 도리 같은 게 없어요. 단지 이것(손가락을 들어 보임) 하나만, 지금 분명한 이것(손가락을 들어 보임) 하나가 있을 뿐입니다.

보통 우리는 진실은 어떤 내용이고 어떤 모습일까 하고 궁금해 합니다. 그러나 진실에는 내용과 모습을 말할 수 없습니다. 내용과 모습은 순간순간 허망하게 흘러가는 것이니, 불교에서는 허망한 생멸법(生滅法)이라고 부릅니다. 진실을 알고자 한다면 내용이나 모습에 관심을 가지지 마세요. 내용이나 모습으로는 진실에 접근할 수가 없습니다. 예컨대 꿈 속에서는 현실에서 불가능한 일들을 경험할 수가 있잖아요? 예를 들어 죽은 사람을 만난다든지 하는 경우가 있지요. 이런 꿈을 경험할 경우, 그 내용이나 모습은 분명 허망합니다만, 그런 경험을 하는 것이 허망한 것은 아닙니다. 내용은 허망한 것이지만 '꿈을 꾸고 있다'는 그 사실은 부정할 수 없는 사실이죠. 모양을 좇아가면 허망한 것이지만, 모양을 안 좇아가면 꿈 그 자체가 진실이에요. 바로 지금 깨어서 세계를 경험하고 있는 우리도 마찬가지입니다.

중국의 용담숭신(龍潭崇信)이란 스님은 천황도오(天皇道悟)란 스님의 제자인데, 불법을 배우기 위해 천황도오 스님을 찾아가 모셨어요. 몇 년 동안을 모셨지만 천황도오 스님은 불법이니 도니 하는 말을 한마디도 하지 않는 겁니다. 그래서 어느 날 용담숭신 스님이 천황도오 스님한테 이렇게 이야기했어요. "스님, 제가 스님한테 온 이래 지금까지 스님은 저에게 한 번도 불법이란 것을 가르쳐 주신 적이 없습니다." 이렇게 이야기하니까 천황도오 스님이 "아니 이 사람아, 무슨 이야기를 하는가? 나는 자네가 온 이래 자네에게 한 번도 불법을 숨긴 적이 없네"라고 하는 거예요. 그러자 용담숭신이 "도대체 어디에서 저에게 불법을 보여 주셨단 말씀입니까?"라고 물었어요. 그러니까 천황도오 스님이 말했습니다. "자네가 내게 차를 다려 오면 차를 마셔 주었고, 밥을 퍼 오면 밥을 맛있게 먹어 주었고, 자네가 내게 인사하면 나도 인사를 했으니, 도대체 내가 뭘 숨겼단 말인가?"

이렇게 말하니까 용담숭신 스님이 뭔가 감이 오긴 오는데 정확하게 오지 않아서 멍하니 생각에 잠겨 있었어요. 그때 천황도오 스님이 벼락같이 말했습니다. "보려면 바로 봐야지 생각을 해서는 안 되네!" 그 이야기를 듣고 용담 스님이 이것에 딱 통했어요.

차를 가져오면(찻잔 올리는 시늉을 보임) 받아서 마셔 주고(차 마시는 시늉을 보임), 밥을 가져오면(밥을 바치는 시늉을 보임) 받아서 먹어 주고(밥 먹는 시늉을 보임), 인사를 하면(합장을 해 보임) 자기도 인사를 하고(합장을 해 보임), 도대체 뭐를 숨겼단 말입니까? 불법은 숨길 수가 없어요. 보려면 바로 봐야지 생각을 해서는 안 됩니다. 바로 이것(합장을 해 보임)이 불법이에요. 이것이 불법이지 그 외엔 없습니다. 생각으로 헤아리니까 안 되는 겁니다. 생각으로 헤아리면 이것(손가락을 들어 보임)은 불법이 아니라 망상입니다. 불법이란, 이름이 불법이지 그런 물건은 없어요. 그럼 뭡니까? 이것(손가락을 들어 보임)입니다. 《금강경》의 말 그대로예요. 불법은 불법이 아니라 이름일 뿐이고, 이 이름에 해당하는 대상은 얻을 것이 없단 말입니다. 생각으로 헤아리면 벌써 망상입니다. 보려면 바로 보는 것입니다.

84.

忽覺床上安眠　침상에서 단잠을 문득 깨 보니,

失却度船軌則　나룻배로 건넌 일 잃어버렸구나.

　중생이 뒤집혀서 망상(妄想)에 빠져 있다는 것은 마치 우리가 꿈 속에 빠져서 그 꿈이 허망함을 알지 못하고 있는 것과 같습니다. 그리고 그 망상의 꿈에서 깨어나는 것은 마치 꿈 속에서 꿈을 깨는 것과 같습니다. 눈앞에는 여전히 꿈이 나타나고 있지만, 이제는 그 꿈에 속아 집착하지 않고 꿈에서 자유롭게 벗어나 있는 것이지요. 꿈 속에서 꿈을 벗어난다고 할 수 있습니다.

　꿈을 깨어나 이 진실이 분명해지면, 꿈 속의 일과 깨어난 뒤의 일이 본질적으로 다르지 않습니다. 예컨대 지금 꿈 속에서 배를 타고 뱃사공이 노를 저어 간다고 합시다. 그리고 꿈을 깨어나서 역시 뱃사공이 노를 젓는 배를 타고 간다고 합시다. 똑같은 광경이 눈앞에 나타나 있습니다. 무엇이 다릅니까? 꿈 속의 배와 물은 실재하지 않는 허망한 것이고, 깨어난 뒤의 물과 배는 실재하는 것이라서 배가 뒤집혀서 물에 빠지면 목숨을 잃는다고요? 그렇다면 오히려 꿈 속에서 아직 깨어나지 못한 것입니다. 여전히 경계에 머물러서 법(法)은 전혀 눈치 채지 못한 것이죠.

　모습을 판단하여 생각하고 이해하는 것은 모두 진실을 놓치고 경계에 속는 것입니다. 이것을 일러 중생이 뒤집혀 있다고 합니다. 모습을 보고, 생각하여 판단하고, 이해하는 이 모든 것들이 사실은 모두 법입니다. 단지 법 위에서 세계는 나타나고 사라지지요. 우리에게 진실한 것은 언제나 법 하나일 뿐입니다. 그러나 나타나는 모습에 이끌려 모습에 머물면, 오히려 법은 놓쳐 버리고 모습을 진실한 것으로 여기게 됩니다. 이것이 곧 거꾸로 된 중생이지요.

우리가 이와 같이 거꾸로 되어 경계에 머무는 것은 매우 오랫동안 익숙해 온 뿌리 깊은 습관입니다. 그래서 이것을 바로잡기가 대단히 어렵습니다. 그러나 진실한 구도자(求道者)가 온몸으로 법을 확인하게 되면, 이런 거꾸로 된 습관은 점차 교정이 가능합니다. 참으로 진실한 것을 확인하게 되니 지금까지 진실하다고 믿어 온 것은 저절로 허망하다는 사실이 드러나는 것이죠. 허망하긴 하지만 없어지거나 사라지지는 않습니다. 그러니 꿈 속에서 꿈을 깨어나는 것이라고 할 수 있단 것입니다.

지금 눈앞에 세계가 모두 나타났다 사라지고 있지만, 진실한 것은 언제나 나타나지도 않고 사라지지도 않는 것입니다. 물론 나타나고 사라지는 이 세계의 모습과 나타나지도 않고 사라지지도 않는 진실은 따로 있는 둘이 아닙니다. 우리가 거꾸로 되면 나타나고 사라지는 세계뿐이요, 우리가 바르면 나타나고 사라지는 듯이 보이는 세계는 사실 나타나지도 않고 사라지지도 않습니다. 마치 하늘에 해가 있어 푸를 때나 해가 없어 깜깜할 때나 구름이 끼어 어두울 때나 구름이 없어 맑을 때나 하늘은 언제나 변함없이 그 하늘인 것과 같습니다.

85.

船師及彼度人　뱃사공과 저쪽으로 건너간 사람,
兩箇本不相識　두 사람은 본래 서로 알지 못한다.

302

꿈 속에서 뱃사공도 나타나 있고, 배를 타는 사람도 나타나 있습니다. 이 두 사람은 모두 꿈 속에 나타난 허망한 모습일 뿐이니, 서로 어떻게 안다 알지 못한다는 관계를 말하겠습니까? 뱃사공도 배를 타는 사람도 모두 다만 꿈꾸는 사람에게 있습니다. 오직 진실한 것은 꿈꾸는 사람 하나뿐이고, 그 꿈에서 나타나는 모습들은 어느 것 하나 진실한 것이 없습니다. 꿈꾸는 사람이 진실하면, 꿈 속의 내용은 모두 꿈꾸는 사람을 떠나 따로 있지 않습니다. 그러므로 허망한 꿈 속의 모습들이 진실한 꿈꾸는 사람을 떠나 따로 있는 것이 아닌 것입니다. 사실은 나타나는 꿈과 꿈꾸는 사람은 둘로 나뉠 수가 없는 하나입니다. 꿈꾸는 사람이 곧 꿈이고, 꿈은 곧 꿈꾸는 사람입니다. 꿈이 있으니 꿈꾸는 사람이 있고, 꿈꾸는 사람이 있으니 꿈이 있습니다. 꿈과 꿈꾸는 사람은 연기법(緣起法)이니, 이름은 둘이지만 실제로는 둘이 아닙니다. 꿈과 꿈꾸는 사람은 이름으로는 분별되지만, 사실 전혀 둘이 아닌 것입니다. 그러므로 꿈도 없고 꿈꾸는 사람도 없지만, 또 꿈도 있고 꿈꾸는 사람도 있습니다. 모든 분별이 나타나는 곳에서 모든 분별이 쉬어집니다. 망상과 실상은 따로 나뉠 수가 없고, 생멸법과 불생불멸법은 둘이 아닌 것입니다.

그래서 다만 진실은 눈앞에 나타나는 모든 것에 있습니다. 눈앞에 나타나는 모든 것에 진실이 있지만, 그 나타나는 모습에 이끌려 그 모습에 머물면 허망한 망상이 됩니다. 진실이 분명하면 어떤 모습이 나타나더라도 허망함에 속지 않습니다. 단지 언제나 진실이 분명하기만 하면 망상은 따로 없습니다. 바로 이 진실을 확인하십시오. 생각이 개입되지 않으면 언제나 모든 경우에 바로 이 하나의 진실일 뿐입니다. 생각에 의한 분열이 없으면 언제나 다만 이 하나일 뿐입니다. 의식적으로 정하지만 않으면 언제나 다만 이 하나일 뿐입니다. 찾지만 않으면 언제나 이것일 뿐인데, 찾으면 도리어 이것을 놓칩니다. 바로 이것입니다. 바로 이것!

86.
衆生迷倒羈絆　중생은 헤매다가 거꾸로 얽매이어,
往來三界疲極　삼계(三界)에서 오고 감에 피로하기 끝이 없다.

　이것(손가락을 들어 보임) 하나가 분명하지 않고 어두우면 망상에 속습니다. 지금 "중생은 헤매다가 거꾸로 얽매이어……"라고 말하는 이 순간 한 순간도 다른 것이 없습니다. 변함없이 이것이 있을 뿐이죠. 말하는 순간이나, 생각하는 순간이나, 보고 듣는 순간이나, 행동하는 순간이나, 언제나 모든 순간이 다만 이것이죠. 모두에게 마찬가지입니다. 누구도 다를 수가 없어요. 이것은 너무나 명백한 겁니다. 이것은 부정할 수 없는 겁니다. 너무 너무 분명해서 도저히 부정할 수가 없습니다. 아니 긍정할 필요조차 없을 정도로 너무나 당연한 것입니다. 이것은 절대 숨겨질 수가 없습니다. 이것은 언제나 드러나 있어요. 언제나 이것(손가락을 들어 보임)이 가장 먼저 드러나 있죠. 처음부터 끝까지 이것(손가락을 들어 보임) 하나가 진실할 뿐입니다. 다른 것이 없어요. 이것은 너무나 분명한 사실입니다. 바로 이것(손가락을 들어 보임)이니, 어떻게 달리 설명하거나 가리킬 수가 없어요. 하나하나가 모두 이것(손가락을 들어 보임)이란 말이죠.

87.

覺悟生死如夢　삶과 죽음이 꿈과 같음을 깨닫는다면,
一切求心自息　모든 찾는 마음 저절로 쉬어지리라.

　살아 있다, 죽는다, 행복하다, 불행하다, 즐겁다, 슬프다, 여기다, 저
기다, 너다, 나다…… 이런 것들은 전부 분별된 모습들입니다. 마치 꿈
속에서 보는 모습들과 같죠. 이것(손가락을 들어 보임)이 확실해지면,
이런 모든 모습들은 좋아하지도 싫어하지도 않게 됩니다. 오직 이것
(손가락을 들어 보임)만이 진실하고 실감이 있습니다. 눈앞에 스쳐 가는
각종 모습들이나 머리 속에 지나가는 각종 생각들은 별 실감이 없어
요. 저절로 그렇게 됩니다. 오직 이것(손가락을 들어 보임) 하나가 진실
할 뿐이죠. 생각이나 경험되는 모습에 집착하는 일이 저절로 쉬어집
니다. 오직 이것(손가락을 들어 보임)만이 진실하기 때문에 나머지 나타
나는 모든 경험들은 진실하게 여겨지지 않나 봅니다. 그래서 나타나
는 모습들이 모두 꿈 속의 일처럼 허망하다고 말하나 봅니다. 어쨌든
이것(손가락을 들어 보임) 외에는 진실하게 여겨지는 것이 없습니다.
　오직 이것(손가락을 들어 보임) 하나뿐이라는 사실이 너무나 분명하
여 조금의 의심도 생기지 않습니다. 이(손가락을 들어 보임) 진실 하나
밖에 없어요. 이(손가락을 들어 보임) 진실에 통해 버리면 더 이상 아무
것도 궁금하지 않고 아무것도 찾고자 하지 않게 됩니다. 헐떡이던 마
음이 저절로 쉬어져 버리죠. 결국 이(손가락을 들어 보임) 진실 하나만
확인하면 됩니다. 언제나 이것(손가락을 들어 보임) 하나뿐이니까.

열일곱 번째 법문

88.

悟解卽是菩提　깨달아 아는 것이 곧 보리(菩提)이니,

了本無有階梯　깨달으면 본래 단계가 없다.

89.

堪歎凡夫僱僂　아아! 곱사등이 같은 범부들이여,

八十不能跋蹄　팔십 나이에도 마음대로 걷지도 못하는구나.

90.

徒勞一生虛過　헛수고만 하며 일생을 헛보내면서,

不覺日月遷移　세월의 흐름도 알지 못하네.

91.

向上看他師口　위로 저 스승의 입을 바라봄에,

恰似失孃孩兒　마치 어미 잃은 아이와 같으며,

92.

道俗崢嶸集聚　출가인과 재가인이 빽빽이 모여,

終日聽他死語　종일토록 죽은 말만 듣고 있구나.

93.

不觀己身無常　자기의 몸 무상(無常)한 줄 보지 못하고,

心行貪如狼虎　마음을 씀에 탐욕이 이리나 호랑이와 같네.

94.

堪嗟二乘狹劣　불쌍하구나, 좁고 못난 이승(二乘)[14]들이여,

要須摧伏六府　육근(六根)[15]을 억눌러 항복시키고자 하며,

95.

不食酒肉五辛　술과 고기 오신채(五辛菜)[16]를 먹지 않으며,

邪眼看他飮咀　삿된 눈으로 남이 마시고 먹는 것을 바라보네.

96.

更有邪行猖狂　더욱이 삿된 행위로 어지럽게 날뛰며,

修氣不食鹽醋　기운(氣運)을 닦으며 소금과 식초도 먹지 않는다.

97.

若悟上乘至眞　그러나 만약 상승(上乘)[17]의 지극한 진리를 깨달으면,

不假分別男女　남자와 여자라는 분별도 없으리.

14) 이승(二乘): 성문(聲聞)과 연각(緣覺). 소승(小乘). 소승은 참과 거짓, 깨끗함과 더러움, 해탈과 번뇌를 분별하여 한쪽을 취하고 한쪽을 버림으로써 도를 닦으려 한다.

15) 육근(六根): 대상을 느끼고 알아차리는 여섯 개의 통로. 즉 눈(眼), 귀(耳), 코(鼻), 혀(舌), 몸(身), 의식(意) 등.

16) 오신채(五辛菜): 불가(佛家)에서 금하는 다섯 가지 야채. 오훈채(五葷菜)라고도 한다. 곧 파, 마늘, 부추, 달래, 무릇(흥거)을 이른다. 자극성이 강한 이런 것을 먹으면 음욕(淫欲)과 진심(嗔心)을 다스리지 못하여 수행에 방해가 된다는 이유에서이다. 《능엄경》에 "중생들이 선의 삼매를 구하려면 세간의 다섯 가지 신채를 끊어야 하나니, 이 오신채를 익혀 먹으면 음심을 일으키고 생으로 먹으면 분노를 더하느니라"고 말하고 있다.

17) 상승(上乘): 최상승(最上乘). 대승(大乘) 혹은 선종(禪宗)을 가리킨다. 소승처럼 참과 거짓을 분별하여 취하고 버리고 하지 않는다. 즉각 둘 없는 실상을 깨닫는 돈교(頓敎)이다.

88.

悟解即是菩提　깨달아 아는 것이 곧 보리(菩提)이니,
了本無有階梯　깨달으면 본래 단계가 없다.

　근본에는 원래 아무런 차별이 없습니다. 언제나 어디서나 이(손가락을 흔들어 보임) 하나의 근본일 뿐입니다. 흔히들 이렇게 수행해야 한다 저렇게 공부해야 한다 하고 다양한 이야기들을 하고 있습니다. 그런데 진실에는 이런저런 차별이 없습니다. 지켜야 할 무엇이 있는 것도 아니고, 가야 할 정해진 길이 있는 것도 아닙니다. 이렇게 해야만 한다거나, 이것이 옳은 것이라거나 하고 정할 수 있는 것이 없어요. 무엇인가를 정한다면 그것은 모두 생각이요 분별망상일 뿐, 있는 그대로의 진실과는 상관이 없습니다. 공부를 함에 무엇을 정하거나 세워서는 안 됩니다. 오히려 공부는 어디에도 머물지 않고, 어떤 생각에도 묶이지 않고, 모든 생각이나 경계에서 풀려나는 것이라고 할 수 있습니다. 어떤 정해진 관념이라든지, 견해라든지, 반드시 지켜야 할 규칙 같은 것을 둔다면, 그것은 자기가 만든 틀 속에 자신을 가두어 버리는 어리석은 일입니다.

생각해 보면, 물론 모든 종교가 지켜야 할 계율을 만들어 놓았고, 수행이라는 말이 나오면 당장 마음을 고요히 한 곳에 모으고 안정시킬 것을 요구하기도 하고, 교리(敎理)라는 이름으로 여러 가지 견해를 제시하고 있습니다. 흔히 불교에서는 이 셋을 계정혜(戒定慧) 삼학(三學)이라고 하여 공부의 핵심으로 말하고 있습니다. 그렇지만 이것들은 모두 중생의 병을 증상에 따라 치료하기 위하여 내세운 임시방편입니다. 진실로 지켜야 할 계율이 있다거나, 고요히 모아서 안정시킬 마음이 있다거나, 이런저런 이치가 있다는 것은 아닙니다. 이런 것들은 모두 중생의 병을 치료하기 위하여 임시로 필요한 방편을 내세운 것입니다. 중생에게 망상의 병이 없다면 이런 치료약도 필요 없습니다.

그런데 이런 여러 치료약보다도 가장 효험 있고 부작용이 적은 치료약이 있으니 바로 대승불교의 불이법문(不二法門)입니다. 불이법문이란 애초에 분별망상이라는 병의 존재를 인정하지 않고 바로 분별망상 없는 진실을 가리키는 것입니다. 애초에 망상이란 허망하여 없는 것을 있다고 착각하는 것이니, 허망한 것에 대하여는 눈길도 주지 않고 언급하지도 않고 바로 진실을 가리키는 것입니다. 이것은 곧 조사선(祖師禪)의 직지인심(直指人心)이기도 합니다. 꿈꾸는 사람에게 꿈의 내용을 이해시키지 않고 바로 꿈에서 깨우려는 것과 같습니다. 깨어난 뒤에는 꿈에 대하여 저절로 알게 될 것이니, 꿈에 관한 이야기는 할 필요가 없는 것이지요. 반면에 계정혜를 말하는 입장은 꿈 속에 있는 사람에게 당신은 지금 이런 꿈 속에 있으며, 어떻게 하면 꿈에서 깨어날 수 있는가를 설명하여 이해시키는 것과 같습니다. 그러나 이 경우 그렇게 설명하고 이해하는 그것이 바로 꿈 속의 일이라는 사실을 망각하는 실수에 빠지는 경우가 많습니다. 이에 비하여 직지인심은 바로 흔들어서 꿈을 깨우는 것입니다. 꿈 속에서 꿈을 깨어나는 방법을 설명하는 것이 아니라, 바로 흔들어서 꿈을 깨워 주는 것이 바로 불이 법문이며, 선(禪)이며, 불교의 바른 가르침입니다. 근본을 바로 가리키고, 진실을 즉시 눈앞에 드러내 보이는 것입니다.

그러므로 바로 이(손가락을 흔들어 보임) 근본에서는 어기거나 지킬 계율이 없고, 고요히 한 곳에 모을 마음도 없고, 이해해야 할 교리도 없습니다. 즉, 계율을 지키지도 않고 어기지도 않으며, 마음을 모으지도 않고 흩뜨리지도 않으며, 교리를 알지도 않고 모르지도 않습니다. 이런 모든 차별 없이 하나하나에서 한결같고 평등하여 다른 일이 없습니다. 어길 것도 없고 지킬 것도 없고, 모을 것도 없고 흩을 것도 없고, 알 것도 없고 모를 것도 없으면, 어디에도 걸림 없고 자유자재하여 모든 두려움과 번뇌에서 벗어납니다.

89.
堪歎凡夫傴僂　아아! 곱사등이 같은 범부들이여,
八十不能跋蹄　팔십 나이에도 마음대로 걷지도 못하는구나.

허리에 병든 환자처럼 마음대로 걷지도 못한다는 것은 곧 얽매여 자유가 없음을 가리킵니다. 실상(實相)에 어두우니 보이는 모습에 얽매이고, 들리는 소리에 얽매이고, 일어나는 생각에 얽매이고, 듣는 말에

312

얽매여 자유가 없습니다. 실상에 밝아지면 어떤 개념이나 견해도 가지고 있지 않습니다.

실상에 밝다는 것은 곧 언제나 삶 자체이고 존재 자체라고나 할까요? 우주의 근원이 곧 자기 자신이라고 할까요? 언제나 부분 없는 전체인 하나로서 분열이 없다고나 할까요? 모든 경우에 우주의 숨결을 느낀다고나 할까요? 세계의 심장이 뛰는 자리에 있다고나 할까요? 우주의 중심이라고나 할까요? 무엇이라고 표현하기가 참으로 곤란하지만, 거리낌 없이 보고 거리낌 없이 듣고 거리낌 없이 생각하고 거리낌 없이 말해도, 보는 일에 얽매이지 않고 듣는 일에 얽매이지 않고 생각하는 일에 얽매이지 않고 말하는 일에 얽매이지 않고, 항상 한결같다고 할 수 있습니다. 모든 경우에 언제나 자유로우면서도 자신이나 세계라고 하는 분리된 개념이 없습니다.

90.
徒勞一生虛過　헛수고만 하며 일생을 헛보내면서,
不覺日月遷移　세월의 흐름도 알지 못하네.

공부를 한다고 매달려 있는 사람도 많은 시간을 헛수고로 보내는데, 공부를 안 하는 사람들이야 말할 것도 없죠. 전부 망상 속에 푹 빠져서 망상에 집착하며 일생을 허망하게 보냅니다. 시간이 가는 것도 그냥 겉모양만 보면서 늙어 가고 죽음이 다가온다고 생각하고서 아깝다고 말하지만, 진실로 왜 시간이 아까운지는 모르죠. 육체는 생로병사를 하기 때문에 시간에 따라서 변합니다. 육체와 동시에, 육체와 연결되어 있는 느낌, 관념, 욕망, 의식 등도 육체의 생로병사에 따라서 변합니다. 젊은이들이 가지고 있는 느낌이나 관념이나 욕망이나 의식은 노인들이 가지고 있는 것과 다릅니다. 그것들은 다 육체와 연결되어 있기 때문이죠.

그런데 마음의 본래 모습은 다름이 없어요. 마음은 생로병사와 관계없기 때문에 갓 태어난 어린애나 팔십 먹은 노인이나 아무 차이가 없어요. 아침에 해가 떠서 서산에 질 때까지 하늘의 겉모습은 변하잖아요? 그렇지만 해가 떠서 질 때까지 하늘 자체가 변한 적은 없어요. 어둠 속에서 별들이 빛나던 하늘이 해가 떠오르면 밝아지고, 구름이 생기고 비가 내리고 구름이 걷히고 맑아지고 하는 등 하늘의 모습은 끊임없이 변화하지만 이 모든 변화가 다만 하늘에서 이루어지는 것이고, 하늘은 언제나 변함없이 그 하늘입니다. 그러므로 어둠도 하늘이고, 밝음도 하늘이고, 구름도 하늘이고, 맑음도 하늘이고, 태양도 하늘이고, 별도 하늘입니다.

마음도 따로 정해진 모양이 있는 것이 아니라, 지금 눈앞에 나타나는 모든 것이 곧 마음입니다. 무엇이 나타나든 그것이 바로 마음입니다. 푸른색을 떠나 따로 하늘이 없고, 어둠을 떠나 따로 하늘이 없고, 맑음을 떠나 따로 하늘이 없고, 별과 달과 태양과 구름을 떠나 따로 하늘이 없듯이, 이 모든 세계를 떠나 따로 마음이 없습니다. 하늘의 본질이 허공이듯이 마음의 본질도 허공이라고들 흔히 말하니까 허공이라고 하는 고정불변한 무엇인가가 있다고 오해할 우려가 있는데, 푸르고 구름 낀 하늘에 허공이 따로 없듯이 온갖 것들이 나타나는 이 마음에 허공 같은 마음이 따로 있는 것은 아닙니다. 마음은 항상 활동하고

있어요. 텅텅 비어서 고정되어 죽어 있는 게 아니고 항상 살아서 활동
하고 있는 것이 마음입니다. 바로 이(손가락을 흔들어 보임)뿐이지요.

91.
向上看他師口　위로 저 스승의 입을 바라봄에,
恰似失孃孩兒　마치 어미 잃은 아이와 같으며,

92.
道俗崢嶸集聚　출가인과 재가인이 빽빽이 모여,
終日聽他死語　종일토록 죽은 말만 듣고 있구나.

　마음공부를 하려는 사람이 깨달음을 얻으려 한다면 반드시 바른 가
르침을 배워야 합니다. 모든 가르침은 말씀을 통하여 이루어집니다.
그런데 여기에 잘못 배울 가능성이 있습니다. 말씀만 나름으로 이해
하고, 실제로 가르치고자 하는 바를 놓쳐 버릴 수가 있는 것입니다. 도
(道)를 가르침에 있어서 언어는 반드시 필요한 도구이지만 매우 심각
한 문제를 가지고 있는 도구이기도 합니다. 언어를 도구로 하여 우리
는 서로의 생각을 소통합니다. 이 경우에 언어는 마디마디의 말마다
제각각의 뜻이 붙어 있고, 이 뜻을 서로 이해하는 것으로 우리는 서로
소통하는 것입니다. 즉 언어는 곧 분별되는 제각각의 뜻을 지니고 있
습니다.
　그러나 깨달음에 다가가려고 하는 경우에 이러한 언어의 뜻은 우리
를 가로막는 가장 심각한 장애물입니다. 우리가 무언가를 뜻으로 이

해하고 있는 동안은 우리는 생각이라는 허망한 그림 속에 스스로를 가두어 놓고 있는 것이고, 그렇기 때문에 우리는 깨달음에 다가갈 수 없게 됩니다. 사실 깨달음은 우리 자신이 언어를 통하여 만든 꿈의 세계에서 깨어나는 것입니다. 언어란 곧 생각의 표현이므로 허망한 의식과 생각의 문제는 곧 언어의 문제인 것이죠. 그러므로 불교에서는 번뇌의 본질인 망상의 문제를 곧 언어의 문제로 다룹니다. 망상에서 깨어난 깨달음을 중도(中道)라고 하는데, 중도란 곧 생각을 하되 생각의 그물에 갇히지 않고, 말을 하되 말의 그물에 갇히지 않는 것입니다. 생각의 그물과 말의 그물은 바로 자신이 만든 가상의 세계로서 헛된 것입니다. 우리는 생각을 버릴 수도 없고 말을 하지 않을 수도 없지만, 생각이나 말이 그려 내는 가상의 세계 속에 갇혀 버리면 살아 있는 진실을 놓쳐 버리는 것이고, 진실을 놓쳐 버리는 것이 곧 번뇌입니다.

언어가 이런 문제를 가지고 있긴 하지만, 또한 언어를 통하지 않으면 가르치고 배우는 일이 있을 수가 없습니다. 이런 결함을 가진 언어지만, 가르치고 배우려면 반드시 언어를 사용하여야 합니다. 그러므로 가르침은 언어를 통하여 언어의 한계를 넘어선 일을 가르치는 것입니다. 이렇게 언어를 통하여 언어의 한계를 넘어선 일을 가르치는데, 배우는 사람이 언어의 한계 속에 갇혀 있다면 물론 올바르게 배울 수가 없는 것이지요. 언어의 뜻 속에서 가르침을 이해하려는 것을 선가(禪家)에서는 죽어 버린 말 곧 사구(死句)라고 합니다. 반면에 언어를 통하여 언어를 넘어선 가르침을 올바로 깨닫는 것을 일러 살아 있는 말 즉 활구(活句)라고 합니다. 그러므로 도를 공부함에는 가르치는 사람의 말이나 배우는 사람의 말이 반드시 활구가 되어야 합니다.

예컨대 "도가 무엇인가?"라는 질문에 조주 스님이 "뜰 앞의 잣나무" 라고 답한 경우가 있습니다. 질문한 사람이 이 말을 '뜰 앞에 서 있는 잣나무'라는 대상을 가리킨다고 이해한다면 물론 말의 그물에 걸린 것입니다. 또는 '뜰 앞의 잣나무'라고 말하는 조주라는 사람 혹은 조주의 마음을 가리킨다고 이해하여도 역시 말의 그물에 걸린 것이고, '뜰 앞의 잣나무'라고 말하고 듣는 바로 이 행위라고 이해하여도 역시 말의 그물에 걸린 것이고, '뜰 앞의 잣나무'라고 말하고 듣는 이 순간의 살아 있는 그 무엇이라고 이해하여도 역시 말의 그물에 걸린 것이고, '뜰 앞의 잣나무'라고 말하고 듣는 에너지 혹은 힘 혹은 동작이라고 이해하여도 역시 말의 그물에 걸린 것이고, '뜰 앞의 잣나무'라는 말이 있든지 없든지 다만 이 순간일 뿐이라고 이해하여도 역시 말의 그물에 걸려 있는 것입니다. 이렇게 그물에 걸린 것은 전부 죽은 말입니다. 이런 모든 그물에 걸리지 않고 어떻게 '뜰 앞의 잣나무'가 살아 있는 말이 될까요? 다만 '뜰 앞의 잣나무'입니다. 깨달음이 있습니까? 깨달음이 있다면, 다만 눈앞에 '뜰 앞의 잣나무'만이 생생할 뿐, 다른 무엇도 없고, 어떤 생각도 없고, 말이 있는 것도 아니고 말이 없는 것도 아니고, 다만 '뜰 앞의 잣나무' 그대로가 전체 세계가 됩니다. 이러한 깨달음은 오로지 스스로에게서 분명해질 수밖에 없는 일입니다.

　다시 다른 예를 들겠습니다. '부처'란 말을 사전에서 찾아보면, '깨달은 사람'이라든지 '2천 5백 년 전에 인도에 나타난 석가모니'라든지 이런 뜻이 나와 있습니다. 그렇게 이해하면 바로 죽은 말입니다. 그럼 살아 있는 말은 뭐냐? 다만 '부처'입니다. '부처'가 살아 있음이 분명하면, 하늘, 구름, 별, 달, 바람, 산, 강, 나무, 꽃, 바로 이것들이 모두 살아 있습니다. '부처'가 살아 있게 되면, 생각도 살아 있고, 말도 살아 있고, 행동도 살아 있고, 나무도 살아 있고, 바위도 살아 있고, 빗방울도 살아 있습니다. 온 세상이 모두 살아 있습니다.

가장 생생하게 살아 있는 이것(손가락을 들어 보임)이 마음입니다. 마음은 항상 살아 있습니다. 마음은 불생불멸(不生不滅)이라고 하듯이 늘 살아 있는 겁니다. 그래서 마음이 있다는 것은 지금 이 자리에 이렇게 살아 있다는 겁니다. 지금 여기를 떠나 달리 있지 않습니다. 눈에 보이지 않는 어떤 신비로운 무엇이 있는 것도 아닙니다. 마음은 지금 바로 여기에 살아 있어요. "마음이 어디에 살아 있을까?" 하고 묻는다면, 묻는 이 말이 곧 마음이 살아 있다는 당장의 증거지요. 그러나 어떻게 살아 있느냐 하는 생각이 일어나면 곧 망상 속으로 들어갑니다. 살아 있음은 다만 살아 있을 뿐이고, 어떻게 살아 있는가 하는 이해는 곧 허망한 생각입니다. 마음은 모습으로 알 수 없다고 하는 말이 바로 이것을 가리킵니다. 마음은 어떤 모양으로 살아 있는 게 아니에요. 어떤 모양으로 탐구를 해 봐야 아무리 해도 마음을 찾을 수가 없습니다. 그래서 허공이라고 이름을 붙이잖아요. 우리 근본은 어떤 모양은 아닙니다. 언제나 단지 있을 뿐이죠. 다만 있을 뿐이지, 어떤 모양으로 있는 것은 아니란 말이죠.

생생하게 살아 있는 세계가 곧 우리의 마음입니다. 마음은 육체 속에 갇혀 있어서 내 마음과 네 마음이 분리되는 그런 무엇이 아닙니다. 육체나 감각이나 생각이나 감정이나 의식이나 세계의 삼라만상이나 모두 동일한 하나의 마음입니다. 손가락을 이렇게(손가락을 흔들어 보임) 움직이는 것이나, 바람에 나뭇잎이 저렇게 흔들리는 것이나, 푸른 하늘과 흰 구름이 모두 동일한 마음입니다. 마음은 육체와 하나가 되어 육체를 조정한다고 생각하지 마십시오. 이런 생각 때문에 진실에 통할 수가 없습니다. 진실에는 어떤 생각도 용납되지 않습니다. 생각을 통하여 왜곡시키지 않으면, 눈앞에 나타나는 모든 일들과 물건들이 빠짐없이 마음입니다.

그러므로 "도가 무엇인가?"라는 질문에 "뜰 앞의 잣나무", "삼베 세 근", "차를 마셔라"는 등으로 대답한 것입니다. 어쨌든 말에 속지 마십시오. 말에는 이것과 저것이라는 말이 구분되지만, 마음에는 이것과 저것이라는 구분이 없습니다. 마음은 나눌 수가 없지요. 바로 지금 살아 있음이 곧 마음이고, 바로 이렇게 말하고 있음이 곧 마음이고, 바로 이렇게 숨 쉬는 것이 곧 마음이고, 바로 이렇게 보이는 모습들이 곧 마음이고, 바로 지금 나타나는 생각이 곧 마음이고, 바로 지금 들리는 소리가 곧 마음입니다. 언제나 지정될 수 없고 언제나 끊어짐 없는 바로 이(손가락을 흔들어 보임)뿐이죠. 마음이라는 이름으로 부르지만, 사실 '마음'이라는 이름이 곧 이(손가락을 흔들어 보임)뿐입니다. 우주가 있는 것은 곧 이 마음이 있는 것입니다.

93.

不觀己身無常　자기의 몸 무상(無常)한 줄 보지 못하고,

心行貪如狼虎　마음을 씀에 탐욕이 이리나 호랑이와 같네.

우리가 분별로써 무언가를 이해할 때에는 그것이 어떤 모습인가를 파악합니다. 그러나 마음은 모습이 없습니다. 모습으로 파악되는 것

들은 모두 마음이라는 화면 위에 나타나고 사라지는 허망한 것들입니다. 그러므로 마음의 실상을 깨닫고자 하면 모습으로 파악하려 해서는 안 됩니다. 마음은 모습을 가지고 있지 않습니다. 또한 눈앞에 나타나는 세계의 모습을 떠나서 따로 마음이 있지도 않습니다. 마음은 모습이 아니지만, 모습을 떠나 있지도 않고 모습과 함께 있지도 않습니다. 즉, 마음은 눈앞에 나타나는 모습과 같지도 않고 다르지도 않습니다. 그러니 "마음은 이렇다" 하고 판단하거나 이해할 생각은 버리십시오. 마음은 분별이 있든 없든 언제나 모든 것들과 따로 있지 않습니다. 삼라만상이 있다는 것은 곧 마음이 있는 것입니다. 그러나 마음은 어떤 모습도 아닙니다. 그러므로 마음은 언제나 곧바로 가리키고, 곧바로 깨닫는 수밖에 없습니다.

모습으로 판단할 경우에 우리는 반드시 이건 이렇고 저건 저렇다 하는 차별을 하게 됩니다. 나아가 좋다거나 나쁘다거나, 옳다거나 그르다거나 하는 차별도 짓게 됩니다. 이런 판단 때문에 욕망이 발생하고 집착이 생깁니다. 그러므로 모습을 분별하여 판단하는 것은 어리석은 탐욕과 집착의 원인이 됩니다. 가장 먼저 나와 남을 분별하고, 나의 몸과 나의 생각과 나의 감정 등에 집착하게 됩니다. 나를 중심으로 하는 이런 집착이 바로 망상이요, 번뇌입니다.

이런 망상과 번뇌에 떨어지지 않으려면, 모습을 분별하여 판단하는 일에 의존하지 말아야 합니다. 분별하여 판단하는 일에 의존하지 않으려면, 분별도 판단도 없는 마음에 통달해야 합니다. 마음에 통달하면, 필요한 경우에 분별하고 판단하면서도 분별도 없고 판단도 없게 됩니다. 달리 말하면, 분별하고 판단하면서도 분별과 판단에 얽매이지 않는 힘을 얻습니다. 어떻게 해야 힘을 얻을까요? 마음에 통달해야 합니다. 어떻게 마음에 통달할까요? 분별과 판단을 통해서는 통달할 수가 없습니다. 다만 번뇌와 망상에서 진실로 벗어나고 싶은 갈증이 있기만 하면, 바른 가르침에 귀를 기울이십시오. 오래도록 바른 가르침에 귀를 기울이고 있으면, 어느 순간 문득 저절로 통달하게 됩니다.

94.

堪嗟二乘狹劣　불쌍하구나, 좁고 못난 이승(二乘)들이여,
要須摧伏六府　육근(六根)을 억눌러 항복시키고자 하며,

95.

不食酒肉五辛　술과 고기 오신채(五辛菜)를 먹지 않으며,
邪眼看他飮咀　삿된 눈으로 남이 마시고 먹는 것을 바라보네.

96.

更有邪行猖狂　더욱이 삿된 행위로 어지럽게 날뛰며,
修氣不食鹽醋　기운(氣運)을 닦으며 소금과 식초도 먹지 않는다.

　마음은 정해진 모습이 없기 때문에 어떤 모습으로도 그릴 수가 없고, 어떤 말로도 설명할 수가 없고, 취하거나 버릴 수도 없고, 더하거나 뺄 수도 없고, 어떤 방식으로도 손을 대거나 조작할 수가 없습니다. 육체라든지, 감각이라든지, 생각이라든지, 감정이나 욕망이라든지, 의식이라든지 하는 말로써 분별하고 이해하는 것을 마음이라고 여기

지 마십시오. 비유를 들면, 이런 것들은 마음이라는 물에서 일어나는 다양한 모습의 물결과도 같습니다. 어떤 모양의 물결만이 물의 모습이고 다른 것은 아니라고 할 수 없는 것과 마찬가지로, 어떤 모양의 육체나 감각이나 생각이나 감정이나 의식이 올바른 마음이고 다른 모양의 것들은 마음이 아니라고 할 수가 없는 것입니다. 어떤 한 물결의 모습을 물의 본래 모습이라고 정한다면 진실과는 다른 헛된 망상이 되는 것과 마찬가지로, 만약 의식의 어떤 모습을 분별하여 참된 마음의 모습이라고 정한다면, 이것은 허망한 분별이며 좋아하고 싫어하는 집착의 근원이 됩니다.

어떤 모습의 물결이 참된 물인지를 찾기 위하여 물에다 손을 대어 여러 가지 물결을 일으켜 보는 것은 무의미한 일이지요. 참으로 물을 깨달으면 물결의 모습에는 상관하지 않게 되고, 물결의 모습에 상관하지 않게 되면 물에다 손을 대어 이런저런 모습의 물결을 일으키지 않게 되고, 물결의 모습에 집착하여 좋아하고 싫어하는 번뇌를 일으키지는 않을 것입니다. 물결의 모습에 집착하여 좋아하고 싫어하는 일이 없어 물결에 손을 대지 않게 되면, 이런저런 물결이 일어나더라도 언제나 물결이 없는 물의 자리에 있을 것입니다. 바로 이러한 것을 두고 물결이 적멸(寂滅)했다고 합니다. 모습으로는 물결이 드러나 있지만, 물이 있을 뿐 물결은 없는 것이지요. 즉, 물결이 나타나 있지만 물결은 없다는 것입니다. 만약 아무 물결이 일어나지 않는다면 살아 있는 참된 물이 아니라 죽어 있는 얼음입니다. 살아 있는 물은 언제나 물결을 일으키지요. 그러나 아무리 물결이 일어나도 물결은 없는 것입니다.

마음을 깨닫는 것도 이와 마찬가지입니다. 살아 있는 마음은 온갖 모습의 망상들, 즉 다양하게 경험되는 육체나 감각이나 생각이나 감정이나 욕망이나 의식을 한 순간도 쉬는 일 없이 일으키고 있습니다. 이런 온갖 망상이 적멸하여 번뇌로부터 해탈하고자 한다면, 오로지 본래의 참된 마음을 깨닫는 길밖에 없습니다. 마음을 깨달아야만 우리가 경험하는 온갖 모습의 육체나 감각이나 생각이나 욕망이나 감정이나 의식에서 해방될 수가 있습니다. 이렇게 나타나는 다양한 경험들은 전부 다만 마음이라는 물에서 일어나고 사라지는 무상(無常)한 물결일 뿐입니다. 이런 물결의 모습에 집착하여 좋아하고 싫어한다면 우리는 마치 물결 위에서 정처 없이 떠돌아다니는 한 개 낙엽과도 같이 영원히 안정되지 못하고 물결을 따라 이리저리 흘러 다닐 것입니다. 중생의 심리 상태는 바로 이와 같습니다.

어떠한 경우에든 흔들림 없이 확고부동하게 안정되려면, 망상이 적멸해야 합니다. 망상이 적멸하려면 반드시 마음을 깨달아야 합니다. 마음을 깨달으면 마치 참된 물을 보는 사람이 물결의 모습에는 상관하지 않듯이 스쳐 지나가는 다양한 의식적 경험들에는 저절로 상관하지 않게 됩니다. 나쁜 생각이나 감정이나 행동을 없애려고 집착하지도 않고, 좋은 생각이나 감정이나 행동을 만들려고 집착하지도 않습니다. 언제나 마음에 어떤 정해진 모습이나 법칙이나 틀도 놓아두지 않고 자유자재하여, 생각이나 감정이나 행동을 그야말로 마음대로 사용할 수가 있습니다. 마음대로 사용하지만 어떻게 사용해야 한다고 하는 집착은 없습니다. 한결같이 변함없는 마음자리에 있을 뿐, 순간순간 일어나고 사라지는 마음의 모습에는 저절로 상관하지 않는 것입니다. 이것을 두고 《금강경》에서는 "모습을 취하지 않으면 한결같아서 변동이 없다(不取於相 如如不動)"고 하였습니다. 마음이 나타나는 어떤 모습에도 얽매이지 않고 자유자재하면, 이것이 곧 해탈의 즐거움이요, 깨달음의 지혜입니다. 《열반경》에서 "모든 행위가 무상함이 곧 생멸법이라, 생멸이 적멸하면 적멸이 곧 즐거움이다(諸行無常 是生滅法 生滅滅已 寂滅爲樂)"라고 한 말이 곧 이것을 가리킵니다.

그러므로 마음을 깨달으려고 하면, 분별하여 취하고 버리는 일에서 손을 떼야 합니다. 《신심명》에서는 "지극한 도는 어렵지 않으니, 다만 가려서 선택하지만 말라(至道無難 唯嫌揀擇)"라고 하지 않았습니까? 그러므로 육체를 다스리고, 감각을 제어하고, 감정이나 욕망을 순화시키고 하는 것들은 마음을 깨닫는 공부와는 직접적인 관련이 없습니다. 이런 행위는 분별한 대상을 상대로 하여 그 대상을 조작하여 취하고 버리려는 의식적 행위입니다. 이러한 조작은 본래 있는 그대로의 마음을 깨닫는 것과는 관계가 없습니다. 오히려 이런 조작에 머물러 있으면, 참된 마음을 깨닫는 것을 방해하게 됩니다. 음식을 가린다든지, 호흡을 조절한다든지, 생각을 고요하게 한다든지, 기운을 운행한다든지 하는 행위들 역시 마찬가지로 분별된 대상을 다루는 행위로서 마음을 깨닫는 것과는 관계가 없습니다. 이들은 모두 분별을 통하여 조작하고 선택하여 취하고 버리고 하는 것입니다. 불교에서는 이런 행위를 유위법(有爲法)이라고 하여 허망한 망상을 일으키는 짓이라고 합니다.

그러면 어떻게 마음을 깨달을까요? 어떻게 해야 마음을 깨닫는다거나, 마음은 어떤 것이라거나 하는 말은 할 수 없습니다. 이렇게 말하면 듣는 사람이 곧 분별을 하게 되고 나름의 모습을 만들어 붙잡으려고 할 것이기 때문입니다. 분별하여 견해를 가지거나 모습을 만들어 머무는 것은 곧 망상입니다. 참된 마음이 무엇인지 궁금하십니까? 다만 이(손가락을 흔들어 보임)뿐입니다. 마음은 언제나 이렇게 바로 가리켜 드릴 수 있을 뿐입니다. 가리켜 드리는 것에서 마음이 확인되면 즉시 분별이 쉬어지고 저절로 궁금함이 사라지면서 이제 자신이 망상 속을 헤매는 일이 끝났음을 알게 됩니다. 마음은 바로 이(손가락을 흔들어 보임)뿐입니다. 마음은 손에 쥐고 있는 찻잔입니다. 마음은 하늘에 빛나는 흰 구름입니다. 마음은 흔들리는 나뭇잎입니다. 마음은 당신 자신입니다. 마음은 온 우주입니다. 마음이 살아 있으니 온 우주가 살아 있습니다. 하늘에 별이 빛나고 가슴에서 내 숨소리가 느껴지는 것이 곧 마음이지요.

97.

若悟上乘至眞   그러나 만약 상승(上乘)의 지극한 진리를 깨달으면,
不假分別男女   남자와 여자라는 분별도 없으리.

상승(上乘)의 지극한 진리를 우리는 마음이라고 불러 왔습니다. 이름은 무엇이라고 하든 상관없습니다. 이 진실 속에서는 부분으로 차별되는 일이 없습니다. 하나하나의 부분이 곧 전체이고, 전체가 하나하나의 부분에 있습니다. 차별되는 모든 것들이 한결같이 차별이 없으니, 자유롭게 분별하면서도 언제나 차별 없는 하나입니다. 차별 없는 하나임을 흔히 "이것이 곧 저것이고, 저것이 곧 이것이다"라고 표

현합니다. 《반야심경》에서 "색이 곧 공이고 공이 곧 색이며, 감각, 생각, 욕망, 의식도 이와 같다(色卽是空空卽是色 受想行識亦復如是)"고 하고, 《신심명》에서 "있음이 곧 없음이요, 없음이 곧 있음이다(有卽是無無卽是有)"라 하고, 《유마경》에서는 "모든 것들의 모습을 잘 분별하면서도 첫째 자리에서 움직이지 않는다(能善分別諸法相 於第一義而不動)"고 말한 것이 모두 분별 속에서 분별 없는 것을 말하고 있지요.

그러므로 남자는 남자가 아니고, 여자는 여자가 아닙니다. 이미 남자가 남자가 아니고 여자가 여자가 아니니, 남자와 여자가 어떻게 분별되겠습니까? 남자를 남자라 하고 여자를 여자라 해도 역시 아무 분별이 없습니다. 이름은 단지 필요에 의하여 만들어 사용하고 필요가 없으면 버리는 것일 뿐, 어떤 이름이 나오든 언제나 진실한 것은 다만 이(손가락을 흔들어 보임) 하나입니다. 이런 물결이 일든 저런 물결이 일든 언제나 변함없는 물일 뿐이고, 반지를 만들든 귀걸이를 만들든 언제나 변함없는 황금일 뿐입니다. 다만 이(손가락을 흔들어 보임)뿐입니다. 이(손가락을 흔들어 보임)뿐임이 분명하면, 하늘도 땅도 산도 강도 나무도 돌도 사람도 동물도 모두가 이(손가락을 흔들어 보임)뿐입니다. 다만 이(손가락을 흔들어 보임) 하나뿐입니다.

권말시

구름이 흘러가네
뭉게 뭉게 뭉게
장맛비가 내리네
방울 방울 방울
어리석은 자는
마음을 찾겠지만
밝은 사람이라면
뭉게뭉게 흘러가고
방울방울 떨어질 뿐이다.

선(禪)으로 읽는 대승찬

초판 1쇄 발행일 2008년 1월 18일
　　　2쇄 발행일 2023년 3월 13일

지은이 김태완

펴낸이 김윤
펴낸곳 침묵의 향기
출판등록 2000년 8월 30일, 제1-2836호
주소 10401 경기도 고양시 일산동구 무궁화로 8-28,
　　　삼성메르헨하우스 913호
전화 031) 905-9425
팩스 031) 629-5429
전자우편 chimmukbooks@naver.com
블로그 http://blog.naver.com/chimmukbooks

ISBN 979-11-980553-5-4 03220

* 책값은 뒤표지에 있습니다.